素朴な心のサイエンス

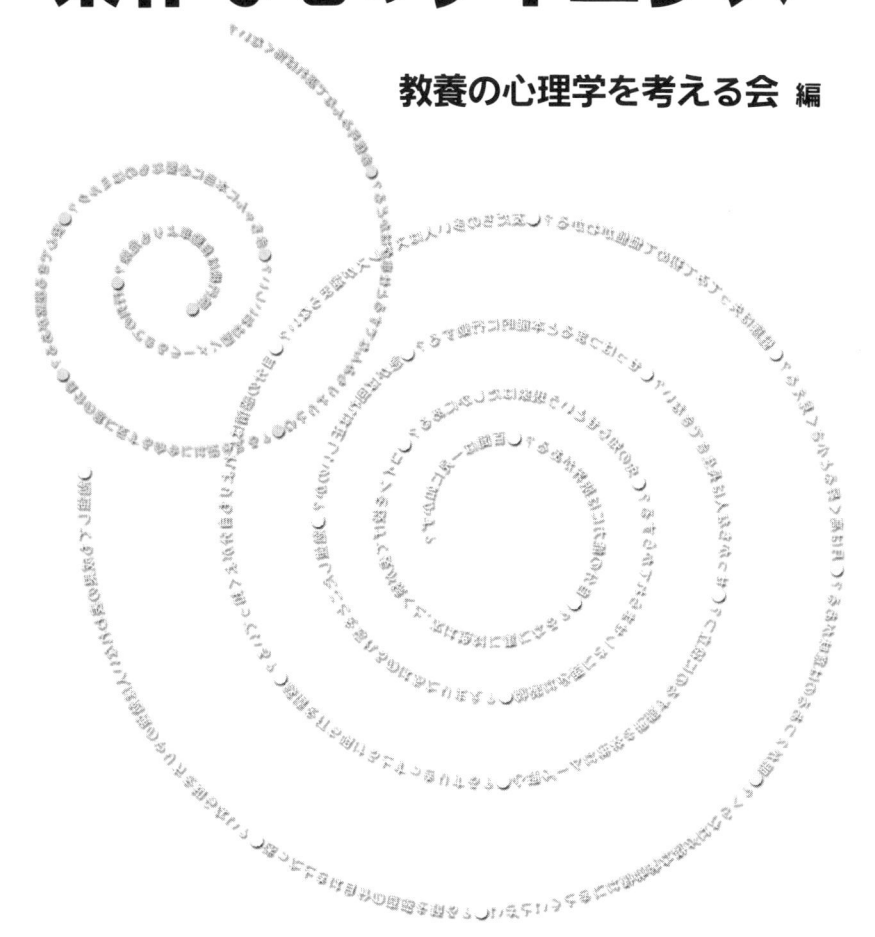

教養の心理学を考える会 編

北大路書房

執筆者一覧（執筆順，＊は編集代表）

益谷　真*	（敬和学園大学人文学部）	序章・2章
中丸　茂	（駒澤大学文学部）	1章
高雄元晴	（東海大学情報理工学部）	3章・Supplement①
竹内美香	（実践女子大学人間社会学部）	4章
余語真夫	（同志社大学心理学部）	5章
有光興記	（関西学院大学文学部）	6章
大平英樹	（名古屋大学大学院環境学研究科）	Supplement②
鈴木光太郎	（新潟大学人文学部）	7章
平　真木夫	（宮城教育大学教育学部）	8章
南　学	（三重大学教育学部）	9章
柴田利男	（京都橘大学健康科学部）	Supplement③
杉森伸吉	（東京学芸大学教育学部）	10章
鈴木晶夫	（早稲田大学人間科学学術院）	11章
大竹恵子	（関西学院大学文学部）	12章

はじめに

　この本は大学や専門学校などで，教養や学部共通の基礎科目としての心理学で使うテキストとして企画されたものです。この点は他の数多くある入門心理学の本とは一線を画した重要なコンセプトで，本書の大きな特徴です。この本は授業で用いられてはじめて価値を発揮し，授業で全員がもつ共通の最小限の学習材料であるだけでなく，予習や形成的な評価のためのくふうを備えています。

　心理学で扱われる対象や事象は日常生活に卑近なために，入門段階としては知りたいことがたくさんあると思われますが，素朴な疑問やコモンセンスの観点からトピックスを厳選しました。提示された概念や事象を足がかりに，学ぶ者が自分なりに考えを深め，授業担当者が講義を展開しやすいように，簡潔な記述におさめられています。

　この本では，概論や通論として心理学の概要を理解したり，心理学の各分野の基礎知識を習得することだけではなく，心理学的な見方や考え方を習得してもらうことをめざしています。欧米では変形Ａ４判で700ページくらいの量が標準的なテキストのサイズですが，それだけのボリュームであっても，内容を簡潔にまとめるのが困難なほど，心理学の基礎知識は広範囲にわたります。本書で興味をもったことがらについては，さらに詳細な学習のための参考図書を各章ごとに推薦していますので活用してください。

　執筆者はおもに心理学の教育に関心の高い心理学者たちが参加しているメーリングリストで公開募集されました。企画の段階から，素朴な考えや俗説をクリティカルに検討することを授業に取り入れたり，あるいはまた，学生さんたちに授業をとおして心理学的なものの見方ができるようになってもらうことを目標に，各執筆者が自分の研究活動と重ねあわせながら，限られた紙面で取り組みました。ですからこの本は，各章を１人の執筆者で分担していますが，草稿の段階で互いに回覧し，テキストとしてどうなのかという点で意見を交わし，加筆修正を重ねました。出版社にも随分と煩雑な労をとっていただけたのも，編集部の奥野浩之氏をはじめ多くの方々に本書の趣旨を理解してもらったおかげだと思われます。記して感謝の意を表します。

2003年10月

著者一同

もくじ

はじめに

序章 素朴な心 …………………………………………………………………… 1
暗黙の知識／モデルをたてる／思いこみ・俗信・迷信

1章 心理学ワールド ……………………………………………………………… 7
1. 心理学って何だろう　8
　心理学を勉強すれば深層心理がわかる？／科学で解明できない真実はない？
2. 心理学を学ぶには　14
　専門家は知識が豊富だからまちがいはない？／勉強しても成果の表われない人は勉強のやり方を知らない？／現在地がわからなければ目的地にたどりつけない？

2章 行動のナビゲーション ……………………………………………………… 23
1. 感性を磨く　24
　迷ったときは自分の直感を頼る？／潜在意識で好みが決まる？
2. 環境を探る　31
　左利きの人には有能な人が多い？／女性は縦列駐車が苦手？／いざというときには動物的な勘がはたらく？

3章 錯覚する ……………………………………………………………………… 37
1. 錯覚される現実の世界　38
　錯覚は視覚系だけで生じる？／錯覚は不注意から起こる？／眼が2つあるのは意味がある？
2. 感覚の法則性　41
　感覚は常に一定である？／ヒトは外界をありのままに感じ知覚できるのか？
3. さまざまな錯視のメカニズム　45
　同じ長さでも違って見える？／月は高く昇ると小さく見える？
4. さいごに　47

Supplement① 見ることとわかること「視覚神経科学」　48
　脳と神経細胞／眼球の構造と網膜の機能／色覚／意識される視覚と意識されない視覚／「何」と「どこ」の認識／見えないものが見える／視覚経験

4章 健康であること ……………………………………………………………… 59
1. 定義――実体の命名と機能の記述　60

病気やけがをしていなければ健康？／健康は失ってみて初めて価値がわかる？
2．**ストレスとは何か**　63
ストレスは溜めないほうがよい？／現代社会はストレスだらけ？／ストレスは心とからだの問題？／せっかちな人は心臓病になりやすい？／友だちの多い人はストレスが溜まらない？／睡眠はからだのリズムに関係がある？

5章　感　情 ……………………………………………………………79
1．**感情現象**　80
感情は自然に生まれる？／感情はどんな生きものにもある？／自分の感情はだれよりも自分がよく知っている？
2．**感情の構成要素**　83
「感じる」ことが感情？／悲しいときに悲しい思い出がよみがえる？／感情は的確な判断を誤らせる？／感情があるから生きていける？
3．**感情の機能**　88
感情は状況に応じて変化する？／不快な感情からはすぐに逃れたい？／感情を打ち明けるとすっきりする？
4．**まとめ**　93

6章　何が性格によるのか ……………………………………………97
1．**性格の構成概念**　98
心理ゲームは性格を把握するのに役立つ？／性格にはいくつかの典型的なタイプがある？／性格はきちんと検査すれば全部わかる？／アメリカ人は陽気で日本人はおとなしい？
2．**性格の形成**　106
血液型で大まかに性格が分けられる？／性格は育てられ方でつくられる？／出生順位によって性格が異なる？
3．**性格と病気**　111
せっかちな人は長生きできない？／変わった性格は精神的なゆがみを招く？
4．**性格の変容**　113

Supplement②　心の源泉「社会的認知の神経基盤」　116
社会的認知にかかわる脳部位／社会的認知を実現する神経ネットワーク

7章　人間の本能と学習 …………………………………………………123
1．**本能とは何か**　124
動物は本能に逆らえない？／人間にはたくさんの本能がある？
2．**本能行動**　126
せっぱつまると本能的に行動する？／本能的な行動は単純で，学習した行動は複雑？
3．**本能と学習**　131
動物は生まれたときから親がわかる？／うまく歌えるオスは魅力的？

4．人間の本能　134
赤ちゃんはまわりの人が話すのを真似てことばを覚える？／人間は他の動物とは全然違う？／生まれたばかりの赤ちゃんの心は白紙のようなもの？

8章　学校での学習 …… 141
1．発達するということ　142
発達段階を知っていることは便利？／発達段階を飛び越えると問題がある？
2．学習と記憶　146
詰め込み教育は最低？／はじめてのことを勉強するときには白紙のほうがよい？
3．学び方の方略　151
急がば回れは正しいのか？／勉強したことを忘れるのはあたりまえ？／勉強は必要にさしせまられてからする？

9章　よく考える …… 157
1．思考と知識　158
考えたり理解するときは，もっている知識を使う？／覚える量は少ないほど覚えやすい？
2．確率判断　163
虫の知らせという現象はたしかにある？／自分の予感はよく当たる？／コインを投げて表が続くと，次は絶対に裏になる？
3．問題解決とメタ認知　169
冷静であればふつう，人は論理的にものごとを考える？／自分の能力には限界がある？

Supplement③　人から人間へ　174
まなざし／性の社会化

10章　思いこむ心 …… 181
1．ものの見方しだいで行動も変わる　182
2．ステレオタイプ・偏見・差別　184
心理学を学んだ人は，人の考えていることがわかる？／偏見や差別はなくならない？／ステレオタイプはすべてまちがいで有害？
3．認知的バイアス　188
百聞は一見に如かず？／木を見て森を見ず？／目立つ特徴がステレオタイプになりやすい？／飛行機は自動車よりも危険？／行列のできるラーメン店はおいしい？
4．まとめ　197

11章　関係とコミュニケーション …… 199
1．関係のはじまり・親密さ　200
赤ちゃんは何にでも興味がある？／赤ちゃんはお母さんが大好き？／赤ちゃんに本当

に必要なものはミルク？／親子関係がその後の人生に影響する？／親子間の「ふれあい」が不足すると問題が起こる？
　2．**ことばと非言語的コミュニケーション**　209
　　ことば以外から感情を読み取ることができる？／面と向かわなくても感情は伝わる？／視線や姿勢からでも感情を読み取ることができる？／物理的な距離は心理的な距離を表わす？／安心できる座席がある？

12章　集団での行動　……………………………………………………………219
　1．**他者から影響を受ける**　220
　　自分が正しいと思うことは，反対されても最後まで通せる？／自分の意に反する命令には逆らえる？
　2．**集団での意思決定と課題遂行**　225
　　船頭多くして，船，山に登る？／ひとりよりもみんなですると仕事がはかどる？
　3．**集団における個人の心と行動**　230
　　自分のなかで矛盾があると，考え方が変わる？／赤信号みんなで渡れば怖くない？

人名索引　235

事項索引　237

　　【編集部注記】
　　ここ数年において，「被験者」(subject) という呼称は，実験を行なう者と実験をされる者とが対等でない等の誤解を招くことから，「実験参加者」(participant) へと変更する流れになってきているが，執筆当時の表記のままとしている。文中に出現する「被験者」は「実験参加者」と読み替えていただきたい。

 素朴な心

　まず,「素朴な心」とは何か,それにはどんな特徴があり,心理学を学ぶうえで,どのような障害になったり,あるいはエネルギー源になるかについて述べていきます。この本を用いて授業を受けていくための導入として,ざっと目を通してください。

(1) 暗黙の知識

　人はそれぞれたくさんの知識をもっていますが,その多くは日常生活での経験によって蓄えられます。しかし,日常での経験には質的にも量的にも限度があり,人によって生活の環境もずいぶん違いますから,その知識にはかたよりが生まれます。そこで,学校などで教育を受けて,個人の経験を超えた体系的な知識や思考方法を習ったり,学んだりします。言うまでもなく,基礎学力になる教科の知識は,教育という営みを通じて伝えられますから,明示的で一定の表現様式を備えていなければなりません。つまり,明確な用語で定義され,宣言されたルールに従い,解や解法が存在しているわけです。また説明のしかたなども,整合性を備え,首尾一貫しています。ところが,個人の経験から蓄えられた知識では,そういったことは等閑になりがちです。暗黙的であいまい,仮定や原理を示せなかったり,矛盾があっても「それはそれ,これはこれ」と並立してしまうのもめずらしくありません。なお,この本の8章では,知識の獲得という点から,みなさんの学校での学習について論じられていますので,そちらも参照してみてください。

　さて,ファーナム[*1)]はそのような人々がいだきやすい独特の知識や常識,そして説明のしかたを総称して「しろうと理論 (lay theories)」とよんでいます。その指摘によれば,素朴な理解のしかたや日常生活で獲得された知識は,科学的とされる知見や思考方法とは逆のようです。たとえば,科学的な研究手法と

して広く用いられる「反証」よりも「検証」が好まれたり，「演繹主義」であるよりも「帰納主義」で，「過程」よりも「結果」を問題にし，一般化をめざした統合モデルを求めるよりも特殊な個別のモデルをつくり，抽象化や計量化を図るよりも具体的で質的な個別性を求める，などです。

　このようなことを踏まえると，心理学を学ぼうとする人が心理学に何を期待し，どのような説明を求めているかはおのずと明らかですが，この本では，心理学について何も知らない人が心理学に求めていることを尊重しながら，科学的なものの見方から，日常や将来に役立てられる心理学の知識を提供しようとしています。余談ですが，筆者らはいずれも心理学の最前線で活躍している研究者たちですから，得意満面にもっと詳しく説明したいのですが，この本は心理学の解説書ではなく授業用のテキストですから，そこをグッと抑えて，説明の詳しさは，この本を用いて授業をされる担当者の裁量にお任せしています。

(2) モデルをたてる

　暗黙の知識では，個人的な経験に基づいて，ある行動パターンを予測したり，ある結果からその原因を推測することはできても，どうしてそうなるのか，そのメカニズムをことばで明確に説明するのがむずかしいようです。授業で科学的な知見を学び，本当にわかったなら，たとえ十分でなくても知る限りのことばを用いて，自分なりに対象や事象を説明できなくては，理解したことにはならないでしょう。この本では，説明のひとつの様式として，心理的な事象や行動を説明するのに「モデル」を提示するようにしています。なかでも仮説構成体を図で示すことを積極的に取り入れています。この図解発想法[*2)]や図的思考[*3)]は心理学ではとくに好まれる表現方法でもあり，心理学の個別の知識といっしょに学んでほしい心理学的なものの見方・考え方の一つです。さて，どの章でもモデルは図で示されていますので，ここでは式で表わす定量モデルの例を紹介してみます。

　一例として他者から好かれたり嫌われたりすることを取り上げてみましょう。おそらくその原因はたくさんありますが，みなさんならどのように原因と結果の関係を説明するでしょうか。まっさきに考えられる原因のひとつは，「好み

が一致する」「似ているところがある」といった類似性だと思われます。ではどんなメカニズムで全体の好意度が決定されるのでしょうか？　はてさて、このようにメカニズムの説明が求められると「しろうと理論」では困ってしまうわけです。

　そこでモデルをたててみましょう。ここでは単純な加算モデル[*4]を想定してみますので、それを自分や他の人に当てはめて、その妥当性を検討してみてください。単純加算モデルでは、全体的な好意度は新たに得た情報によって生まれた好意や非好意が、それまでの好意度に加算されていくと考えます。人と人が親しくなるプロセスは時間の経過に応じて態度が形成されていきますから、なるほどもっともな考え方です。しかし、このモデルの弱点としては、どんな情報が重視されるかの相互作用が顧慮されていないこと、獲得される情報の総数による影響を受けること、好意と非好意が同じ心理的指標で扱えないこと、情報の獲得には順序効果が生まれること、などが指摘できます[*5]。

　このように、心理学では対象になる事象を実証的に検討するために仮説をたてて、さまざまな要因（変数）を統制して、主効果や交互作用を確認していきます。心理現象や行動のメカニズムを解明していくためには、前提事項や条件、そして変数を設定するモデル化の作業が不可欠になります。みなさんも示されたモデルの欠点を探すことから始めて、やがては、モデルを比較して、より一般的な原理や原則を導き出せる理論の構築をめざしてみましょう。なお、科学としての心理学のアイデンティティについては、1章でも詳しく論じられていますので、そちらも参照してください。

（3）思いこみ・俗信・迷信

　この本では、素朴な心から生まれる俗信を小見出し（トピック）に用いています。俗信とは「科学的な検証を経ずに、ア・プリオリに信じられている知識、技術、因果観」と定義[*6]されますが、なかには科学的な検証の俎上にのる場合も、数こそ少ないですがいくつかあり[*7]、科学的な検証を経て、やはり正しかったということもあります。それに対して迷信は、俗信や文化的信念に基づいて、不合理であったり、奇異であったり、吉凶にかかわる行動規範であるとされます[*8]。

なおこの本では，10章で思いこみとはどのようなことか，そして4章で定義とは何かについて論じていますので参照してみてください。

　俗信か迷信なのかが紙一重で，なおかつ心理学の大きな研究テーマのひとつとかかわるトピックの代表格として，血液型と性格の関係があげられます。このトピックは6章で取り上げられていますので詳細は譲り，ここでは，私たちが日ごろよくする「良い」「悪い」の評価を例にして，この本ではそのような心理的な事象をどのように考えてもらおうとしているか述べてみることにします。

　「良い」「悪い」という概念は，あくまでもそれを認知している人の心理であり，ことばのラベルをつけただけなのですが，いったん評価してしまうと，まるで客観的な事実であり，他の人も認めるかのような錯覚を生み出してしまいます。たとえば，ある人が「車ならジャガーが好きだ」と言えば，それはその人の個人的な思いだということはわかりますが，もし「ジャガーは良い車だ」と言えば，その人がジャガーに「良いという性質」を当てはめ，同時に他の人もそれを認めるだろうということを暗黙に仮定していることになります。良いものは好かれる対象にもなりますが，必ずしも同じ意味ではありません。

　さて，まずはこのように問題を整理してみて，次は何をみていけばよいのでしょうか。この本では，ことばの定義をして，分類し，関係を探り，統一的に説明できるモデルを紹介し，強く影響を与えている要因を指摘するという流れで組み立てられています。そこで，「良い」「悪い」を行動科学のレベルで定義しなおしてみます。すると「良い」とは，報酬的な価値のある（快）刺激が接近反応を起こさせることで，「悪い」とはいやな（不快）刺激に対する回避反応のことになります。つまり，良い悪いの評価的判断を，対象（刺激）を認知する人の行動傾向だとみなすわけです。そうすることで，良いと悪いは対立する概念でもなく，たんなることば上の逆の意味でもなくなり，行動レベルでとらえなおすことで，すべてが良いとかすべて悪いといった単純な割り切りのできない，私たちを取り巻く心理事象を取り扱うことが可能になり，科学的な知見を利用することができるようになります。

　これまでに，接近と回避の勾配は，かなり違うということがさまざまな研究で検証されてきています。簡略にいうと，接近反応は報酬に近くなったり強く

なるにつれて徐々に強くなりますが，回避反応は嫌悪刺激に近いほど強く，最大限の努力でそれから逃れようとし，遠くなると急速にその反応は弱くなります。この知見から「良い」「悪い」という評価の特徴がみえてきます。

　ある人の良い面と悪い面に関して，私たちはその人と心理的に離れているとき，たとえば見ず知らずの人であるとか，かかわりをもつことを期待しない場合などは，接近反応も回避反応も等価ですから，良い面も悪い面も同じように公平に評価するでしょう。したがって加重平均モデルが当てはまります。ところが，もしも心理的距離が近い，たとえば親密であったり，親密になりたいと思っている場合には，暗黙の回避反応が強くなりますから，悪い面が過大に評価されることになります。言い換えると，あまり関係のない人の欠点は許容されやすくなり，近い人の欠点は許せなくなるわけです。これは「隣の花は赤い」とか「隣の火事に騒がぬ者なし」といった諺にも示されています。

　さて次のステップですが，ここがこの本のミソです。心理学では一応こうですよ，こんな風に問題を検討しますよ，と授業担当者は詳解しますが，大学での学習はここからが本番で，高校までの教科科目の学習とは大きく違ってきます。つまり，しっかり理解して覚えることが目標ではなく，しっかり理解して考えることが目標になります。考えてみるためには，授業で取り上げる内容についてあらかじめ見通しをつけ，心構えをもって授業に参加する必要があります。そこで，この本では，自分で考えながら本を読めば，それなりに回答できる設問が各章に数題挿入されています。授業の担当者がそれをどのように扱うかはわかりませんが，学習する主役（主体者）はみなさん自身ですから，ぜひこの問いを活用してみてください。

　ここではそのような問いかけとして，「良い」「悪い」の評価に関して，私たちがある人を評価する際に，悪い性質を中心的にとらえ，良い面が悪い面を消すことはないという「否定性効果[*9]」を設題にしておきます。なぜそのような認知的作用が私たちにはたらくのか，この機会に自分なりに考えてみてください。

◇ ◆ 引用文献

1) ファーンハム, A. F. ／細江達郎(監訳)　1992　しろうと理論　北大路書房
2) 西岡文彦　1982　図解発想法——知的ダイアグラムの技術　JICC出版局
3) 吉村浩一　1999　図的に心理学——視聴覚教育への視座　ナカニシヤ出版
4) 横山詔一　1986　印象形成事態におけるカテゴリー判断の過程　心理学研究, **57**(3), 127-133.
5) 奥田秀宇　1993　対人魅力における定量的モデルの検討　社会心理学研究, **8**(2), 126-133.
6) 野村　昭　1989　俗信の社会心理　勁草書房
7) 益谷　真　2000　素朴な心の探究(Ⅱ)——生成された仮説の過誤と性差　日本心理学会第64回大会発表論文集, 154.
8) 岡本淑人　1988　迷信・格言への態度と行動　心理学研究, **59**(2), 106-112.
9) ウェグナー, D. ・ヴァレンカー, R. ／倉智佐一(監訳)　1988　暗黙の心理——何が人をそうさせるのか　創元社

◇ ◆ さらに詳しく学ぶための参考図書

ジョンソン, D.W. ・ジョンソン, R.T. ・スミス, K.A. ／関田一彦(監訳)　2001　学生参加型の大学授業——協同学習への実践ガイド　玉川大学出版部
菊池　聡・木下孝司(編)　1997　不思議現象——子どもの心と教育　北大路書房
奥田秀宇　1997　人を引きつける心——対人魅力の社会心理学　サイエンス社
スタンバーグ, R.T. ／宮元博章・道田泰司(編訳)　2000　アメリカの心理学者　心理教育を語る　北大路書房
ヴァイス, S. A. ／藤井留美(訳)　1999　人はなぜ迷信を信じるのか——思い込みの心理学　朝日新聞社

 心理学ワールド

　みなさんはこれまで心理学についてどんなイメージをもっていましたか？　カウンセリング，教育相談，コンサルタント，血液型と性格，超能力，心霊現象，無意識の世界，催眠術，マインドコントロール，心理トリック，犯人像のプロファイリング，精神病や異常者の心理といった感じでしょうか？　ところが履修登録のために参照した心理学の授業計画（シラバス）ではどんな事が取り上げられていたでしょうか？　授業で心理学の先生は何と言ったでしょうか？　先生は「カウンセリングや臨床心理学とか，経営・産業・工学への応用などもありますが，とりあえず現代の心理学は行動の科学といわれています」と言ってましたよね。また，一般教養の心理学が，多くの大学で自然科学分野の選択必修になっていたりもします。この章では，こういった心理学そのものについてのさまざまな誤解や思いこみについてみていきたいと思います。

キーコンセプト　科学原則，科学技術，心科学，行動科学

✱1. 心理学って何だろう

(1)心理学を勉強すれば深層心理がわかる？

　さしあたり，心理学の講義で使用されるテキストブックをみてみましょう。『テキスト心理学』『心理学概論』といった本の最初の章には，現代の心理学の定義として「行動の科学である」と書いてあることが多いですね。細かくみると1960年代の本では，「心の科学」「人間性を認識し，数量化しようとする科学」「人間の科学」「人間生活の福祉と安寧に寄与することを目的とした科学」などで，1970年代では「行動の科学」「行動を直接の研究対象とする科学」「心という対象を科学的な方法で解明しようとする学問」「人間性の科学」などになり，1980年代には「行動の科学」「生体の行動に関する学問」「生体の行動の科学的研究を行う」といった表現になり，1990年代には「こころの科学」「行動の科学」「こころとは何かを研究する学問」という定義で書いてあります。各年代に共通してみられるのは，現代の心理学は「行動の科学」だということですね。また，「行動の科学」に加えて「こころとは何かを研究する学問」であり，「心理学者が興味をもっている事柄」というような定義もみられます。

> Q.1-1
> あなたが心理学の知識に期待することを思いつくだけあげてみましょう。

　心理学は大学の教養課程では人文分野ですが，いわゆる理系と文系で分類すれば自然科学に入ります。自然科学は高校までの教科だと理科（物理学・生物学・化学・地学）や数学です。したがって「心理学は行動の科学」であるというときの科学とは，基本的に自然科学をさします。心理学が行動の科学であるという定義は，哲学の一分野であった心理学が19世紀末に自然科学の一分野として再スタートし，科学であるのならば行動を研究対象にすべきであるという

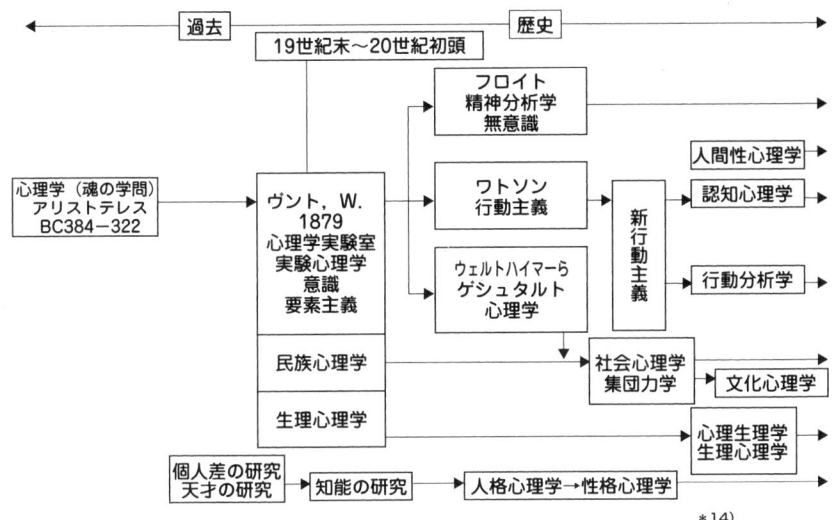

◇ 図1-1　心理学のおおまかな歴史（アカデミック・学術的な観点）[*14]

ことから生まれたものです（図1-1）。

　現代の心理学は行動の科学（science of behavior）であり，行動の理解・説明・予測・制御を目的にしています。科学の対象は観察可能で数量化できる現象や事象ですから，心理学の対象は観察・測定することができない心理事象ではなく，観察可能で数量化できる生体の活動を対象にします。この観察可能で数量化できる生体の活動を心理学では，行動（behavior）といいます。この心理学における「行動」といういい方は，「ボールを投げたり，走ったり」する動作だけでなく，「しゃべったり，聞いたり」する言語も，「考えたり，推理したり」する思考も，「泣いたり，笑ったり」する感情も「行動」とよびます。ふだん友だちとの会話で使う「行動」ということばとは，ちょっと違う使い方ですが，このような専門分野でのことばの使い方を専門用語（technical term）といいます。この専門用語は日常用語との使い方とは違いますから，心理学という国のことばを学ぶつもりで勉強するとよいでしょう。外国語を学ぶときと同じですから，心理学という国のことばの辞書である「心理学辞典」を図書館などで参照したり，いい機会ですから買っておくとよいかもしれません。心理学を知らない友だちと話をするときは，心理学のことばづかい（専門用語）を

使う必要はありません。習うと使ってみたくなるので，知らないうちに友だちとの会話で使ってしまい，日常会話の使い方とは違うので変な顔をされることがあるかもしれません。また「心」は，観察可能で数量化できることだけとは限りません。ですから，心理学の授業で「私が知りたいことと何か違う」という思いがつのるかもしれません。それはこのように考えるとよいでしょう。「心」を人間や他のすべてが行なうことのすべて，「行動」をそのうちで観察可能で数量化できること（観察され数量化された行動）と考えてみましょう（図1-2）。そのなかで，「行動」についてわかっていることを説明しているのが心理学の知識なのです。

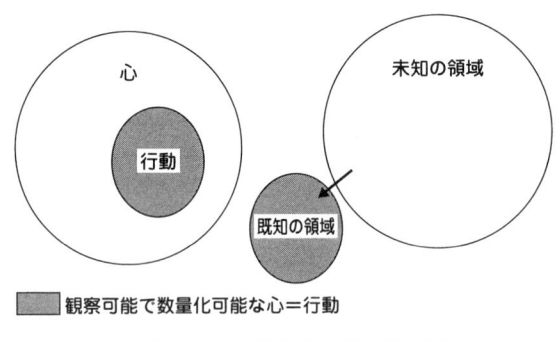

◆ 図1-2 心と行動および未知と既知

（2）科学で解明できない真実はない？

現代の心理学は「行動の科学」と定義されています。では，ここで「科学」とは何かを考えてみましょう。科学を国語辞典（広辞苑第4版，1991）で引くと「①世界と現象の一部を対象領域とする経験的に論証できる系統的な合理的認識。研究の対象あるいは方法によって種々に分類される（自然科学と社会科学，自然科学と精神科学，自然科学と文化科学など）。通常は哲学も科学と同様な確実性をもつべきだという考え方から，科学的哲学とか哲学的科学という用法もある。②狭義では自然科学と同義。」とあります。

高校で学んだ「倫理」では，青年期の課題や自己形成などの心理学，そして，大衆，モラトリアムなどの社会学，あるいは道教，儒教，ソクラテス，カント，

ヘーゲルなどの哲学，また，神道，仏教，キリスト教などの宗教学を習い，そのなかで，ベーコンの帰納法，デカルトの演繹法，アインシュタインの倫理観などの人物を中心に，若干の自然科学論を学び，さらに自然と科学の調和，テクノロジーと情報化社会，地球環境と公害について習います。科学的思考方法とそれ以外の思考方法との区別は，その目的・研究対象・科学のルール（科学原則）によって行なわれます。科学の研究対象は観察可能で数量化できる現象であり，その目的は現象の理解・説明・予測・制御です。

　科学とはひとつのものの考え方であり，科学原則というルールに則って現象を理解（記述）・説明（仮説・法則・理論）・予測（今後どうなるかを考えてみる）・制御（実際にそうなるかを確かめてみる）する方法です。説明とは基本的に因果（原因と結果）関係で，「人や動物はこのような（ある環境やある刺激が存在する）ときに，このような行動（反応）をとる可能性が高い」（確率的法則）というものです。仮説とは，とりあえずの説明で，法則はある程度その仮説の正しさが確認されたもの，理論は複数の法則をより簡単な説明に描き直したものです。理論は新たな法則を発見するときに使うことができます。科学のルールである科学原則には，単純性（経済性；できるだけ簡単に説明すること），整合性（一貫性；説明のなかに矛盾がないこと），反証可能性（別の説明も考えてみること），実証性（説明が検証・確認されること），再現性（何度でも検証・確認されること）という5つのルールがあります。

> **Q.1－2**
> 科学的な思考法とはどのようなことか説明してみましょう。

　ところで，科学には科学技術（technology）という人の生活に必要なものを供給する科学的な方法を総称した意味が含まれることもあります。その技術は工学（engineering）とよばれ，国語辞典（広辞苑第4版，1991）には「基礎科学を工業生産に応用して生産力を向上させるための応用的科学技術の総称。古くはもっぱら兵器の製作および取扱いの方法を指す意味で用いたが，後に土木工業を，さらに現在では物質・エネルギー・情報などにかかわる広い範囲を

含む」とあります。つまり広義の「科学」には「科学と工学」が含まれますが、狭義には「科学」と「工学」は違うのです。工学の対象は実際の操作対象であり、その目的は個々の事象や事物をそれぞれの目的にあわせて予測したり、制御したりすることにあります。その際に用いられる説明は、科学的知見（科学的知見の応用）であることもあれば、工学的研究そのものによって発見されたこと（工学的説明）であることもあります（図1-3）。いうなれば、科学は説

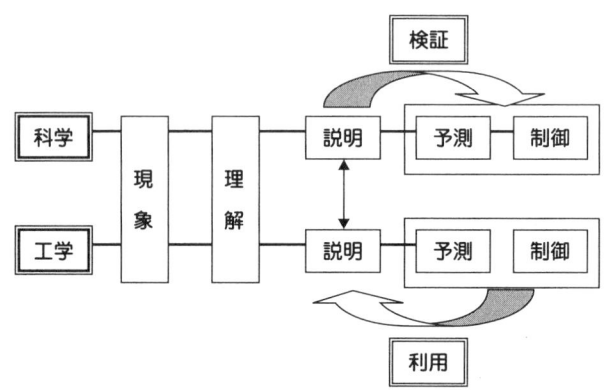

◇ 図1-3　科学の目的と工学の目的

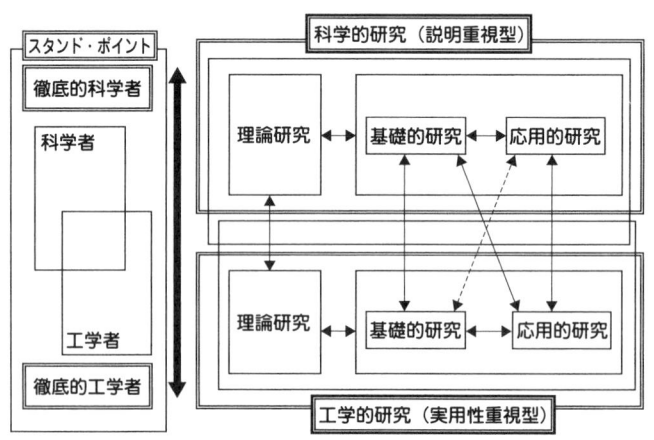

◇ 図1-4　科学的研究（説明重視型）と工学的研究（実用重視型）

明重視型の研究を行ない，工学は実用性重視型の研究を行なうわけです（図1-4）。同じ研究目的であれば，最終的に説明重視型と実用性重視型の説明は一致することになりますが，まだまだ一致していないことも多いようです。

工学では実際に日常場面・自然場面における現象の制御が関心事で，科学技術が日々使用されて開発的な研究が行なわれています。たとえば近年，ファジー理論を利用した洗濯機や掃除機などが開発されたり，カオス理論を利用した天気予報が行なわれるようになってきていますね。科学技術は，それを使用しなければ現象の数量化がむずかしくなったり，原因解明のための刺激を操作しなければならない場合に必要で，科学技術によって操作することで客観性が確保されます。留意しなければならないのは，科学的な研究のために科学技術を用いるのであって，科学技術を用いて研究を行なったからといって科学であるとは限らないということです。また，科学そのもの，工学そのものには政治色や宗教色はなく中立ですから，イメージとしては無色透明です。[*15)]

> Q.1－3
> 科学と工学で説明がくい違う具体的な事例を考えてみましょう。

こう考えていくと，広義の心理学は心の科学であり，その目的は心の理解・説明・予測・制御であり，その下位分類として説明重視型の心理学（心科学）と実用性重視型の心理学（心工学）があることになります。とりあえず筆記試験や公務員試験では「現代の心理学は行動の科学」として解答していけばよいですが，心理学の勉強をするという観点では，現代の心理学を「心の科学」と「心の工学」としてとらえ，学んでいくとよいでしょう。心理学科や心理学専攻の学生のなかには，カウンセラーや臨床心理士をめざしている人も多いと思いますが，これらは「臨床心理学」という分野になり，目的を考えると「心工学」ということになるわけです。

✢2．心理学を学ぶには

（1）専門家は知識が豊富だからまちがいはない？

　心理学の先生はふだんどんな活動をしているのでしょうか？　心理学の先生はいろいろな授業に関する準備や学生の研究指導，あるいは自分の研究を行なったり，学生相談室・病院・心理相談所・社会福祉施設・各種研究所などで働いたりしています。これらをおおまかに分けて考えると教師としての心理学の先生と，研究者としての心理学の先生，臨床や応用の実践者としての心理学の先生ということになり，この人たちのことを一般的に「心理学者」とよびます。みなさんの先生である心理学者は「教師」「研究者」「実践者」という顔をもっていますが，それぞれの心理学者によってどこに重点を置くかは異なっています。たとえば研究に関しては，先生ごとに専門領域（研究テーマ）があり，たとえば，好きなものと嫌いなものに対する脳波の違い，感情をいかにして測るか，怒り方の文化による違いといったさまざまな研究や，その成果を学会で発表したり，臨床心理学などの新たな知識や技能の向上のために各種学会の講習会などをしています。また，臨床心理士・認定カウンセラーの人たちは，学会ごとの認定資格を維持するためにも，学会で研究発表や講習を受講する必要が

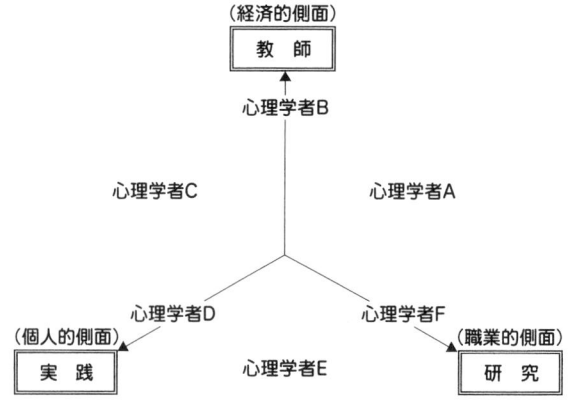

◇ 図1-5　心理学者のスタンド・ポイント

あったりします。いずれにしても共通項は「研究」ですから，みなさんが習っている心理学は，先生の専門によって授業内容も違ってくるわけです。

> Q.1-4
> 心理学者はどのような学習を続けているのか考えてみましょう。

(2) 勉強しても成果の表われない人は勉強のやり方を知らない？

　ここでは心理学の学び方を考えてみましょう。まずテキストブックを読むときはどうでしょうか。心理学の本や参考書の目次をみると，そこには感覚・知覚，学習，認知，人格(性格)，社会，臨床などといったさまざまな領域があります。各領域には研究テーマ・研究方法・研究データの収集・分析（理解・記述する方法）や，判断基準・説明・予測・制御をする際に使用する方法の集合体（パラダイム）の違いがあります（図1-6）。その背景には科学（グローバリー・ルール）→心理学→各領域（ローカル・ルール）という枠組みがあり，臨床心理学のように医学などの他の分野からの影響を多く受ける領域もありま

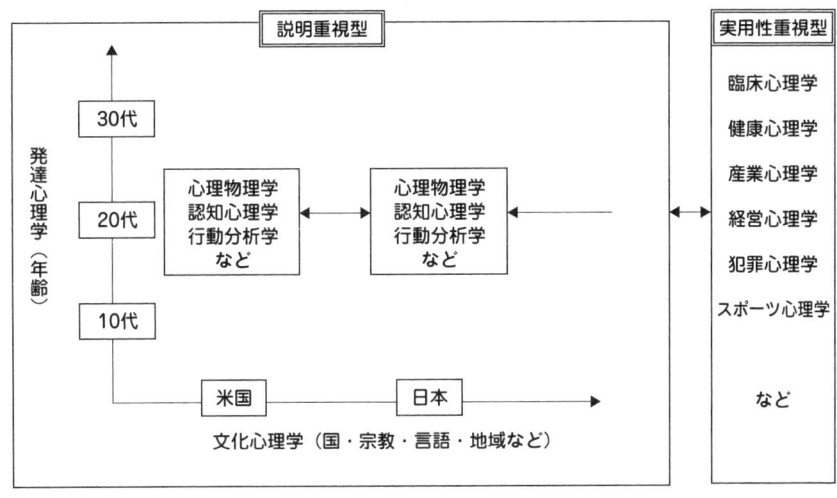

◇ 図1-6　おおまかな心理学の各分野の関係

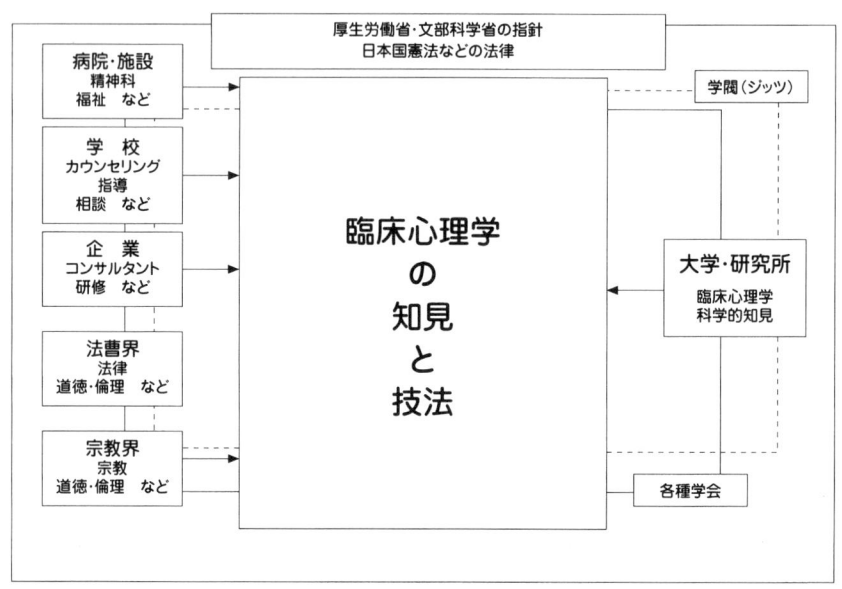

◇ 図1-7　臨床心理学の知見と技法に影響をおよぼすもの

す（図1-7）。各領域だけのローカル・ルールにこだわると，他の領域の人と話をする際にお互いに理解できなくなる科学知見バイアスが生じることがあります。このように，おおまかな分類では同じ心理学という分野ですが，研究領域ごとで同じ専門用語でも異なった使い方をすることがあります。この専門用語の用法は「定義」とよばれています（図1-8）。同じ研究対象（心理学的現象）でも，異なった側面からのアプローチをしたり，記述のしかたが違ったり，厳格な定義であったり，少しあいまいな定義を用いたりされることがありますので，複数の心理学辞典などでチェックしておくのもよいでしょう（図1-9）。

　理解の下地として，小論文の書き方（論理的思考方法）や帰納法といったことを確認しておくことも有用です。帰納法とは具体例（特殊）から心理学の法則（一般）を，演繹法とは心理学の法則（一般）から具体例（特殊）を導くこと，類推とは知っていること（ベース）からまだわかっていないこと（ターゲット）を考えてみること，ファジーとは「好き・嫌い」というものさしではなく，「好き度」（どのくらい好きか）と「嫌い度」（どのくらい嫌いか）の両方を測定して，「好き」「嫌い」のどちらの度合いが強いかを判断する方法です。

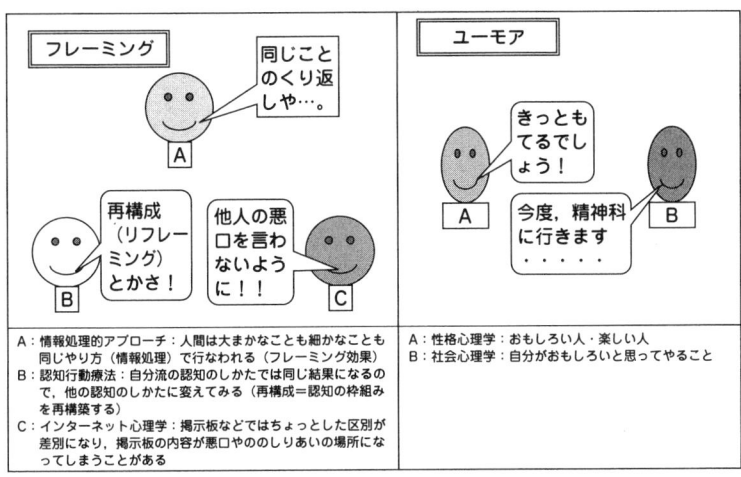

◇ 図1-8 心理学の各分野におけることばの意味（定義）の違い

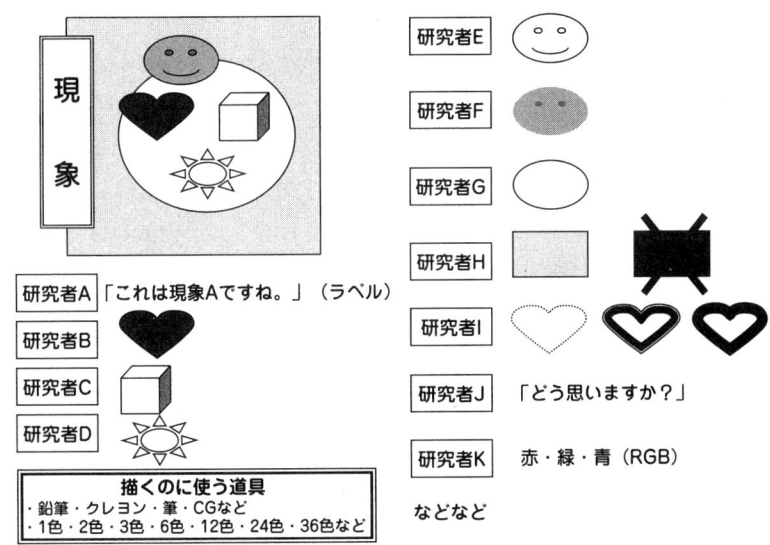

◇ 図1-9 心理学が研究対象とするできごとの描き方の違い

三段論法・結び・交わりといったことの再理解も大事ですね。

　講義ではさまざまなテーマが出てきますが，それらの研究がいつ行なわれたか，どの国で行なわれたかなども出てきたりします。これらの研究をそのままのかたちで理解しようとすると，「何か変？」「そんなのおかしい！」といったように，なぜそのような考え方になったのか，なぜそのような研究を行なったのか理解しにくいことがあります。そのような腑におちない場合は，その研究が行なわれた時代やその研究者の個人史を知らねばならないのかもしれません。大事なのは，その研究を行なった人が何を伝えたかったか（科学的説明）をとらえ，その人が現在生きていたら，どのような刺激を使って研究したか，他のどのような分野の知見を用いたか，どのように考えたかといったことを考えてみるとよいかもしれません。

　研究はジグソーパズルのピースのように，あるできごと（研究テーマ）の一部分だけを取り出して行なわれていることがあります（知見のジグソーパズル化）。講義を聴いたり，本を読んだりして「何でこんな研究をやったのだろう？」や「この研究テーマとこの研究はどうつながるんだろう？」という疑問が生じたときは，この研究はどのジグソーパズルのどの断片だろうかと考えてみる想像力が必要です。このあたりのことを押さえて本を読んだり講義を受ければ「なんか違う」「私はそう思わない」という疑問に悩まされることは少なくなるはずです。「科学的知見」も「個人的な思い」も両方とも大切にして「科学的思考方法」と「個人的思考の好み」の両方ができるようになりましょう。「個人的思考の好みや感性」は，日常生活のあなたを特徴づけるものですし，教養としていつか役に立つかもしれません。

　まとめると，講義を受けるときにも同じことがいえるのですが「テキストブックのここに何が書いてあるのか？」「今日の講義内容は何についての話なのか」を理解するには　①どの領域の話なのか？　②研究テーマは何なのか？　③具体的な研究対象は？　④説明重視型（科学的）アプローチなのか？実用性重視型（工学的）アプローチなのか？　⑤理解（記述）・説明・予測・制御のうちのどの話なのか？　⑥基礎研究なのか？応用研究なのか？　といったことについて，自分なりに見通しをつけてから取り組んでみましょう。これは授業の復習をするときにも同じことがいえます。

ところで，講義では科学的説明を行なう場合とエンド・ユーザー向けにとりあえず理解のしやすさを優先させた説明を行なう場合があります。注意しなければならないのは，「理解しやすさ」と「正しい理解」が同じではないことです。専門用語の理解や論理的思考力を養い，「科学的説明」が理解できるようになることも教養としての心理学を学ぶひとつの大きな目標です。その際に疑問が浮かんだら，先生に質問をするとよいでしょう。ただし大学では「授業」ではなく「講義」というよび方をしているように「心理学の講義」はいってみれば連続講演みたいなもので，基本的には先生が一方的に学生に向かって話をしますので，質問は講義中ではなく，講義終了後がよいかもしれません。また，質問をする前に，図書館などで自分でまず調べてみなければ，適切な回答も得られません。たとえば「行動ってふだん，私たちが使っている使い方と〜のように違いますよね」とか「知覚と脳神経科学について，ここまでは理解できているのですが，ここがわからないのです」「環境と行動について，もっと詳しく調べたいのですが，どんな本を読めばいいですか？」のように，より具体的な質問をするようにしましょう。

> **Q.1−5**
> 「わかりやすさ」と「詳しさ」の関係を式に表わしてみましょう。

(3) 現在地がわからなければ目的地にたどりつけない？

　みなさんは1週間や1か月の予定をたてるときにどんな方法を使っているでしょうか。科学的にプランをたてる計画法の1つにPERT法があります。これは，絶対に必要なことを時系列に並べてみて，それぞれに必要な日数を割り出し，どの経路を重点的に行なっていけばよいかを考え，それぞれの作業に必要な時間やコストを計算するというものです。PERT法では，絶対に必要な経路をクリティカル・パスとよびます。たとえば期末試験が2週間後に行なわれるとして，試験勉強に必要なことがらとその順番を書き出し，それらを勉強するのに必要な時間を計算してみて，もし最低1週間必要ならばそれを2回行なえ

ることになります。週末にバスケットボールの試合がある場合には，それに合わせてクリティカル・パスを考え，行動計画を修正すればいいわけです。また，TVをみる時間やゲームをする時間も計算できますよね。進路に関しても同じことがいえます。就職活動がいつ始まるのか，試験がいつなのか，就職・進学・資格試験に必要な科目や講義内容を考え，それらのうち授業で習わないことを自分で勉強したり，講習会などで補わなければいけません。これらのことを今のうちから考えておくとよいでしょう。大事なのはクリティカル・パスですから，科目中心型で履修していきましょう。

　みなさんの勉強時間は1週間のうちどれくらいですか？　大学ではパブリック・ルール（文学科学省や厚生労働省）として最低限の学修時間が設定されています。それが単位（1単位時間は45〜50分）です。講義は1セメスター（学期）で2単位ですが，実技や実習，演習では単位数が違ってきます。2単位では70単位時間の学習が求められ，そのうちで講義の時間が90分×15回ですから，残り40単位時間は予習や復習にあてなさいということです。とくに興味をもったところを図書館などで徹底的に調べてみるのも大事なことです。

> Q.1-6
> あなたが心理学を勉強する目的と達成目標を書き出してみましょう。

　心理学の講義で学んだことなどを，実際に友だちや家族などにやってみたくなることがありますよね。心理学では心理学的知見の適用についての「倫理基準」というものがあります。おもな内容として「心理学者は自分が仕事をし，属しているコミュニティ社会に対する職業上および学問上の責任を自覚する。心理学に関する自分の知識は，人類の福祉に貢献するために応用し，公表する。心理学者は人の悩みの原因について関心を払い，それを減少させるために働く。研究に携わっている際は，人類の福祉および心理学という学問を進歩させる努力をする。心理学者は自分の業績の誤用を避けるように努める。心理学者は法律を守り，患者，クライエントおよび社会全般の利益をもたらすような法律や

社会政策の開発を促進する。公共の福祉のために自分達の利益をほとんどまたはまったく無視して，専門的な仕事の時間の一部を提供することを勧奨する」[*16]というものです。みなさんは学生であり，心理学者ではありませんが，心理学を学んで得た知識を使う際には，この「倫理基準」に準拠するとよいでしょう。また，それ以前に私たちは日本人ですから「基本的人権」を尊守する義務がありますよね。心理学の知見は学問的なこと（自分の専攻分野など），スポーツや芸術などの課外活動に応用・実践していくだけではなく，悪徳商法，キャッチセールス，破壊的カルト集団，ナンパ師，ハラスメントなどから自分の基本的人権を守るために使ってください（表1-1）。

◇ 表1-1　学生生活で気をつけなければいけないこと

```
Ⅰ．悪徳商法，キャッチセールスなどの勧誘
    マインド・コントロールを使用した商品セールス
    ねずみ講・マルチ商法など
Ⅱ．破壊的カルト集団への入会
    オウム真理教（地下鉄サリン事件）などへの入会
    ［見分け方］　＊正規の宗教団体は「布教活動」を行ないません
                ＊「名称」ではなく，「相手がやっていること」で見分けましょう。「相手の目
                  的は？・・・お金，身体など」
Ⅲ．ハラスメント（嫌がらせ，暴力）
    セクハラ（セクシャル・ハラスメント）：性的な嫌がらせ（暴力）
    アカハラ（アカデミック・ハラスメント）：教師－学生の間で行なわれる嫌がらせ（暴力）で，
    性的なもの，講義・研究・勉強を邪魔する，労働力，知識，技能の搾取，進学や就職の邪魔
    をするなどがある
    テクハラ（テクノロジー・ハラスメント）：コンピュータ，携帯電話などの機械（技術）に関す
    る嫌がらせ（暴力）で，ハッカー，クラッカー（ハードディスクなどのデータを壊すなど），メ
    ールを使えなくするなどで，管理者などの立場を利用して行なわれることが多い
    ＤＶ（ドメスティック・バイオレンス）：教師－学生の間，恋人同士，先輩－後輩間で行なわ
    れる嫌がらせ（暴力）

［対処法］
    1．絶対に「ＮＯ！」と言いましょう！
    2．学生相談室の相談員や学生課の窓口に相談
    3．交番・行政の窓口などで相談
```

◇ ◆　引用文献

1) 安藤延男・光岡征男　1979　心理学入門　福村出版
2) 浅井邦二・稲松信雄・上田敏晶・織田正美・木村　裕・本明　寛　1982　図説心理学　実務出版
3) 井手　正・塚本三朗　1979　心理学入門──人間理解のために　福村出版
4) 入谷敏男・林　貞子　1967　心理学入門　東海大学出版会

5）岩下豊彦　1998　心理学　双々庵
6）萩野源一　1974　心理学　福村出版
7）堀野　緑・川瀬良美・森　和代・上瀬由美子　1997　よくわかる心理学28講――女性の視点から　福村出版
8）中村昭之（編）　1982　心理学概説　八千代出版
9）大橋正夫・久世敏雄・長田雅喜　1980　入門心理学　福村出版
10）大脇義一　1961　心理学　培風館
11）佐伯茂雄・野々村新・田之内厚三　1979　心理学の展開　福村出版
12）鹿取廣人・杉本敏夫　1996　心理学　東京大学出版会
13）徳田克己・高見令英　1996　わかりやすい心理学　文化書房博文社
14）ブルンスヴィック, E.／船津孝行（訳）　1974　心理学の枠組み　誠信書房
15）中丸　茂　1999　心理学者のための科学入門　北大路書房
16）アメリカ心理学会（編）佐藤倚男・栗栖瑛子（訳）　1982　心理学者のための倫理基準・事例集　誠信書房

◇　◆　さらに詳しく学ぶための参考図書

鎮眼朋子　2000　アカデミック・ハラスメント　アメリカの教育機関における対策と法律　日本太平洋資料ネットワーク（ＪＰＲＮ）
ハッセン, S.／浅見定雄（訳）　1993　マインドコントロールの恐怖　恒友出版
小林道夫　1996　科学哲学　産業図書
中丸　茂　2000　トワイライト・サイコロジー　北大路書房
日本ＤＶ防止・情報センター　2000　知っていますか？ドメスティック・バイオレンス　解放出版社
西田公昭　1998　「信じるこころ」の科学　サイエンス社
岡本　猛・田村　均・戸田山和久・三輪和久　1999　科学を考える　人工知能からカルチュラル・スタディまでの14の視点　北大路書房
シンダーマン, C.J.／山崎　昶（訳）　1987　サイエンティスト・ゲーム――成功への道　学会出版センター
須賀哲夫　1989　理論心理学アドベンチャー　新曜社
養父知美・牟田和恵　1999　知っていますか？セクシャル・ハラスメント　解放出版社
米山公啓　2002　学閥支配の医学　集英社新書

〈心理学辞典〉
金子隆芳　1991　多項目心理学辞典　教育出版
北村晴郎（監修）　1978　心理学小辞典　協同出版
宮城音弥（編）　1979　岩波心理学小辞典　岩波書店
中島義明・安藤清志・子安増生・坂野雄二・繁桝算男・立花政夫・箱田裕司（編）　1999　心理学辞典　有斐閣
田中平八（編著）　山下利之・山下清美・堀　正・松井　豊・青木まり・榎本博明・永井　撤・冨士原光洋　1988　現代心理学用語事典　垣内出版
下中邦彦（編）　1981　新版心理学事典　平凡社
外林大作・辻　正三・島津一夫・能見義博（編）　1981　誠信心理学辞典　誠信書房

行動のナビゲーション

　私たちのだれもが自分には「こころ」があり、他の人にも同じように「こころ」があると信じています。しかし、その「こころ」のしくみやはたらき方の原理については驚くほど何も知りません。いや知らないというよりは、うまく説明できないというべきなのかもしれません。あるできごとに対して自分と同じように他の人も受けとめ、同じように反応するのだと漠然と思っていますが、改めて考えてみると、私たち一人ひとりの「こころ」の感度や感性は、発達的にも能力的にも個人差があることに気づきます。たしかに3歳の子どもには、他の人の視点や意図を理解するのはむずかしいでしょう。ですが分別もあり、しっかり考えられるはずの大人でも、なんとなく直感で行動したり、勘違いやうっかりミスなどを起こすのが日常茶飯事なのはいったいなぜなのでしょうか。

　これまで心理学では、あたりまえのことがなぜあたりまえなのか、その行動のメカニズムはどうなっているのかを探究してきました。そのなかで、たとえば「覚える」ということ一つを取り上げても、意図的に覚える記憶だけでなく、夢のなかにまで顕われる無自覚な記憶があったり、これこれしかじかと説明することのできない体験とよばれる記憶など、科学的には説明のむずかしい「こころ」のはたらきがあることに気づき、今なお不可思議な精神機能の解明に向けて奮闘しているところです。

　この章では、「こころ」を知覚システムという観点から見直し、環境からの刺激を感知するアンテナや、自分を取り巻く世界を認識していくセンサーのはたらきに焦点を絞って、人がどのように環境と生態的に協応しているのか、その基本的なしくみやしかけについてみていきましょう。

 直感，体性感覚，知覚情報，表象，潜在記憶，感性，勘，側性化，空間認知，認知スキーマ，熟達化

✢1. 感性を磨く

(1)迷ったときは自分の直感を頼る？

　人がふつうに意識できる5つの感覚（視・聴・触・嗅・味）を超えた感覚のことを「第六感」とか「直感」とよぶことがあります。しかし実際には，ふだんあまり意識されない皮膚感覚（温覚・冷覚，痛覚），運動感覚，平衡感覚，内臓感覚といった身体状態をモニターする体性感覚もあります。五感が外からの刺激を目や耳といった受容器で受けて，神経回路を経て大脳で知覚情報として処理されるのに対し，直感には受容器がありません。どうやら五感をとおして得た記憶や連想などからつくられるイメージであったり，いろいろな可能性や見通しを立てたり，大きな観点からパターンや意味を検知したりする認知レベルでのはたらきであるといえそうです。[*1)]

　こうしてみると，人が感覚器官を介して外界の対象の性質などを知るには，図2-1に示すようなモデルを想定することができます。たとえば，手書きの文字を，それが知り合いのだれが書いたかを特定する場合にはどうなるでしょ

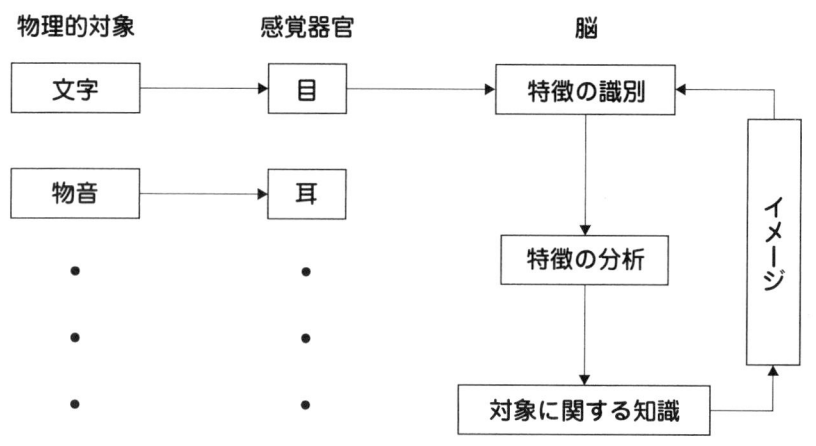

*2)より改変
◇　図2-1　特徴検知モデル

うか。その過程をこのモデルにそって説明してみて下さい。

　ところで直感についてよくある誤解として，非合理的な信念や解釈，あるいはたんなる偶然の思いつきや気まぐれなどと混同されることがあります。しかし直感には，ひらめきや洞察のように，考えたり感じたりできる意識的な状態で，なんらかの認知的な作用や意識の流れの跳躍が必要です。そういったインスピレーションのメカニズムについては，知覚のしくみだけでなく，9章で扱われている思考のモデルもあわせて考えてみる必要があります。

　また，いわゆる「虫の知らせ」のように，危険を察知したり予感するような直感に基づくとみられる行動が，本能だとみられてしまうこともよくあります。直感が本能とは違う作用をすることは，7章で「本能とは何か」を学べば直観的にわかると思いますが，どこがどう違うのかをよく考えてみてください。

> **Q.2-1**
> **女性が直感的だといわれるのはなぜか考えてみましょう。**

　以下のチェックリスト[*3)]では，あなたが直感をどれくらいあてにしやすいかを調べることができます。1～30の各項目についてA)かB)のいずれかを選んでください。どちらにも当てはまらない場合でも，強いてどちらか選ぶとすれば，として選択してください。

1. 用意された答えがないとき，あなたは……
　　A) 忍耐強い。　B) 不安になる。
2. 挑戦的な情況になるとあなたは……
　　A) たいていはとても刺激されて，それに強くかかわろうとする。
　　B) めったに刺激されないし，それにかかわろうとはしない。
3. 不確かな事態に直面したとき，あなたはたいてい……
　　A) 困惑する。　B) 平静でいられる。
4. 自分の直感と事実が違う場合，あなたは……
　　A) 自分の感情を信頼する。　B) 論理的な筋道に従う。
5. 困難な問題に取り組んでいるとき，あなたはたいてい……
　　A) 解決策を探すことに努力する。　B) あれこれ考えて迷う。

6. 人と意見が合わないことがわかったとき，あなたはたいてい……
　　A）その人にそのことを知らせる。　B）そのことを心のなかに秘めておく。
7. だいたいにおいて，あなたは……
　　A）これまでと同じやり方を好む。　B）危険を冒すのを好む。
8. ひとつの問題に取り組んでいるとき，あなたがやり方を変えることは……
　　A）めったにない。　B）よくある。
9. 仕事をしていて，その責任者から指示してもらいたいのは……
　　A）どのように対処するかのやり方。　B）何が優先されるかの必要性。
10. ものごとが複雑に絡み合っている場合，あなたは……
　　A）心がうきうきしてくる。　B）不安になってくる。
11. ある問題に直面すると，あなたはたいてい……
　　A）取りかかる前に見通しや概要を描く。　B）とにかくやってみる。
12. 予期しない変化が起きると，たいていの場合あなたは……
　　A）そのことでいらだつ。　B）そういう事態を歓迎する。
13. あなたの読書の範囲は……
　　A）小説なども含む広い範囲。　B）自分の仕事に関連した限られた範囲。
14. あなたと専門家との意見が違った場合，あなたはたいてい……
　　A）自分の考えにこだわる。　B）専門家の考えに従う。
15. 多数の課題に直面するとあなたは……
　　A）それらの問題に同時に取り組む。　B）一つひとつかたづけていく。
16. 何か新しいものを学ぶときあなたは……
　　A）まずルールや手順をマスターする。　B）とにかくやってみる。
17. 仕事をするときにあなたはどちらかといえば……
　　A）あらかじめ取り決めた予定通りにする。　B）自分独自の予定をたてる。
18. あなたが学校で得意なのは……
　　A）論述形式の問題。　B）正誤判断の問題。
19. 基本的にあなたは……
　　A）理想主義である。　B）現実主義である。
20. 誤りをおかしたとき，あなたは……
　　A）あとで自分を批判する。　B）そのことを忘れてさきに進む。
21. 人に説明するときにあなたが頼りにするのは……
　　A）たとえ話やエピソード。　B）事実や数字。
22. あなたが確信を得るのに必要なのは……
　　A）理性に訴えかけるもの。　B）情緒に訴えかけるもの。
23. 自分がまちがっているとき，あなたは……
　　A）すぐにそれを認める。　B）自己弁護する。
24. むずかしい問題に直面すると，あなたがしやすいのは……
　　A）助言を求める。　B）独力で取り組む。

25. 何をすればよいのかわからない人に対してあなたは……
    A) いらだつ。　B) わくわくする。
26. 来週の約束をするとき，あなたがよくするのは……
    A) そのときに正確な時間を決めておく。　B) その前日に電話で確認する。
27. 何かの原因で計画がだめになったときあなたは……
    A) うろたえる。　B) 落ち着いて新しい計画を立てる。
28. ある予感がしたとき，あなたがふつうとる態度は……
    A) それに夢中になる。　B) それを疑ってみる。
29. あなたの友人や身近な人たちの大半は……
    A) 直感を信じている。　B) 直感を信じていない。
30. あなたの人となりとしてよく言われるのは……
    A) アイデアの豊かな人。　B) 繊細な人。

　さて，チェックが終わったら集計してみましょう。1，2，4，6，10，13，14，15，18，19，21，23，28，29，30の項目でA)を選んでいたら1点とし，さらに3，5，7，8，9，11，12，16，17，20，22，24，25，26，27の項目でB)を選んでいたら1点とし，両方の合計点を求めてください。
　次の判定基準[*4)]は，あなたにどの程度の直感力があるのか，それともないのかではなく，あなたがどれくらい自分の直感をあてにしやすいかを示しています。

【23点以上】問題の処理や決断する際に，直感に基づいて積極的に行なう傾向があります。自分の直感を今以上に信頼してもかまいません。なぜならあなたの直感は正確である可能性が高いからです。
【22～15点】思考や行動様式を時どき変える傾向もありますが，あなたは分析的ないし合理的であるよりは直感的です。あなたの直感は正しいことがよくあります。
【14～7点】思考や行動様式は分析的な面と直感的な面とが混じり合っているようですが，あなたは直感的というよりは分析的で合理的です。あなたの直感は気まぐれなことが多いようです。
【6点以下】問題の処理や決断する際に，直感に頼らず分析的で合理的に行なう傾向があります。あなたは直感をあまり信頼していません。

> Q.2-2
> チェック項目は直感を構成する要素です。どんな要素で構成されているか分類してみましょう。

（2）潜在意識で好みが決まる？

　さしたる意図もなく，知らず知らずのうちに判断や選択がかたよってしまうことがふだんの生活ではよくあります。素朴な考えでは，知覚，記憶，思考，欲求，価値，性格といったさまざまな心のはたらきを一括りにして，無意識といっているようですが，ここでは，自分では気づいていない感覚の偏りについてふり返ってみましょう。

　感覚のなかでも視覚，聴覚，運動感覚の3つは，コミュニケーションや学習活動といった日常的に最も用いられる感覚です。ですが，私たちが人と会ったときに，どんな印象が残るかは人によって違ったり，何かを覚えるときにいつも一目でわかるように書き出してみる人もいれば，ぶつぶつと何度も口で言ったりする人など，優先させる感覚には個人差があります[*5)]。

　以下のチェックリスト[*6)]は，あなたが見ることか聞くことか，あるいは身体を動かすことか，どの感覚を重視しやすいかを調べるものです。以下の1～24の各項目についてA)，B)，C)のなかからどれか1つを選んでください。

1．あなたが海辺のリゾートホテルに泊まるとき，部屋を選べるとしたら……
　　A) 潮騒はうるさいが海はよく見える部屋を選ぶ。
　　B) 潮騒は程よく聞こえるが海はよく見えない部屋を選ぶ。
　　C) 居心地はとてもよいが海は見えず潮騒も聞こえない部屋を選ぶ。
2．問題にぶつかったとき，あなたがふつうするのは……
　　A) いろいろな解決策を探してみる。　B) だれかと話してみる。
　　C) じっくりと問題に取り組んでみる。
3．もし車を買うとしたら，あなたが重視するのは……
　　A) 車体の色や内装などの見た目がよいこと。
　　B) 全体に静かでエンジン音が小気味よいこと。
　　C) 高い安全性や快適な操縦性。
4．コンサートやイベントのあとで，あなたが言う感想は……

A) どんな光景だったか。　B) 音がどう響いていたか。
C) 会場の盛り上がりがどうだったか。
5. 休日の過ごし方で，あなたが楽しいと思うのは……
A) テレビや雑誌をみたりすること。
B) 音楽を聴いたり人とおしゃべりすること。
C) 家事をしたりスポーツをすること。
6. どこかに遊びに行ったとき，あなたがよく覚えているのは……
A) 見たこと。　B) 話したり聞いたこと。　C) 自分がしたこと。
7. あなたが日頃，時間を費やすのは……
A) いろいろな事をあれこれ想像する。
B) これでいいのかと自問自答する。　C) そのときの気分に任せる。
8. 人の話をさらに信じるために，あなたが必要なのは……
A) 確かな証拠を見ること。　B) 自分でじっくり考えてみること。
C) 自分の直感でピンとくること。
9. あなたがレストランを選ぶときのポイントは……
A) 外観やインテリアなどの見た目がよいこと。
B) 同伴者とゆっくり話しができること。
C) リラックスして，くつろげること。
10. あなたが初めての場所で目的地を探すときは……
A) 地図を見る。　B) 人に尋ねる。　C) 勘に頼る。
11. あなたが服装を選ぶときのポイントは……
A) 見た目に清潔感があること。　B) 自分の個性が表現できること。
C) 着心地がよいこと。
12. あなたが新しい装置の使い方を理解するときは...
A) 説明書をよく読む。　B) だれかに口で説明してもらう。
C) 実際に使ってみる。
13. あなたが何かを覚えなければならないときは……
A) 一目でわかるように書き出して眺める。
B) 何度も口に出して暗唱する。　C) リズムをとって身体を動かす。
14. 何かを説明してもらうとき，あなたが理解しやすいのは……
A) 図や表などで示してもらう。
B) 書かれたものを見せられるよりも口で言ってもらう。
C) 実際に自分でやってみる。
15. あなたがプレゼントをもらったときに嬉しさを表わすのは……
A) 表情。　B) 声。　C) 全身。
16. 幼いころを思い出すとき，あなたがまず思い浮かべるのは……
A) 風景や身のまわりの物や人の顔。　B) 何かの音や声。
C) どこかに行った事やハプニング。

17. あなたが人前で何かを発表するとき，気になるのは……
    A) 聞いている人の表情や視線。
    B) 聞いている人の咳払いやヒソヒソ声。
    C) 聞いている人の姿勢や身体の動き。
18. 人に会ったとき，あなたが印象に残るのは……
    A) 服装や体つき。　B) 話し方や声。　C) その人といっしょにしたこと。
19. 人と話をするときあなたは……
    A) テレビや雑誌を見ながらでも話はできる。
    B) 音楽を聴きながらでも話はできる。
    C) 何かの作業をしながらでも話はできる。
20. しばらく会っていない遠くにいる人に会いたくなったときあなたは……
    A) 写真などで顔を見たくなる。　B) 電話をかけて声が聞きたくなる。
    C) 想い出の品物を取り出して触りたくなる。
21. あなたがとても不安になると思うのは……
    A) 何も見えなくなるとき。　B) 何も聞こえなくなるとき。
    C) 身体が動かせなくなるとき。
22. あなたが忘れてしまっていた約束を思い出すのは……
    A) 記録のメモなどを見たとき。　B) 手がかりになる言葉を聞いたとき。
    C) 約束したときと同じ情況や行動をしたとき。
23. 正体不明の虫を見たとき，あなたが不気味に思うのは……
    A) 奇妙な色や形をしていること。　B) 奇妙な音を出していること。
    C) 奇妙な動きをしていること。
24. あなたが人より敏感なのは……
    A) 目で見て感じること。　B) 耳で聞いて感じること。
    C) 身体全体で感じること。

　では，チェックが終わったら集計してみましょう。A)～C)の選んだ数をそれぞれ合計してください。A)が視覚，B)が聴覚，C)が運動感覚を優先させる傾向を示しています。3つの感覚のバランスを図2-2のレーダーチャートに表わして検討してみてください。

> Q.2-3
> なんとなく気が合わない人とは，自分の感覚の利きとどのように違う可能性があるか考えてみましょう。

◇ 図2-2　3つの感覚バランス

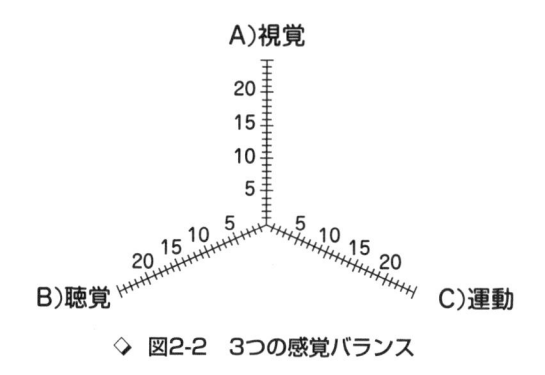

✲2．環境を探る

（1）左利きの人には有能な人が多い？

　環境からの刺激を情報として処理しているのは大脳ですが，さまざまな中枢機能は大脳のさまざまな所に局在しています。なかでも，大脳が左右2つの半球に分かれているようにみえる側性化は，身体運動が反対側を支配することから，多くの文化圏で右利きが求められていることにも関係があるようです。その根拠としては，言語中枢がおもに左半球に集まっていることがあげられます[*7)]。左も右も自由に使えるのではなく，運動機能に左右のかたよりがあることは，どんな環境でも自由に行動するには必ずしも有利ではありませんが，それを上回るメリットとして，両半球に分散する複数の言語中枢の競合を減らせるのではないかということも考えられます。もちろん「ことば」は文化や社会の中軸ですから，右利きによって左半球の言語中枢の機能が強化されてきたという可能性も十分あります。ですから，そういった文化的な陶冶に抗ってなお左利きである人は，右半球がそれだけ優位なのかもしれないというわけです。

　実際には，記憶をはじめとして多くの精神機能が両半球に分散していますが，左右差を強調するなら，右半球で優位なのは，顔や物の認識，視空間認識，直感的思考，創造性，芸術的創作，情緒の制御といったことのようです[*8)]。では実際に，左利きの人がどのような面で優れているのか検討してみてください。

> Q.2-4
> 左右の利きは手や足以外にはないのでしょうか。あるとすれば，その必然性は何なのか考えてみましょう。

(2) 女性は縦列駐車が苦手？

　女性は男性よりも左右の大脳半球を繋ぐ脳梁が発達しているといわれています[*8)]。そのために左半球にある言語中枢だけでなく，右半球でも音韻やリズムなどの情報処理がスムーズにできます。女性はよくしゃべり，ことばを覚えたり使ったりすることが男性よりも得意なのは，このような脳の使い方に違いがあるからなのかもしれません。ひるがえって，男性は女性のようにバランスよく並列的に情報を処理することが苦手です。一極集中的で，あることに意識が向いているときは，同時に別のことに注意を向けることはむずかしいのですが，不思議なことに，空間に関する認知や行動に関しては得意なようです。

　空間能力とは，物体がどんな位置関係や速さで存在しているかを把握し，それに基づいて身体運動を遂行する能力のことです。図2-3に空間認知力を試す問題がありますので一度試してみてください（正解と参照資料はこの章末の補遺に採録）。このような空間能力を駆使しなければならない図画工作や機械

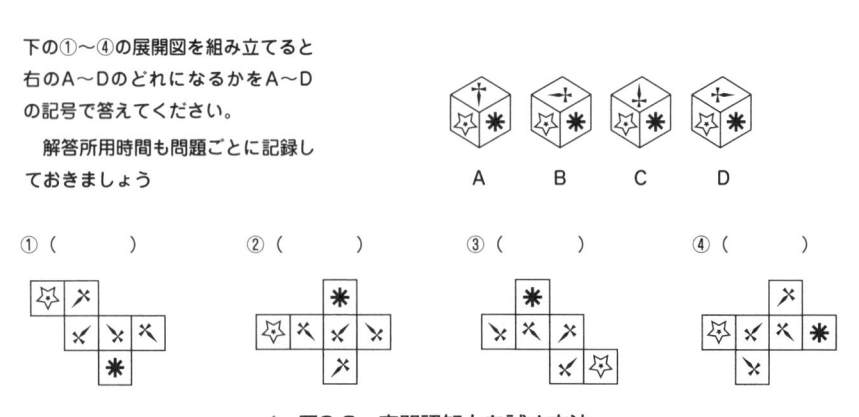

下の①〜④の展開図を組み立てると右のA〜Dのどれになるかを A〜D の記号で答えてください。

　解答所用時間も問題ごとに記録しておきましょう

① (　　　)　② (　　　)　③ (　　　)　④ (　　　)

◆　図2-3　空間認知力を試す方法

のしくみや操作，球技を代表とするスポーツ，あるいは乗り物の運転や刻々に変化していく状況に対応するといったことに男性は夢中になります。しかし女性はそういったことよりも，人と接してコミュニケーションをとることや，一定のルーチンでいくつかのパターンをくり返すような作業のほうが，安心して自分の力が発揮できるようです。

　さて，縦列駐車は空間能力と車両感覚を駆使して，ちょっとしたコツをつかめばうまくできるようになりますが，目的地に向かって進路を定めながら移動していくような場合にはどうでしょうか。おそらく閉じられた空間ではなく，物理的には途方もない広さの空間についての探索力と，これまでに環境と相互作用しながら培ってきた記憶や知識も必要になってくるでしょう。では図2-4の地図を例にして，私たちが空間の配置をどのように把握したり覚えたりするかを検討してみてください。

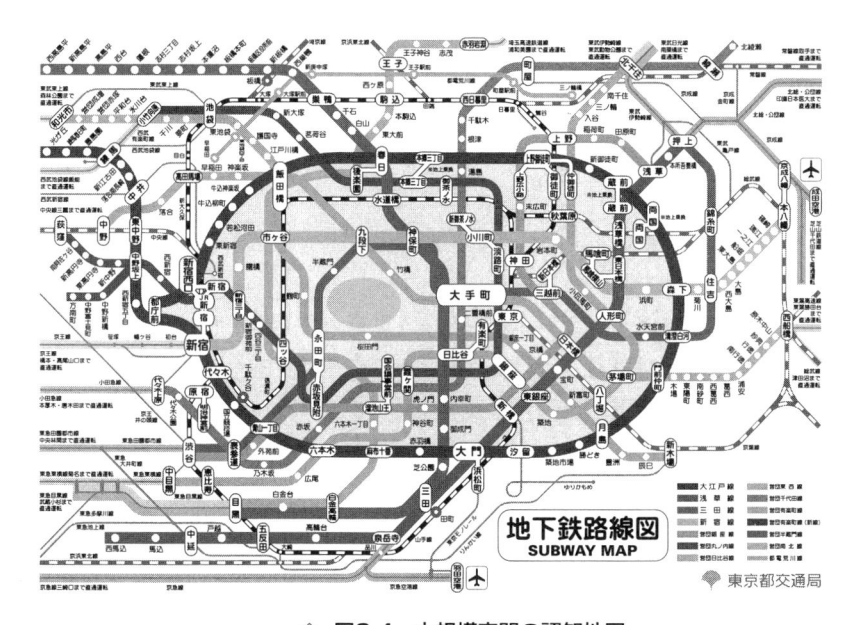

◇ 図2-4　大規模空間の認知地図

> Q.2 - 5
> 空間能力が必要になる職業（仕事）にはどのようなものがあるかあげて，男女で向き不向きがあるのかも検討してみましょう。

（3）いざというときには動物的な勘がはたらく？

　「〜の勘どころ」「土地勘がある」といったように，直感とは違い「勘」には「要点」といった含蓄があります。そのようなコツを飲み込むまでには，ある程度の練習や経験が必要です。熟達したエキスパートと熟練していないノービスとでは，表面的には同じに見える行動でも，遂行する内的な過程ではずいぶんと違っています。つまり，私たちがある行動を遂行する際には，単純な動作や個々の記憶をそのつど，でたらめに組み合わせているのではありません。慣れ親しんだ環境から伝わる情報を能動的に処理し，もっている基本的な「認知構造」を刻々と調節しているのです。勘がはたらくのは，刺激に対して一対一対応で反応する単純なプロセスではなく，熟達の可能性のある技能（skill）で発揮されます。そのような熟練を要する活動では，情報を提供する環境と知覚する者との間に生み出される連続的で循環性のある修正可能な図式（schema）が，神経ネットワークの集合体である記憶の連合ネットワークに形成されると考えられています[9]。

　たとえば，テニスではボールがどのように飛ぶかをイメージして球を打ちますが，このとき，球を打つという意図と自分の運動状態やコートでの位置，さらに相手の状態と位置といった多様な知覚情報を同時にモニターしながら，実際にボールを打っています。そしてその結果を知覚し，さらにどうしたらよいかイメージを修正し，もっと正確な意図を立てて再び実行し，その結果を知覚する，といった一連のプロセスが遂行されます。ですから，初心者がここはこうして，そこはどうするといった知識のレベルで理解したとしても，知覚の循環をともなう練習なしには，スムーズにボールを打つことはできないのです。

　このようなセンサーとしての知覚は，一連の動作を安定させ，「可変性」を高めていくことでパフォーマンスをたくみにしていきます。可変性とは，個々

の動作を状況の変化に応じて対応させていくことです。テニスの例でいえば、相手がどんな球を打ってくるかによって、自分の打ち方を変えていくことにあたります。状況の変化に気づくのは受動的な情報処理ですが、反復練習などで知覚の循環を経ることによって能動的な知覚、つまり状況変化の予測が高まり、一連の情報処理や動作が流暢になり、それまでは意識的に制御されていたことが自動的に行なわれるようになっていきます。このような行動の遂行が自動化されるプロセスを簡略なモデルで示すと、図2-5のようになります。

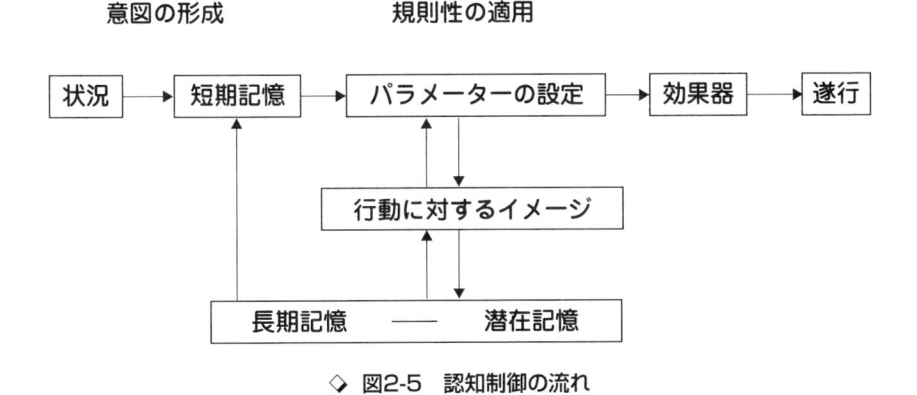

◇ 図2-5 認知制御の流れ

Q.2-6
私たちは日常的にしばしば誤りをおかしますが、具体的な例をあげて、図2-5にそって分析してみましょう。

◇ ◆ 補遺

図2-3の正解　①C　②D　③C　④B
　各問題の正解率(%)は大学生男子236人、女子257人で求め、解答時間(単位は秒)の平均(M)と標準偏差(SD)は正解者のみで算出した。
①正解率：男65、女49．　M：男58、女63．　SD：男43、女48．
②正答率：男50、女48．　M：男63、女75．　SD：男43、女61．
③正答率：男57、女36．　M：男64、女58．　SD：男53、女54．
④正答率：男60、女45．　M：男60、女54．　SD：男41、女42．

◇ ◆ 引用文献

1) Myers, D.G. 2002 *Intuition : Its Powers and Perils.* New Haven, CT : Yale University Press.
2) リンゼイ, P.H.・ノーマン, D.A. ／中溝幸夫・箱田裕司・近藤倫明(訳) 1983 情報処理心理学入門Ⅰ——感覚と知覚 サイエンス社
3) 益谷 真 2003 素朴な心の探究(Ⅳ)直感と思考スタイル 日本心理学会第67回大会発表論文集, 739.
4) Goldberg, P. 1983 *Intuitive Edge : Understanding & Developing Intuition.* New York : Putnam Publishing Group.
5) Lowenfeld, V. 1945 Tests for visual and haptical aptitudes. *The American Journal of Psychology*, **58**(1), 100-111.
6) 益谷 真 2002 感性の利きに関する個人差の検討 日本健康心理学会第15回大会発表論文集, 322-323.
7) エルマン, J.L.・他／乾 敏郎・今井むつみ・山下博志(訳) 1998 認知発達と生得性——心はどこからくるのか 共立出版
8) スプリンガー, S.P.・ドイチュ, G. ／福井圀彦・河内十郎(監訳) 1997 左の脳と右の脳(第2版) 医学書院
9) Neisser, U. 1976 *Cognition and Reality : Principles and Implications of Cognitive Psychology.* San Francisco : WH Freeman.

◇ ◆ さらに詳しく学ぶための参考図書

グリーンフィールド, S. ／新井康充(訳) 1999 サイエンス・マスターズ11——脳が心を生みだすとき 草思社
芳賀 繁 2000 失敗のメカニズム——忘れ物から巨大事故まで 日本出版サービス
井上 毅・佐藤浩一(編) 2002 日常認知の心理学 北大路書房
佐々木正人 2000 知覚はおわらない——アフォーダンスへの招待 青土社
下條信輔 1996 サブリミナル・マインド （中公新書1324） 中央公論社
渡辺 茂 1995 岩波科学ライブラリー21——認知の起源をさぐる 岩波書店
ウイッカー, A.W. ／安藤延男(監訳) 1994 生態学的心理学入門 九州大学出版会

3章 錯覚する

　錯覚は，私たちが知覚する世界が現実の世界と違っているときに生じます。図3-1Aを見てください。ほとんどの人が右に写ったウエディングドレス姿の女性の身長が左の少女より高いと思うことでしょう。実際，右の女性より左の少女の身長が2倍高いように見えます。しかし，本当は彼女たちの身長はほとんど変わりません。実は，図3-1Bのように，この写真が撮られた部屋は写真に写っているような直方体ではないのです。奥の壁の右側がのぞき穴側の壁に近く，また床もせりあがったかなり特殊な部屋の構造になっているのです。部屋の壁の角度や床の市松模様のトリックによって，私たちは部屋の特種な構造に気づかないのです。この部屋は，最初にこの部屋を設計した人物にちなんでエイムズの部屋とよばれています。

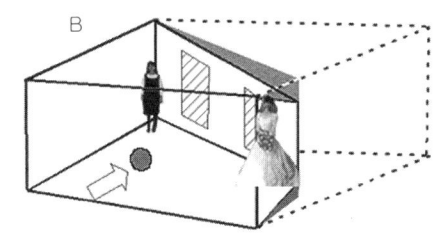

◇ 図3-1　エイムズの部屋

　この錯覚は，注意していれば避けられるものなのでしょうか？　答えはYesとは言い切れません。なぜなら，この部屋を図3-1Bの図中の壁の穴から片目で覗いた場合，奥行きを知覚する手がかりを奪われ，図3-1Aのように眼球の網膜に写った像の大きさだけが，人物の大きさを知る手がかりとなってしまっているからです。つまり避けられない錯覚なのです。この章では，錯覚は何のために生じるのか，どうやって生じるのかという疑問をとおして，私たちの知覚の不思議とそのたくみなメカニズムについてみていきましょう。

キーコンセプト　錯覚，視差，絶対閾，弁別閾，ウエーバーの法則，ポンゾの錯視，ミュラーリヤーの錯視，月の錯視

✢1. 錯覚される現実の世界

(1)錯覚は視覚系だけで生じる?

　錯覚は視覚系だけで生じる現象なのでしょうか? 　答えはNoです。たとえば，温覚について次のような古典的な実験があります。2本の銅管をよじったものを被験者に握らせ，それぞれの管に温水と冷水を同時に流します。すると，被験者は熱さのあまり銅管を握っていられなくなります。これは表皮にある温度受容体が温覚と冷覚を感じる2種類しかなく，これら2種類の受容体が同時に刺激されることによって生じる錯覚なのです。

　また，ワレン[*1)]は，"The state governors met with their respective *legi(s)latures* convening in the capital city（州知事達は州都に召集したそれぞれの議会に出席した）"という文のうち *legi(s)latures* の *(s)* の音を咳払いの音で消したテープを被験者に聞かせました。すると被験者は咳払いの音を聞いたことは覚えていたものの，どの音が消えたかわからず，文を書き取らせると*legislatures* という聞いていないはずの単語を答えました。この聴覚系の錯覚は，音素修復とよばれています。また，サミュエル[*2)]は，被験者にこのような実験を何千回くり返しても，単語中で消失した音を見つけだす能力は向上しないと報告しています。

(2)錯覚は不注意から起こる?

　錯覚が起きないように，眼や耳に入った外界の情報をありのままに認識することはできるのでしょうか? 　おそらく答えはNoでしょう。たとえば，消失した音の前後の音や意味をもった単語やフレーズの配置によって，消失した音を補完してことばを認識しています。もしこの錯覚が私たちに生じないとしたなら，通学電車やバス内での会話も困難となるでしょう。

　また，私たちの網膜に写った像は縦と横しかない二次元，つまり平面です。しかし現実の世界は，縦と横に加えて奥行きをもった三次元，つまり立体です。

もし私たちが世界を二次元としてしか感じられないとしたら，車の運転はおろか手でリンゴを取ったりするようなごく日常の生活でも困ったことがたくさん生じてくるはずです。

しかしながら，錯覚のなかには起こっては困ることもあります。たとえば長い下り道を運転中に，たまたままわりの木々が車道に沿って少し斜めに立っているため上り坂だと思い，アクセルを少し強く踏んだためにスピードが出過ぎてしまうこともあるかもしれません。これは経験によって木々はまっすぐ立っているものだという思い込みから，自分の走っている車道の傾きを相対的に判断してしまうために生じる錯覚です。この錯覚は，運転歴の長いプロドライバーにもしばしば生じるくらい気づくのがむずかしいものです。

> Q.3-1
> 目を開けている場合に比べ，目を閉じていると乗り物酔いしにくいのはなぜか，車道の傾きと立ち木の例を参考に考えてみましょう。

(3) 眼が2つあるのは意味がある？

私たちは現実の世界を生きるために，網膜という感覚組織の限界を越えて現実の世界を立体として感じる必要があります。それでは，私たちはどのように二次元を三次元に変換しているのでしょうか？　図3-2を見てください。並んだ2つの図形を20cmほど離して，右の図形を右眼で左の図形を左眼でしばらくぼんやりみつめて下さい。右あるいは左の図形のまん中に新しい図形が浮かび上がってこないでしょうか？　この図形はランダムドットステレオグラムとよばれるものです。一見，左右の図形はまったく同じように思えますが，中央の一部分だけ少しずらしてあります。両眼に写った像のうちこの部分だけが違うため，立体的に浮き上がっているように錯覚してしまうのです。

この原理を産業に応用しているのが，赤と青のフィルターを眼鏡のようにかけて見る立体映画です。フィルターをはずして映画を見てみると，ぼやけて見

◇ 図3-2　ランダムドットステレオグラム

えます。これは画面上で少しずらした2つの映像をそれぞれ赤と青の色で処理をして1つの映像のように映写しているからなのです。そして，それぞれの映像はフィルターを通してそれぞれ単眼にしか入らないようになっているのです。

　しかし，私たちはランダムドットステレオグラムや立体映画のように，特殊な図形や映像にだけ奥行きを感じているわけではありません。たとえば日常生活を例にとると，車を運転するときにも，バスのなかで吊革をつかもうとするときにも奥行きを感じています。それでは，ふだんどのようにして奥行きを感じているのでしょうか？

　答えは，顔の前面に2つの眼球が少しの距離をおいて平行に並んでいるおかげです。2つの眼球の間に距離があるために，それぞれの網膜に写る像が少し違い（視差），それを手がかりに立体感を感じることができるのです。いわば，網膜という感覚組織の限界を越えて現実の世界をとらえる立体感そのものも，広義の錯覚なのです。

　なお，私たちが奥行きを感じるのに，両眼の視差だけではなく，図3-3に示したような単眼による手がかりもあります。遠くの物に焦点は合わず，近くの物に焦点が合っていると感じる空間的勾配。電車の線路のように遠くなるほど平行な線が一点に集約されてしまうと感じる遠近。陰のできる方向で遠近を感じる陰影などがあります。

空間的勾配　　　　遠近

陰影

＊写真は高雄房子による
◇ 図3-3　奥行き知覚の絵画的手がかりの例

> Q.3 - 2
> 錯覚が日常の生活に役立っている具体例を考えてみましょう。

✤ 2．感覚の法則性

（1）感覚は常に一定である？

　各感覚系は，刺激について質と量という2つの重要な特性を抽出します。光にたとえると，質とは光の色であり，量とは光の明るさです。心理学では100年以上前から，感覚の量を絶対閾と弁別閾によって説明しようとしてきました。
　絶対閾とは，感覚を生じさせる最小限の刺激量のことです。1860年にフェヒナーは，当時としては巧妙な実験によって光の絶対閾を測定しました。それは完全暗室で被験者の眼前のスクリーンに暗い光点を提示し，その光点の光量を

しだいに明るくしていき，いつ見えたかを報告させるのです。これを何度もくり返し，50％の確率で見えたと報告した光量を絶対閾としました。絶対閾を測定する際に，フェヒナーがこのように骨の折れる実験をしなければならなかったのは，たとえひとりの被験者でも絶対閾は一定していないからです。

これは，次のような簡単な実験によって体験できます。秒針がチクタク鳴る時計を静かな部屋の端に置いて，できるだけ遠くからゆっくりと近づいていきます。そしてどこで秒針の音が聞こえ出したか何度も測定してみると，おそらくくり返すたびに場所が違ってきます。

私たちの日常生活では，刺激の量的な差の判断も重要です。たとえば，レストランのコックさんはほんのわずかな料理の味の違いも気づかなくてはなりません。また，オーケストラの指揮者は微妙な音の違いにも気を張りめぐらさなければなりません。2つの微妙な刺激の違いを弁別するのに必要な刺激強度の最小限の変化量を，弁別閾とよんでいます。

古典的な弁別閾の実験は次のように行なわれました。暗室でまったく同じ2つの光点を被験者の眼前に呈示して，一方の光点の明るさはそのままで（参照刺激），被験者が他方の光点が明るくなったと報告するまで，この光点をかすかにゆっくりと明るくしていき，50％の割合で明るくなったと報告された増加量を弁別閾としました。

弁別閾も絶対閾と同様に一定ではありません。参照刺激が小さい場合，変化量が小さくても刺激を弁別できるのに対して，参照刺激が大きくなるにつれ，大きな刺激が必要になることを，ウエーバーは百年以上も前に発見しました。たとえば身近な例をとると，150円のバス代が急に200円に上がると値上がりしたことに気づきますが，2,999,900円の自家用車が2,999,950円になっても値上がりしていたことに気づかないでしょう。

フェヒナーは，この発見をさらに公式化してウエーバーの法則とよびました。ウエーバーの法則によると，参照刺激の強度に対する弁別閾の比率は定数になります（ウエーバー定数）。重さに対するウエーバー定数は2％です。これはどんな重さでも，2％重くしなければ，主観的に重たくなったと感じないということです。たとえば，2つの封筒にそれぞれ百円玉を2枚と1枚入れて比べてみると重さの違いに気づきますが，靴に入れて比べると重さの違いを弁別す

ることができません。なお，ウエーバー定数は感覚系によって違っています（表3-1）。

◇ 表3-1　感覚刺激の種類とウエーバー定数

感覚刺激の種類	ウエーバー定数
明るさ	2%
重さ	2%
音の強さ	10%
皮膚にかかる圧力	14%
食卓塩の味	20%
臭い	25%

> Q.3-3
> 感覚の感度が変化する具体例を，日常生活の場面からできるだけ多くあげてみましょう。

（2）ヒトは外界をありのままに感じ知覚できるのか？

　感覚と知覚は同じものとして理解されることがありますが，感覚と知覚とは厳密には違うものです。感覚は眼球や耳といった感覚器によって外界の情報を集める過程であるのに対し，知覚とは脳がこれらの情報を選択し再構成し解釈する過程です。さて，ヒトは外界をありのままに感じ知覚できるのでしょうか？
　答えはNoです。ヒトの感覚と知覚には2つの制約があります。第一に，ヒトの眼や耳などの感覚器を通じて感じ取れる物理量は，外界のさまざまなエネルギーのうちのごく一部であり，感じられないエネルギーのほうがむしろ多いことがあげられます。たとえば，ヒトの眼は，太陽から地球上に降り注ぐ電磁波のごく一部の帯域しか光として感受できません。実際，X線やテレビの電波も電磁波なのですが，私たちは感じることができません。ちなみに，ヒトが感じることのできない紫外線をミツバチは感じることができます。最近になってヒトと同じ哺乳類であるマウスの網膜にも，紫外線を感じる細胞があることがわかりましたが，行動学的に紫外線を認識しているかどうかはまだ確認されて

いません。つまり動物界では種によって感じている世界が違っているのです。

　そして第二に、感情や動機づけや疲労によって私たちの知覚がゆがめられてしまうことがあげられます。たとえば、尊敬する人は実際の身長より高く感じられてしまったり、1kgの金塊のほうが同じ1kgの鉄の塊よりずっと重く感じられることでしょう。また、同じスキー板も朝ゲレンデにきたときより、遊び疲れて夕方帰宅するときのほうがずっと重く感じます。

　つまり感覚は、現実の世界をありのままにとらえることはできませんし、知覚する世界も必ずしも一定ではありません。こうしてみると私たちはたいへんこころもとない弱い存在に思えてくるかもしれません。しかし、奥行き知覚についてみてきたように、私たちは感覚の限界の壁を巧妙に超える知覚メカニズムをもっています。そして、知覚が感情や動機づけによって味付けされるからこそ、私たちは美術館でダリの絵を鑑て感動し、コンサートホールでチャイコフスキーの悲愴交響曲を聴いて涙するのです。このような味付けにより私たちの生活はより豊かになっているのです。また疲れた身体に鞭打たせないために、重たい荷物を持たせないように知覚しているとしたら、私たちの知覚はなんとうまくできていることでしょうか。

　ところで、夜明けや夕暮れ時に私たちは一時的に物がよく見えなくなります。この時間帯は他の時間帯に比べて非常に交通事故が多いそうです。これは、うす暗い環境では、私たちの網膜にある2種類の光を感じ取る視細胞のどちらも一時的に感度が鈍ってしまうからです。また、高速道路で前方でスピードをゆるめたり止まったりする車に対し、後続車はその車が同じスピードで走り続けているかのような錯覚に陥り、多重衝突事故が起こることがあります。実際、高速道路を走行中に渋滞で急に減速したりする際、ハザードランプを点灯させながら走行している車があります。これは後続車に減速していることを知らせ、事故を回避しようとしているのです。このように、私たちの感覚の制約を知ることは、危険を回避するうえで大切なことなのです。

> **Q.3 - 4**
> 高速道路のトンネルの出入り口付近で事故が起こりやすいのはなぜか考えてみましょう。

✣ 3．さまざまな錯視のメカニズム

(1) 同じ長さでも違って見える？

　同じ長さの線でも，まわりに描かれた手がかりによって違う長さと認識されてしまうことがあります。図3-4Aと図3-4Cは，それぞれ1913年にポンゾが，そして19世紀の半ばにミュラーリヤーが最初に記述したことから，彼らの名前をとってポンゾの錯視とミュラーリヤーの錯視とよばれています。これらの図形を見ると，水平方向の2線のうち，いずれも上側の線のほうが下側の線より長く感じられるでしょう。しかし実際に長さを測ってみると，それぞれ同じ長さなのです。

　グレゴリーは，これらの錯視に対し，深度処理という興味深い説明を提案しています。それによると，視覚の初期の段階で私たちは平行線のまわりの手がかりから深さ，つまり遠さと長さの関係を感じ取った結果，同じ長さの線を違うものとして知覚するとされています。

　図3-4Bの線路の絵に示したように，ポンゾの錯視では，収束する2本の線は遠近的に遠くを表わしています。上方の黒い棒は遠くにあると，下の黒い棒より長く感じられることになります。また，ミュラーリヤーの錯視では，図

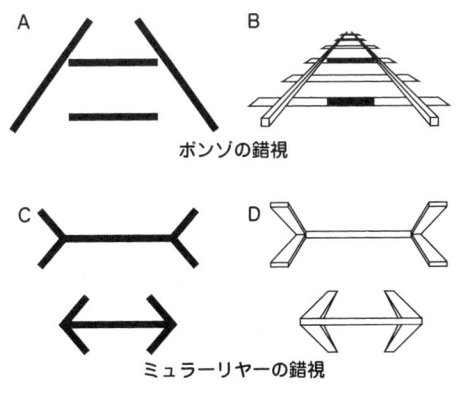

◇ 図3-4　さまざまな錯視

3-4Dに示したような木馬を上下から見たイメージで，私たちは深さを感じ取っているというわけです。この図からわかるように，木馬を下側から見た場合のほうが腰掛けの部分にあたる横棒が遠く長く感じられ，上側から見た場合のほうが近く短く感じられることになります。

> Q.3 - 5
> ミュラーリヤーの錯視を深度処理説で説明した場合の問題点を考えてみましょう。

（2）月は高く昇ると小さく見える？

　私たちは，天頂付近にある月より水平線付近にある月のほうが大きく感じます。しかし，月の光が大気を通り抜けてくる際の屈折度の違いはあれ，網膜に写る月の大きさは実際にはほとんど変わりません。これは月の錯視とよばれ，古代ギリシア・ローマ時代から論争の的になってきました。

　月の錯視も深度処理説的な理論で説明しようという試みは，古く2世紀のギリシアの天文学者プトレマイオスに始まり，19世紀にヘルムホルツがよみがえらせました。また，現在も多くの研究結果がこれを支持しています。私たちの視覚系は，月と地球の間のようなとてつもない距離を認識するようにはできていません。ですから私たちは地球にある身近な物を頼りに距離を無意識のうちに推定していると考えられます。たとえば水平線付近を飛ぶ鳥や雲は，真上を飛ぶ物より遠いところにあります。実際，私たちの日常では天頂にあるものより水平線付近にあるもののほうが遠いことがほとんどなのです。月に関しても，天頂より水平線付近にあるほうが遠いと無意識のうちに判断してしまい，水平線付近の月が大きいと錯覚してしまうと考えられます。

　もちろん，この説明には異論もあり，この説明を真っ向から反駁する研究結果もあります。月の錯視は古くて今なお新しい，ホットな研究テーマなのです。

> Q.3-6
> 地上付近に立ち木やビルがある場合とない場合で，月の錯視はどのように変化すると考えられるでしょうか？

✢ 4．さいごに

　錯覚は私たちの脳で生じるべくして生じたものです。錯覚のおかげで，少々いいかげんなところがあっても，外界の漠然とした莫大な情報のなかから大切な情報だけを，私たちの脳は瞬時に抽出・認識できるようになっているのです。もし私たちの脳が外界の莫大な情報をひとつひとつ処理して必要な情報にふるい分けるとしたなら，とてつもない時間がかかってしまうことでしょう。必要な情報とそうでない情報を瞬時にふり分けるために，私たちが進化の過程で錯覚という巧妙なメカニズムを獲得したのは驚きというほかありません。

◇　◆　引用文献

1) Warren, R. M. 1970 Perceptual restoration of missing speech sounds. *Science*, **167**, 392-393.
2) Samuel, A. G. 1991 A further examination of attentional effects in the phonemic restoration illusion. *Quarterly Journal of Experimental Psychology*, **43**A, 679-699.

◇　◆　さらに詳しく学ぶための参考図書

相場　覚(編)　1982　現代基礎心理学2　知覚I——基礎過程　東京大学出版会
福田　淳・佐藤宏道　2002　脳と視覚　共立出版
乾　敏郎　1993　Q&Aでわかる脳と視覚　サイエンス社
下條信輔　1995　視覚の冒険　産業図書
鈴木光太郎　1995　動物は世界をどう見るか　新曜社

Supplement ①

✲見ることとわかること「視覚神経科学」

　私たちは視覚系への依存度が高く，外界の情報の70%を視覚から得ているといわれています。このため私たち人間を理解するうえで視覚系の研究はとりわけ大きな意義をもっています。ここでは，視覚の心理学的現象の基礎をなす脳・神経メカニズムについて解説します。

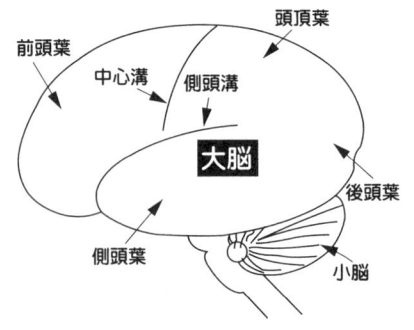

（1） 脳と神経細胞

　まず脳と神経細胞の形態と機能について簡単に概略します。図1は脳を左側面からみたイメージです。脳は大きく分けて大脳と小脳からなり，大脳は知覚・運動・思考・睡眠・呼吸などにかかわり，小脳は運動の調節などにかかわっています。大脳の表面（大脳皮質）では，神経細胞が密に集まって高次の情報処理が行なわれています。大脳皮質以外にも，神経細胞が密に集まっている部位が脳には数多くあり，神経核とよばれています。大脳皮質は多くの溝（大脳の表面が折り畳まれ溝のような構造となっている部分）と回（溝に囲まれ表面に浮き出た部分）が複雑に入り組んでいて，大脳皮質の表面積を広げています。溝のうちランドマークとしてわかりやすい側頭溝と中心溝などによって，前頭葉，側頭葉，頭頂葉および後頭葉の四葉に大脳皮質は分けられます。また，視覚，聴覚などの感覚，あるいは手足，指の運動，言語などのようにかなり細分化された機能単位ごとに，大脳皮質のさまざまな部位で情報が処理されています（機能局在）。

　神経細胞は多様な種類があり，それぞれさまざまな形態をとっています。ここでは，図2に示したような典型例を用いて説明します。神経細胞は細胞体と樹状突起および軸索からなっています。細胞体は大きさが数〜数十ミクロンとさまざまです。細胞体は細胞核を有し，遺伝情報をもとに受容体や神経伝達物質などのタンパク質を合成して，それを樹状突起や軸索に送っています。樹状突起は，他の細胞の樹状突起や軸索とシナプスを形成して，シナプス内で他の細胞から放出されたグルタミン酸やガンマアミノ酪酸などの神経伝達物質を受容体で受け取り，電気信号

◊ 図1　脳と神経細胞

▷脳を左側面からみたもの。

で細胞体に情報を伝えます。次に数多くの樹状突起で得られた情報を細胞体で統合し，1本の軸索からさらに次の細胞へと情報が電気信号によって伝えられます。

多くの神経細胞では，樹状突起や軸索の中の情報伝達は活動電位という形をとって行なわれます。図3に示すように，イオン環境の違いから，ふだんの神経細胞内は細胞外に比べて陰性に電圧が荷電されています。それがシナプスからの入力によって神経細胞内の陰性の電圧が閾値を超えて小さくなったとき，スパイク状の活動電位がみられます。

（2） 眼球の構造と網膜の機能

眼球は発生学的に脳の一部から形成されます。また，網膜は脳や脊髄のように中枢神経系に属しており，視覚情報処理にかかわる細胞はすべて神経細胞です。図4に示したように，ヒトを含む脊椎動物の眼球は外界から入ってくる光つまり電磁波を角膜および水晶体で屈折させて，眼球の裏側にある網膜に映像を映します。水晶体は厚みを調整することにより光の屈折度を調節し，焦点を網膜に合わせています。ちなみに，眼球や角膜の変形により網膜に焦点をうまく合わせることができなくなった状態が，遠視や近視あるいは乱視です。通常，眼鏡やコンタクトレンズで矯正します。また，近年ではレーザー光で角膜の表面の一部を切除することによって屈折度を変えるLasik手術等も行なわれています。老眼とは加齢等により水晶体における屈折度の調節がうまくできずに，焦点を網膜に合わせにくくなった状態です。

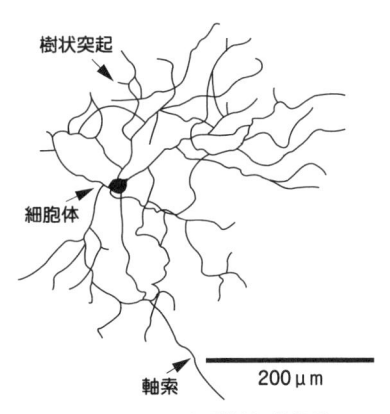

◇ 図2　マウスの網膜神経節細胞のスケッチ

▷著者の実際のデータをトレースしなおしたもの。

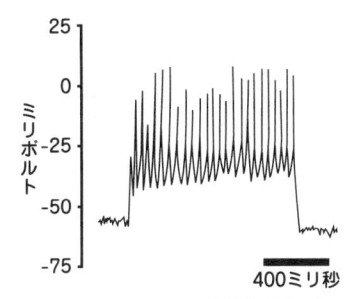

◇ 図3　マウスの網膜神経節細胞の電気活動

▷細胞体の中にガラス管を差し込んで記録を行なった，著者の実際のデータをトレースしなおしたもの。

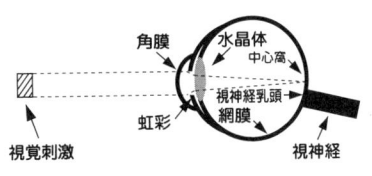

◇ 図4　眼球の構造

網膜に入ってくる光量を調節するために，虹彩にある筋を収縮あるいは弛緩させることにより瞳孔の大きさは変化します。テレビドラマ等で，医者が患者の眼前にライトを照らして死亡の確認をしているのを見たことがあるでしょう。これは，脳の深部にあって基本的な生命機能を司る脳幹の障害によりこの瞳孔反射が消失するために，簡易な脳死の判定に役立つからなのです。
　眼球の焦点と光量の絞りのメカニズムはカメラのしくみとよく似ていることに気づくかしれません。カメラにおけるフィルムに相当するのが網膜です。カメラのフィルムが感光物質に光をあてることによって生じる化学的反応であるのに対して，網膜は視物質というタンパクを介した化学的反応によって光を電気活動に変換しています。
　網膜のなかで光を電気活動に変換しているのは錐体と桿体の2種類の視細胞で，ヒトでは1枚の網膜に錐体は6百万個，桿体は1億2千万個あります。錐体と桿体はそれぞれ明るいところでの視覚（明所視）と暗いところでの視覚（暗所視）にかかわっています。錐体は色を感じることができる反面，暗いところではあまりよく働きません。その一方，桿体はかなり暗いところでもよく働きますが，色を感じることができません。このため，暗いところではあまり色を感じられないのです。錐体と桿体の分布は網膜の中で一様ではありません。網膜の黄斑部にある中心窩は錐体のみで構成され，網膜の周辺部にいくにつれて錐体の密度は低くなります。一方桿体は中心窩の近縁部で最も密度が高く，周辺部にいくにつれて密度は低くなっています。
　黄斑は眼底（瞳孔から網膜を覗いた像）のなかでこの部分が暗い黄色に見えるのでつけられた名称です。通常私たちの視覚は，黄斑部にある中心窩という視角にして約1度の狭い範囲でのみ視力が高く，周辺部ではあまり高くありません。いわば，中心窩でとらえる映像を頼りに，私たちは読書や細かい作業をしているのです。したがって，黄斑部変性症などの疾患でこの部分が障害されると生活にきわめて不便をきたします。私たちがふだん意識している視覚情報の受容は，網膜のなかのごく一部でおもに行なわれているのです。
　暗いところから急に明るいところへ出るとすぐに眼が慣れる（明順応）のに対して，明るいところから急に暗いところに入るとなかなか眼が慣れません（暗順応）。夕暮れ時に車の運転が危険で，事故が増える理由はここにあります。明順応に比べ暗順応に時間がかかるのは錐体と桿体における視物質の化学的反応の速度の違いにあるのです。
　視細胞で変換された電気信号は，他の3種類の細胞である程度処理されて，網膜神経節細胞に引き継がれます。網膜神経節細胞はいわば網膜における視覚情報処理の最終段階を担う細胞で，視神経の中に軸索を伸ばして脳とつながっています。網膜神経節細胞は細胞体の大きさと樹状突起の形態の違いから，サルで20数種類に分類され，

各種類によってさまざまな視覚機能を担っており、脳内における別々の視覚中枢へ軸索を投射しています。それらは意識にのぼるものからのぼらないものまでさまざまです。意識にのぼるものは色彩視（色を見る）、形態視（形を見る）や運動視（動きを見る）などです。また意識にのぼらないものは、睡眠-覚醒リズムなどの概日リズムの光に対する同調、瞳孔調節、水晶体における屈折度の調節などです。

ところで、筆者らのグループは網膜神経節細胞のうちごく一部の細胞も視物質を有していて、光から電気活動へ変換を行なっていることをラットとマウスで最近発見しました。この細胞は、視細胞と協力しながら睡眠-覚醒リズムなどの概日リズムの光同調や瞳孔調節といった意識にのぼらない視覚にかかわっていることがわかってきています[*1), 2)]。

網膜神経節細胞から伸長している軸索は、網膜表面を走行し、視神経乳頭から視神経に入り、脳へとつながります。視神経乳頭には視細胞はなく光を見ることはできません。この部分は視野が欠失することから盲点とよばれています。図5を右目だけで左のXを30cmほど離して見てください。そしてゆっくりと本を眼前に近づけていくと右の篭の中の鳥が突然消えてしまいます。このとき、篭の中の鳥の像はちょうど網膜の中で盲点に入ってしまったために見えなくなったのです。ここで興味深い事実に気づいた方もいることでしょう。「鳥はいなくなったのに篭の桟は見え続けている！」本来、視野上で盲点に入った映像は真っ暗になっていると思われます。しかしながら、私たちの脳は周りの視野の映像を流し込んで盲点を消していて、ふだんは気にならないようになっているのです（フィリング・イン）。

◇ 図5 盲点のデモンストレーション

ヒトの1枚の網膜に125万個存在する網膜神経節細胞は、外界の視覚情報からさまざまな成分に抽出した情報を脳にいっせいに送ります。網膜神経節細胞は、光刺激の点灯時に細胞が興奮するON型細胞と消灯時に細胞の興奮が抑制されるOFF型細胞に

大きく分かれます。網膜神経節細胞が光刺激を網膜上で受容する領域つまり受容野の形は，図6に示したように円形で，同心円状に構成された中心部と周辺部で光刺激の点灯・消灯に対する反応の様式が拮抗しています。たとえば，ON型細胞の場合，受容野の中心部と同じサイズの光刺激を点灯させた場合に細胞が最も強く興奮するのに対し，光刺激のサイズを大きくして周辺部にも同時に光を点灯させると，むしろ細胞はあまり興奮しなくなります。OFF型細胞は，逆に光刺激のサイズを大きくしていくと，細胞の興奮の抑制が弱くなっていきます。いわば，これらの網膜神経節細胞は，一様な明るさの視覚刺激よりコントラストのはっきりした視覚刺激によく反応するのです。

図7を見ると，各縞の明るさは一様にもかかわらず各縞の境目つまりエッジの部分は，明るい部分はより明るく，暗い部分はより暗く見えます。100年以上前にこの現象を発見したマッハの名前にちなんで，これは「マッハバンド」とよばれています。余談ですが，音速の単位マッハも彼の名前にちなんで名づけられました。

マッハバンドでエッジの部分のコントラストがよりはっきりするのは，網膜神経節細胞の拮抗的な受容野の性質を反映しているのです。つまり受容野の中心部にエッジの部分が重なるとき，網膜神経節細胞の活動が最も強くなるのです。このコントラストの強調は，背景の中から物体の輪郭をはっきりさせ見きわめやすくさせるのに役立っています。私達の生活において，漫然と外界の映像をとらえるよりも背景はある程度，無視して輪郭から物体をすばやく見つけだすことのほうが大切で，網膜もこの目的に沿うようになっているのです。ま

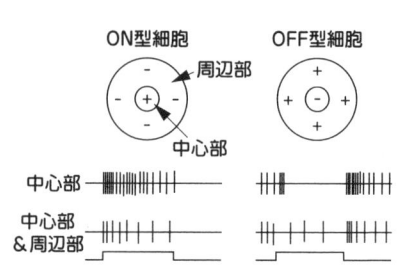

◇ **図6 網膜神経節細胞の受容野**

▷上段の同心円内に小さな光点を提示した場合，興奮する場所を＋，活動が抑制される場所を－で示しています。下段の線は，それぞれ中心部のみと中心部と周辺部全体に光刺激を提示した場合の活動電位のトレースを示しています。図3と違って，細胞の近傍から記録するとこのような波形の活動電位が得られます。なお，活動電位の下の凸は光刺激のタイミングを示しています。ちなみに，これらのデータは実際の実験記録ではありません。

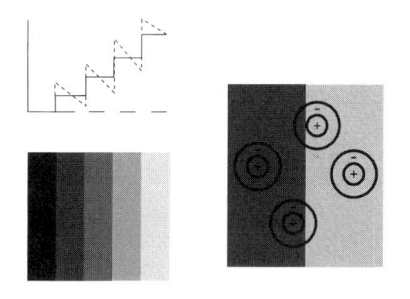

◇ **図7 マッハバンドとそのメカニズム**

▷左下の図がマッハバンドで，実際のコントラストは左上の図の実線のようになっています。しかし私たちには点線のように知覚されます。このメカニズムは右の図に示したように網膜神経節細胞の受容野の特性から説明できます。

た別の見方をすると，私たちの視覚系は早くも網膜の段階で広義の錯視が生じているともいえます。

（3） 色覚

　色覚は私たちの視覚世界を豊かにします。私たちは秋の紅葉の美しさに眼を奪われ，美術館でゴッホのひまわりの強烈な黄色に心打たれます。また女性ならどの色の洋服をどう着こなそうかと毎日考えるのも楽しいことでしょう。

　私たちの眼はどのように色を見ているのでしょうか？　色を最初に感じる細胞は，先述したように錐体です。1964年にウォルドは，錐体には赤・緑・青の色に対して反応する3種類があることを発見し，ノーベル生理医学賞を受賞しました。これらの色は光の3原色に対応しています。原色とは，他の色を混ぜ合わせて作り出すことができなくて，他の色を作りだせる色をいいます。たとえばカラーテレビは，画像を赤・緑・青の三原分に色フィルターを通して分けられた画像をブラウン管上でほぼ同時に表示することにより，見る者にさまざまな色を知覚させています。ちなみに赤・緑・青の3色を同じ光量でブラウン管上で表示させると白になります。

　ウォルドが20世紀の中ごろに実験的に証明する150年以上前に，錐体には3種類あることをヤングが予言していました。彼の理論はおよそ半世紀後にヘルムホルツにより修正され，現在はヤング‐ヘルムホルツの法則あるいは，3色型理論とよばれています。

　しかしながら，私たちの視覚には，ヤング‐ヘルムホルツの法則では説明できない色の残像という現象があります。残像とは，視覚刺激が取り除かれた後も惹起される感覚のことです。緑色をしばらく見つめた後，白色に眼を移すと赤色の残像を惹起します。また同様に黄色は青色の残像を惹起します。この事実は，各錐体が3色のうちの1色にしか反応しないとすれば説明がつきません。

　そこでヘーリングは，18世紀末に色覚に関して，網膜には緑と赤および黄と青に反応する2種類の細胞があると考えました。現在，彼の説は，ヘーリングの反対色過程理論とよばれ，色の残像も網膜の中で生じている現象であることが知られています。霊長類の網膜神経節細胞では，同心円状に構成された受容野の中心部と周辺部で色刺激の点灯・消灯に対する反応の様式が拮抗しています。たとえば緑色の視覚刺激で中心部を刺激すると網膜神経節細胞が興奮しますが，赤色の視覚刺激で周辺部を刺激すると活動が抑制されます。あるいは，黄色の視覚刺激によって中心部を刺激すると網膜神経節細胞が興奮し，青色の視覚刺激によって周辺部を刺激すると活動が抑制されるものがあります。これらの色に対する反応様式は，ヘーリングの反対色過程理論に

従っているのです。色の残像は，この網膜神経節細胞の受容野の色に対する性質に基づいて生じているのです。

　緑と赤，黄と青はそれぞれ反対色といわれています。反対色とは，色の物理的特性（光の波長）が反対なのではありません，むしろ色に対する生理的あるいは心理的特性が反対なのです。反対色は広告デザインや絵画の作製において配色を決定するうえで非常に大切な要因となっています。

（4）　意識される視覚と意識されない視覚

　網膜に入ってくる視覚情報には，意識にのぼるものとのぼらないものがあります。意識にのぼるものは，読者がこの本を読んでいる際に見ている文字であり，芝生に寝ころがりながら見ている空の青さです。これらの情報は，網膜神経節細胞から外側膝状体背側核という神経核へ伝達され，さらに後頭葉の一部にある第一次視覚野で情報処理が行なわれます（図8）。

　意識にのぼらない視覚情報処理をおもに行なう神経核にはさまざまなものがあり，それぞれ別のはたらきをしています。たとえば，視交叉上核は概日リズムの発振を行ないわば生体の時計です。ヒトの場合，この時計は約25時間周期で本来刻まれていますが，網膜神経節細胞から直接入力される光情報をたよりに24時間周期に毎日リセットされています（光同調）。

　ハーバード大学のヒューベルとウィーゼルは，ネコやサルの第一次視覚野の単一の神経細胞の電気活動を先端が数ミクロンの電極（微小電極）を用いて記録して，受容野の特性を詳細に調べました。なお彼らは第一次視覚野の神経細胞に関する一連の研究[*3)]により1981年にノーベル生理医学賞を受賞しました。

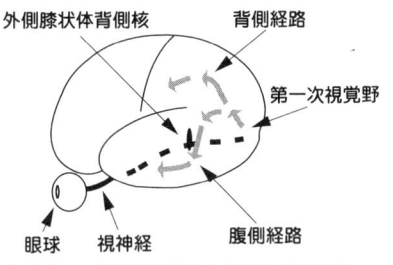

◆ 図8　視覚伝導路と情報処理経路

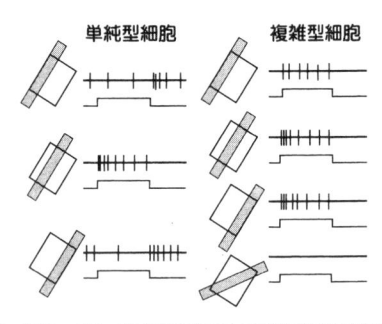

◆ 図9　第一次視覚野の神経細胞の受容野

▷それぞれの活動電位のトレースの左の図は，受容野（白抜き）と視覚刺激（網かけ）の関係を示しています。ちなみにこれらのデータは仮説的データであり，実際の実験記録ではありません。

第一次視覚野の神経細胞の受容野の形は，網膜神経節細胞と違って細長いという特徴があります。そして光に対し細胞が興奮する領域と反応が抑制される領域からなっています（単純型細胞：図9）。また，細胞によって最適な視覚刺激の傾きの角度もさまざまです。つまり網膜神経節細胞では，光の大きさや点を検出していたのに対し，第一次視覚野の神経細胞では棒状の図形の長さや太さや方向を検出しています。たとえばアルファベットの「A」を例にあげると，網膜神経節細胞で黒と白のコントラストの点描を検出し，第一次視覚野の神経細胞で「／」「＼」「ー」の傾きを検出し，さらに高次の視覚野で「A」という文字を認識しています。

　第一次視覚野には，この単純型細胞以外に複雑型細胞があります。複雑型細胞は，コントラストの境界の傾きや図形のエッジや図形の一定方向の動きを検出します。つまり，第一次視覚野においては図形を長さや方向だけでなく，コントラストやエッジや動きといった特徴を抽出しているのです。また，盲点に対するフィリング・インは，第一次視覚野で行なわれているらしいことがわかってきています。

（5）「何」と「どこ」の認識

　私たちの大脳皮質の総面積のうちほぼ半分は何らかの視覚にかかわっているといわれています。つまり私たちの高次の脳機能のかなりの部分は，視覚情報処理に割かれていることになります。それでは，第一次視覚野でさまざまな成分に抽出された視覚情報は，脳の中でどのように処理されて私たちは認識しているのでしょうか？

　第一次視覚野で抽出された視覚情報は，隣接する第二次視覚野そして第三次視覚野に引き継がれ再構成されていきます。そして，図8に示すように，視覚情報は2つの経路に分かれて情報処理がなされることが近年わかってきました。それぞれの経路は，情報処理が行なわれる大脳皮質の領野から，腹側経路と背側経路とよばれています。これらの経路で，視覚情報のなかからそれぞれ「それは何か？（what）」そして「それはどこか？（where）」ということを認識しています。

　腹側経路で処理される視覚情報は，第四次視覚野という色の情報処理にかかわる領野を通って下側頭野（側頭葉の一部）でさまざまな図形パターンの認識が行なわれます。たとえば，下側頭野からは四角や三角といった特定の形によく反応したり，手や顔に特異的に反応したりする神経細胞が見つかっています。これらの情報はさらに別の大脳皮質の領野に送られ，文字を読んだり理解したりする視覚性の言語処理や風景を記憶したり絵を見て情緒的になったりするような高次の情報処理がなされます。卒中などでこの経路の一部が損傷されると，だれの顔かわからなくなったり，色覚異常になったりします。余談になりますが，脳の病変や損傷にともなう行動・認知の変容から，

ヒトの脳の高次機能を研究する分野は神経心理学とよばれています。

背側経路で処理される視覚情報は，第五次視覚野（MT野ともいう）という図形の動きの認識にかかわる領野を通って頭頂葉や上側頭野（側頭葉の一部）に伝えられます。これらの領野は，対象がどこにあるかということを理解する空間認識や，どこへ行けばよいかということを理解する空間定位などにかかわっています。この経路が損傷されると，動いているものが見えなくなったり，物体が何であるかはわかってもそちらにうまく視線を向けたり，手を伸ばしたり，道順の記憶・想起などができなくなってしまいます。

（6） 見えないものが見える

図10は主観的輪郭とよばれる有名な錯視です。3つの円の中で三角形に欠如した部分を角として，描かれていないはずの三角形が中央に見えます。しかもこの三角形は周囲の色より明るく見えます。この錯視のメカニズムについて，長年にわたって心理学者の間でさまざまな議論がなされ研究されてきました。ところが約10年前に，脳の中で主観的輪郭を認識することのできる細胞が，サルの第二次視覚野で見つかりました。一見複雑に思える錯視のメカニズムも今や神経科学のレベルで研究されています。神経科学のレベルでわかったことが，心理物理学者に新たなモデル構築の手がかりを与え，心理物理学者がこれまで長年にわたって見いだしてきた知覚現象は神経科学者に研究の糸口を与えています。ただこの細胞が主観的輪郭を認識する神経回路はあまりよくわかっておらず，しかもなぜ周囲の色より明るく見えるのかもわかっていません。今後の解明が待たれます。

◇ 図10　主観的輪郭の例

（7） 視覚経験

ヒトや動物は，視覚系が完成された状態で産まれて来て，生後変化することはないのでしょうか？　西洋化された環境で育った私たちの多くは，傾いた線より縦や横の線に対する視力がほんの少しながらすぐれていることが知られています。おそらく西洋化された環境では，家屋や道路，ビルなど縦や横の線で構成された人工的な物が多く，私たちは生後間もなくから縦や横の線をおもに見て育ったため，線の角度に対して選択的な視力が獲得されたのでないかと考えられています。また，カナダの先住民

の人々の視力を調査したところ，すべての角度の線に対して同じ視力を有していることがわかりました。ちなみに彼らが暮らして来た家屋は夏場のテントや冬場の独特のロッジで，その中にはすべての角度の線が存在しています。これらの文化人類学的な研究は，幼若期の初期経験によって，私たちヒトの視覚系も変化することを示唆しています。

　また，ブレイクモアとクーパー[*4]は，仔ネコを縦縞しか眼に入らない部屋で育てました。いわば，この仔ネコは生後まもなくから縦縞しか見たことがないことになります。彼らは，このような部屋で仔ネコを5か月間育てた後，棒を縦方向に眼の前にかざして見せたところ，この仔ネコは棒にじゃれつこうとしたのに対して，横方向にかざして見せると棒を無視してしまいました。このような環境で育てられたネコは縦しか見えなかったのです。次に彼らは，第一次視覚野の神経細胞の受容野の特性をこのネコで調べたところ，縦方向の視覚刺激に応じる細胞ばかりで，横方向に応じる細胞はほとんどありませんでした。生後の環境つまり初期経験によって，脳の情報処理様式そのものが変化してしまうことをこの研究は示しています。

　ところで，ヒトの視覚系でもこのようなことが起こるのでしょうか？　眼球の変形などにより生後早期から不幸にも乱視となる人々がいます。乱視とは縦や横などある角度の線がぼやけてしまう状態です。たとえば縦の線ははっきり見えるのに，それ以外の角度の線はぼやけて見えてしまいます。幼少期に眼鏡で乱視を矯正せず成長した人々の視覚を調べたところ，たとえ眼鏡をかけても乱視を矯正できませんでした。この事実は，幼少期のヒトの第一次視覚野でも上述の仔ネコで生じていることと同じことが生じていることを示唆しています。ヒトや動物は，視覚系が完成された状態で産まれてくるのではなく，生後の初期経験によって獲得されるのです。

◇　◆　引用文献

1）高雄元晴　2002　サーカディアンリズムを同調させる網膜神経節細胞の光反応と視物質　実験医学, **20**(9), 1234-1236.
2）高雄元晴　2003　概日リズムと光受容　医学のあゆみ, **204**(11), 779-782.
3）Hubel, D.H.　1988　*Eye, Brain, and Vision*. Scientific American Library.
4）Blakemore, C., Cooper, G.F.　1970　Development of the brain depends on the visual environment. *Nature*, **228**(270), 477-478.

4章 健康であること

　「健康」が昨今またブームになっています。テレビをはじめとするマスコミ媒体には，食物の栄養学的な知識から人間関係の悩みまで，「健康」をめぐる情報が幅広く扱われ，人々の関心をあおっているかのようにみえます。しかし「健康」についてマスコミ情報の送り手・受け手の双方にどの程度，しっかりした説明のできる人がいるかは大きな疑問です。

　健康についての法律があることを知っているでしょうか？　健康増進法では，「我が国における急速な高齢化の進展及び疾病構造の変化に伴い，国民の健康増進の重要性が著しく増大していることにかんがみ，国民の健康増進の総合的な推進に関し基本的な事項を定めるとともに，国民の栄養改善その他の国民の健康増進を図るための措置を講じ，もって国民保健の向上を図る」とうたわれています。また，「国民は健康な生活習慣の重要性に対する関心と理解を深め，生涯にわたって，自らの健康状態を自覚するとともに，健康の増進に努めなければならない」とされています。

　この章では，健康の定義，健康行動，健康に関する信念，心身相関などについて整理します。次に，最近とくにいろいろな問題に関連して取り上げられることの多い「ストレス」をテーマに，その影響はどのようなしくみで起こるのか，ストレス状態に陥りやすいのはどのような人なのか，ストレスへの対処のしかた，社会的なサポートの重要性について考えてみます。最後に，健康とリズムの観点から，睡眠の基本的事項を確認し，身体のリズム，睡眠の諸相，体内時計などについて，実際の生活と照らし合わせながら考えてみます。

キーコンセプト

問題の定義，健康，心身相関，ストレス，ストレッサー，心身相関，ソーシャル・サポート，ヘルス・プロモーション，健康行動，危険因子，喫煙，アルコール，タイプA行動，睡眠，生物時計

✤ 1. 定義——実体の命名と機能の記述

(1) 病気やけがをしていなければ健康？

　「健康」とはどのようなことかを定義することがむずかしいのは，それが「もの」ではなくて「機能状態」であることによります。実体のない対象を定義することについて，養老孟司[*1),2)]は解剖学の考え方から，名前をつけることが「切る」ことになると述べています。これはさまざまな学問分野で通用するたいせつな考え方です。つまり私たちが課題に取り組む際には，まず中心的な主題を具体的に明確化し，隣接の問題と区別することをしなければなりません。まさに研究とは，対象とすることと対象ではないこととの境をはっきりさせる「定義」から始まるのです。

　解剖学の対象となる「からだ」は実体的な存在です。一方，私たちが考えようとしている「健康」は実体をもたない機能状態のことをさしています。実体のない対象について定義し，測定しようとするむずかしさは「ない部分」を調べる場合の解剖学と似ているかもしれません。解剖学では「ない部分」はその空間を取り囲んでいる身体部位，たとえば「気道の壁」などによって設定されます。これに対して「健康」な機能状態とは，どのような「状態」との対比で表現されるのでしょうか。

　さて，「健康」の定義についてよく知られているのは，1946年に制定された世界保健機関（WHO）憲章前文です。「健康とは身体的にも精神的にも社会的にも完全に良い状態（well-being）を意味するのであって，ただ単に病気や虚弱でないというだけではない」というものです。しかし「完全に良い状態（well-being）」とは，具体的にどのような状態かはっきり特定できるでしょうか。「良い状態」の感覚には個人差もあるでしょう。そのため「ただ単に病気や虚弱でないというだけではない」という補足が必要になります。

　「健康」をどのように取り扱うかについて，はっきりさせることが最も強く求められる場面としては，行政の健康維持・促進の策定やそのための基礎資料収集があげられます。一例として厚生労働省による「健康21」プロジェクト報

告書の「健康課題の選定」をみると，公共の最大利益の原則から保健行政の指標は「費用対効果」になっています。そこでは，健康サービスによる利益と，それに要する社会的資源とが総合的に評価されます。つまり金銭に見合う利益があるかどうかを検討するわけです。

通常，「予防」や「対策」の効果は，本質的に問題がプラス・マイナス・ゼロになっている状態を基準点としています。予防の効果，もしくは問題に対する対策が効果的であるとき，私たちはそれを「通常の状態」と認識します。そのため，それが通常の状態であるのか，予防対策効果によるものか判断することは不可能なのです。ですから現状では，行政による「費用対効果」の発想は現実的な指標として有効なのです。

このように長い間，「健康」の定義のあいまいさについて省みられることは少なかったように思われます。私たちは，ただ通常状態が失われるとき，「疾病」との対比において初めて，逆説的に「健康」を意識します。「健康心理学」の領域も，これまでは「異常」「疾患」「障害」「対処」の記述で手いっぱいでした。しかしこの傾向も最近では，積極的な意味での「健康な機能状態」としての心や生活のあり方を直截的に対象とする「ポジティヴ心理学」に方向を変えてきています。「健康」をポジティヴな方向から指標化する取り組みは，これからしばらく，重要な課題であり続けるでしょう。

健康という問題を改めて建設的に考察するための方法論が，私たちの生活領域全般にわたって必要です。新しい研究や健康づくりに対する取り組みに参加する人材が今後もさらに求められています。

> Q.4－1
> 「健康とは何か」について，いろいろな視点から定義してみましょう。

（2）健康は失ってみて初めて価値がわかる？

健康上の危険因子を減らし，消去し，あるいは予防して，より健康になるよ

うな行動を奨励する努力を，テイラー[*3]は「ヘルス・プロモーション」とよびました。この分野に取り組む健康心理学者の目標は，健康をおびやかす行動パターンにつながる考え方を理解し，そのような行動をとりがちな人の考え方をより健康的な方向に変容させるか，少なくともその人の考え方が不健康なものであることに気づかせるような指導のしかたを考え，プログラムを作り上げることです[*4]。このプログラムには大別すると「認知」と「行動」の2つの方向からのアプローチがあります。

　(a)認知――健康に関する信念

　健康に関する信念のモデルにさまざまなものがあることに注目したローゼンストック[*5]は，たとえば喫煙のような行動でも，健康に関係する行動がその人の信念に基づく判断によって左右されることを整理し，以下の4つの側面を考えました。①ある特定の病気について個人的に脅威を感じ，かかりやすいと考えているか否か，②ある病気のひどさ，かかったときのたいへんさについてどのような見通しをもっているか，③何かの取り組みをすることで病気の脅威を減らすことができると考えているか，④その取り組みのために必要な努力と，そこから得られる利益のバランスについて，どのような認識をもっているか[*5),6)]。この他に「自己効力」の信念もたいせつな変数だとする研究者もいます[*7),8)]。つまり，喫煙の問題で考えるなら，自分で禁煙できると思うからこそ，禁煙を試してみようとするのだ，ということです。

　(b)行動――健康のための行動変容

　どのような人が健康な行動を選択するかを知ることはたいせつな取り組みのひとつですが，どのようにすれば人々の行動を健康的な方向へと変えることができるのかを理解することはさらに重要です。プロチャスカ[*9]は以下の5つの過程からなる健康行動を形成するステージを考えました。①問題に対面する以前の段階：まだ健康関連の問題に気づかず，行動を変えようという将来的な見通しのない段階，②問題の直視と気づき：問題行動に気づき，真剣に変えなければと考える段階，③行動の準備：行動を変えることを強く意図し，具体的な行動計画を立てる段階，④実践行動：行動変容に継続的に取り組む段階，⑤行動の維持：少なくとも6か月以上健康行動が持続し，予防的な新しいスキルを適用する段階。

なお，これらはまだ概説的なモデルですが，問題に気づく段階から，健康行動の持続までの段階はすべての健康行動で共通です。

> Q.4－2
> 禁煙プログラムを作成するときに，どのような点に注意すればよいか考えてみましょう。

✤2．ストレスとは何か

（1）ストレスは溜めないほうがよい？

ストレス（stress）という英語は，もとは「圧迫」あるいは「緊張」といった意味で，当初は物理学的な用語として用いられていたことばです。物体に加えられる外的な力によって，力を受けている物がゆがんだり，反発する力を生じたりする現象を表しています。この用語を生体にあてはめたのは，生理学者のセリエだといわれています。[*10]

ストレスは今日ではもっぱら医学的な意味で，しかも，心の疲れや精神的な不調の原因を説明するときに使われています。セリエが当初使い始めたころの医学的な意味でのストレスとは「外部からの刺激に適応するために，生体の中で生じる一定の反応の状態（ひずみ）」をさしています。私たちのからだには，外からの刺激に対して特定の反応をすることで，もとどおりになろうとするシステムが備えられています。各種の刺激が生体であるからだに作用した場合に，私たちは一定のひずみを抱えながら対応し，その状態をストレスとよんでいるのです。

現在では，心身相互作用の考え方が見直され，身体的ストレスと精神的ストレスが別個に，人の健康に影響すると考える人は少ないのではないでしょうか。「ストレス」の日常的な用法にはさまざまなストレッサーが混在していますが，整理してみることも必要です。外部的な刺激(stressor)は，以下のように整理

することができます。

(a) 身体的ストレッサー

　人間に加わる不快な身体的ストレス刺激としては，騒音，暑さ，寒さ，排気ガスなどの物理・化学的な要素，そして飢え，感染，過労などの生理的な要素があります。

(b) 精神的（心理的）ストレッサー

　精神的（心理的）ストレスとは，不安，緊張，不満，怒りなど，不快な感情を起こさせる原因で，新しく身のまわりに起こってくるできごとと，長く解決しないために気にかかってしまう問題があります。

　問題となるのは，これらのストレスが過剰に強力で，持続期間が長く，複数のできごとが続けて起こるような場合です。変化や新しいできごとに対して，私たちはそのつど，対処することが求められます。新しいできごとでも，過去の経験が応用できれば負担は軽いのですが，未経験のことであれば，そのたびに対応を考え出し，さらに結果を自分で評価しながら，次の手段を考えなければなりません。このことは私たちの日常的な「挑戦」です。しかし，その課題の重要度が高いと(その人が重要度をどのように認識・評価するかによっても変わってきますが)，心身ともに過緊張の状態となります。緊張を続けることで疲労が蓄積し，からだと精神は，さまざまな不調を抱える危険性が高くなります。代表的な心身の不調の兆候として，イライラ気分，無気力感，物忘れ，だるい，疲れやすい，食欲がない，眠れない，頭が重い・頭痛，肩こり，胃の不快感などがあります。

　しかし逆に，このような症状があるとき，多くの人は「ストレスが多過ぎるからだ」と，自分の状況を理解したつもりになって，へんな納得ですませてしまう傾向があります。昨今ではこのような「なんでもストレス犯人説」も問題視されています。つまり，ストレスは心身両面で不調を起こす要因のひとつになる可能性があるかもしれませんが，すべての心身の不調を「ストレス犯人説」で理解しようとすることは危険なのです。「ストレス解消」とか「ストレス発散」などは，日常的に比較的よく使われる表現です。しかし，このようなあいまいな表現を使うことで「ストレス」そのものよりも，イメージが先行し，本来の解決するべき中心課題が軽視される危険性があるのです。やはり慣用句と

して「ストレス」を使うのも，慎重さが必要なのではないでしょうか。

> Q.4-3
> リラックスをする方法を示して，その原理や法則を説明してみましょう。

（2）現代社会はストレスだらけ？

　1998年に実施された健康・体力づくり事業財団による「健康づくりに関する意識調査[11]」では次のような結果が報告されています。この調査は，住民基本台帳より4,000名(有効回収数 3,030名（回収率：75.8%））を層化無作為抽出した日本国内に居住する満20歳以上の男性・女性個人の，質問紙を用いた個別面接調査の結果です。「肩や首すじがこる」「背中や腰が痛む」といった身体症状とあわせて「疲れやすい」「イライラする」「前日の疲れが朝まで残っている」などの精神的な悩みと疲労感を抱えている人が多いことが，結果から浮かび上がってきました。さらに「この1か月間に，不満，悩み，苦労，ストレスなどがありましたか（択一回答）」の問いでは，「大いにある」「多少ある」をあわせて54.6%になったと報告されています。さらに，ここで「ある」と回答した人を対象に，その内容について尋ねた結果は図4-1のようになりました。

　ここで紹介している調査結果はひとつの例です。同じような趣旨の心身の健康調査はさまざまな組織・団体によって詳細に重ねられています。いずれの調査でも，多少の差異はありますが「気にかかる日常のいらだち」や「ストレス」の原因の内訳や選択率はおおむね同様の結果を示すようです。その代表的なテーマ（原因）例については，社会システムやテクノロジーの発展で常に変化しています。

　(a)職場におけるストレス

　昨今の職場では，コンピュータやネットワークなど情報設備に対する適応についての悩み（いわゆるテクノストレス），残業・休日出勤，人間関係，昇進・転勤，単身赴任，定年などの問題が，緊張感や疲労，あるいは精神的苦痛

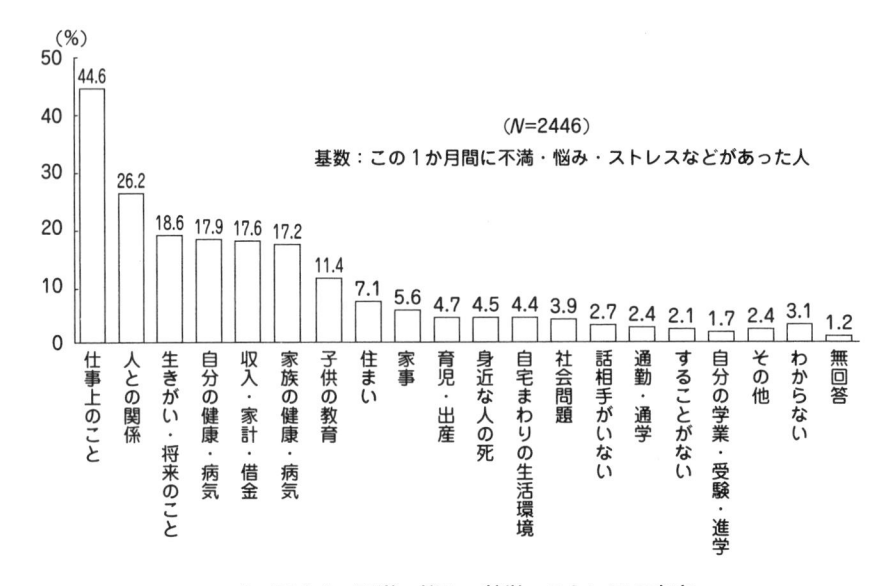

◇ 図4-1　不満，悩み，苦労，ストレスの内容

グラフ項目（左から）：
- 仕事上のこと　44.6
- 人との関係　26.2
- 生きがい・将来のこと　18.6
- 自分の健康・病気　17.9
- 収入・家計・借金　17.6
- 家族の健康・病気　17.2
- 子供の教育　11.4
- 住まい　7.1
- 家事　5.6
- 育児・出産　4.7
- 身近な人の死　4.5
- 自宅まわりの生活環境　4.4
- 社会問題　3.9
- 話相手がいない　2.7
- 通勤・通学　2.4
- することがない　2.1
- 自分の学業・受験・進学　1.7
- その他　2.4
- わからない　3.1
- 無回答　1.2

(N=2446)
基数：この1か月間に不満・悩み・ストレスなどがあった人

などと関連することが指摘されています。

(b) 家庭におけるさまざまなストレス

　私たちの人生では年齢時期ごとにさまざまな変化や課題が生じてきます。たとえば，受験，思春期，就職，結婚，壮年期，老年期などには，身辺状況と身体状態に大きな変化があり，適応が求められます。また核家族化した若い親にとって，初めての妊娠・出産から育児までのできごとは，とまどいや不安を生みます。さらに，中年期になると，子どもの受験，価値観やものの見方の違いによる親子の対立，老親の扶養の問題，自身の老後に向けた準備などが課題となり，簡単に解決しない心配ごとになります。

(c) 熟年世代と「老化」の問題

　老年期の問題は多いですが，そのひとつは疾病にかかりやすくなることです。これはまた家族にとっては病人の介護という負担を生じさせます。また，その過酷な状況の背景には異世代同居家族間の関係調整，定年後の新しい生活パターンの構築と適応，配偶者との死別など，だれもが直面する課題もあります。

（3）ストレスは心とからだの問題？

ストレスについては，よくわからないことがいろいろあります。大別すると，ストレスの影響はどのような形で現われるかという問題と，ストレスによる影響はどのようなしくみで起こるのか，という問題です。

(a)ストレスの影響の現われ方

図4-2はセリエ[12]の考えたストレス反応モデルです。一般適応症候群には，ストレスを受け始めた初期の心身の反応としての「警告期」，ストレスに正面から対応しようとする「抵抗期」，そしてその対応による疲労から反応可能性の水準が低下する「疲弊期」があります。ホルムス[13]の調査などでは，生活上の困難や悩みや嫌悪的な状況が生じる場合だけでなく，結婚や昇進など，通常は嬉しい場合でも，ストレッサーとなることが報告されています。ストレッサーの作用は，「悲しみ」「寂しさ」「不安」「恐怖」といったネガティヴな感情反応というよりも，「変化」に対する「適応」のための「努力」「緊張」「疲労」がキーワードであると考えるほうが，より多くの事例や場面を説明できます。

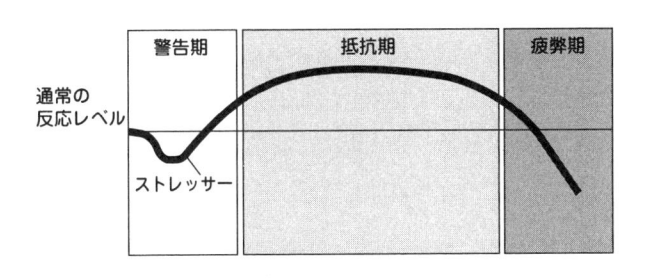

◇ 図4-2　一般適応症候群の反応モデル[12]

(b)ストレスによる影響のメカニズム

ストレスの影響については，図4-3に示すとおり，①ストレッサー，②ストレスを媒介する過程，③ストレス反応の3段階に分けて整理すると理解しやすくなります。

①ストレッサー：新しいできごとや大きな変化だけではなく，継続的であったり慢性的な心配ごとや緊張する事項も含まれます。

②ストレスを媒介する過程：現在のストレス研究で注目されています。人は

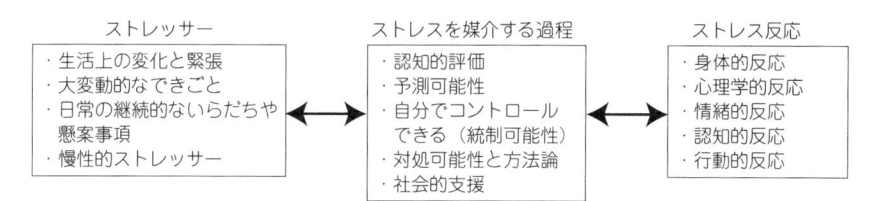

ストレッサー	ストレスを媒介する過程	ストレス反応
・生活上の変化と緊張 ・大変動的なできごと ・日常の継続的ないらだちや懸案事項 ・慢性的ストレッサー	・認知的評価 ・予測可能性 ・自分でコントロールできる（統制可能性） ・対処可能性と方法論 ・社会的支援	・身体的反応 ・心理学的反応 ・情緒的反応 ・認知的反応 ・行動的反応

ストレスフルなできごとに対する，人の反応，つまりその人が直面している状況とどのようにやりとりするのかは，ストレスを考えるうえできわめて重要なポイントである。ストレス過程には双方向的な関係があることに気づいてほしい。たとえば，ある人が効果的な対処技術をもっているなら，ストレスはそれほどひどいものではなくなるだろう。より軽微なストレス反応をもつことは，その対処技術をより強化する報酬となる。さらに（理不尽な要求を拒否するような）対処技術が向上することで，（上司の理不尽な命令のような）ストレッサーはそれほど頻繁ではなくなるということもあるだろう。

◇ **図4-3　ストレスの過程**[*14)]

ストレッサーに遭遇すると，いろいろな角度から事項の性質を考え，評価しますが，そのときの見方に明るい見通しをもてるか否かで，ストレスの影響の強さや持続期間が変わってくることが注目されています。その人自身による評価や見通しの次元は図4-3に示すとおり，「問題の重大性（認知的評価）」「その事項が起こることを予測できるか（予測可能性）」「自分でその事項を軽くすませるなど，なんとかコントロールできるか（統制可能性）」「対処する具体的なやり方をもっているか（対処可能性）」「助けてくれる人や頼れる仲間がいるのか（社会的支援）」などを含んでいます。問題に直面して，これらのことをいくらかでも準備できるとわかるとき，その人のストレッサーに対する認知的評価は，それほど過酷なものではない，という判断にもなります。

③ストレス反応：実際に媒介過程を経たストレッサーが，人に影響を及ぼすしくみには，感情や認知，行動を含んだ心理的反応と，代謝や免疫活性の変動を含んだ身体的反応が表裏一体の形で生起します。私たちが「ストレスが続いて，気分が落ち込んで，ものごとの悪い側面ばかり考えるようになっていたら，風邪をひいて寝込んでしまった」などという説明をするのも，このしくみを実体験で感じているからなのでしょう。

図4-4はストレスの心身相関にかかわる身体器官システムの関連性を示しています。からだの多様な器官が密接に関連して，ストレスに対する適応状況を作り出そうとすることが示されています。感情と身体反応の関係は，脳内の

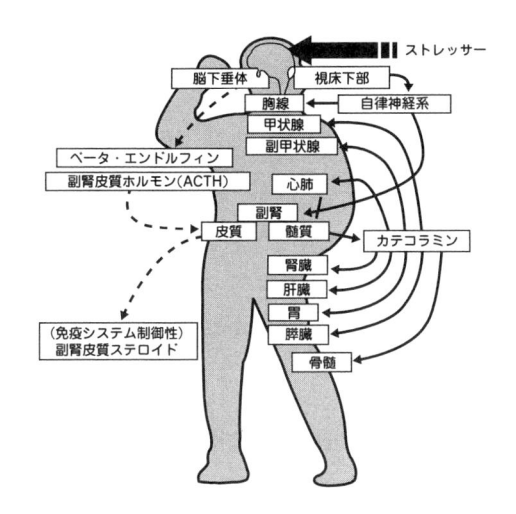

◆ 図4-4　一般適応症候群(GAS)に含まれる身体器官とシステム系
＊15)より作成

「感情の座」といわれる視床下部と自律神経系，および脳下垂体と副腎系のリンクを基礎としているというのが今日の主流な見かたです。心身相関において大きな役割を果たすと考えられている自律神経系のはたらきは，私たちの生活でも身近に実感できるはずです。

自律神経は，からだの臓器のはたらきを調節している神経です。この神経は交感神経と副交感神経からなり，相互に拮抗し合って臓器が健全に機能することを調節します。「相拮抗」とは，緊張状態では交感神経のはたらきが優位になり，逆にリラックスして睡眠に入るときなどには副交感神経のはたらきが優位になることです。たとえば面接試験などの場面で緊張すると，指先が冷たく血行が悪くなり，掌に汗をかいたりします。また，食事が喉を通らない感じがしたり，食べたものが胃の中に重苦しく残っている感じがしたりするかもしれません。これも筋肉運動を活発にするための血液循環が優先されるので，胃や腸の消化活動が抑制されるためです。これらは交感神経のはたらきが活発になったときの特徴です。逆に，副交感神経優位の場面では，手足の末梢部分の血行が抑制され，筋肉の緊張が緩和し，消化活動が優先されます。

私たちが日中覚醒して活動しているときに優位な交感神経と，休息時に優位

になる副交感神経との切り替えのバランスは微妙なものなのです。表4-1に身体器官の機能と交感神経・副交感神経との関係を示します。交感神経と副交感神経の優位性交代作用のために悩まされている人たちもいます。たとえば慢性のアトピー性皮膚炎や喘息に悩む人の症状は，副交感神経優位に切り替わる身体条件のときに起こりやすいからです。子どもに喘息やアトピー性皮膚炎の患者が多いのも，この自律神経系のバランスがうまくとれないためであるといわれています。このような子どもたちを見守るお母さんたちの観察では，喘息発作や，アトピー性皮膚炎特有の強い「かき壊し」行動も，就眠時が圧倒的に多いようです。

◇ 表4-1　身体器官の機能と交感神経・副交感神経との関係

副交感神経優位	身体器官	交感神経優位
縮小	瞳孔	拡大
促進	唾液分泌	抑制
ゆっくり	呼吸・肺	速い
ゆっくり	心拍・心臓	速拍
促進	消化活動・胃	抑制
	肝臓	グルコース生産の促進
促進	副腎皮質・髄質	アドレナリン，ノルアドレナリン分泌の促進
収縮	膀胱	弛緩
刺激・活性化	生殖器	抑制

> Q.4-4
> ストレスに影響を及ぼすものとして，どのような要因が考えられますか。

（4）せっかちな人は心臓病になりやすい？

　ストレスに対抗する手段として，私たちはいろいろな行動をとりますが，なかには深刻な健康被害をもたらす可能性のある危険行動が含まれることもあります。代表的なものとして，喫煙，アルコールの過剰摂取，タイプA行動パタ

ーンがあげられます。

(a)喫煙

　喫煙は自分で予防できる危険因子の代表格です。ストレスから喫煙本数が増えるという人をよく見かけますが，自分では喫煙しない人が近くの人の煙を二次的に吸引し続けた受動喫煙でさえ，そうしないですんでいる人よりも，肺癌やその他の呼吸器系疾患の発症率が高くなるということが報告されています。[*16] 米国癌学会の試算では，人々が喫煙しなければ，今後20年間の死者数は40万人も減るといわれています。喫煙者のうちの25%は癌，そして何千人もの人が心疾患で亡くなるというのが試算の内容です。米国において，最近では喫煙率は減少傾向にありますが，ラテン系とアフリカ系の人たちでは依然として高い喫煙率です。わが国では，喫煙できる場所がオフィスや公共の場面で減っているとはいえ，一方で若年者の喫煙率が上昇していることから，ストレス対処のスキルを検討する際の危険因子のひとつとしてしばらく残りそうです。

(b)アルコールの過剰摂取

　喫煙と同様，アルコールもまた嗜癖性の高い，健康被害（心疾患，脳卒中，癌，肝臓障害などを含む致死性）の危険因子です。アルコール依存症患者では，脳神経および胃腸に不可逆的な侵襲を受けています。また妊娠中の女性の飲酒は，胎児に発達的な悪影響を及ぼすことも報告されています。米国のデータでは年間10万人がアルコールの被害で死亡していると報告されています。

　アルコールは，わが国においては「ストレス解消の特効薬」と考えられている側面があります。とくに，祭礼や通過儀礼的な文脈で青年の飲酒に寛大な文化が生きていることや，成人社会においては職場のコミュニケーション手段として，飲酒をともなうつきあいが半強制的に求められる慣習があります。欧米諸国の問題とは異なる内容ですが，わが国でもアルコール被害の土壌は十分です。

(c)タイプA行動パターン

　フリードマンとローゼンマンは，[*17] 30〜60歳の働きざかりで心疾患を抱える患者の多くに共通した行動パターンがあることを見いだしました。それは目標志向性が強く，競争的で，生活のなかで花の香りを楽しむような余裕を示さない人たちが多いということでした。具体的には表4-2のような条件にあてはま

◆ 表4-2　タイプA行動パターンの概要

1. 競争意識が強く，目標指向性が高い。仕事，スポーツ，ゲームに対して野心的に取り組む。
2. 急がされている感じで，常に突進しているようす。切迫しているようすで，しばしば一度に2つ以上のことをやろうとする。
3. 仕事中毒でリフレッシュのための休息はめったに取らない。
4. 大きな声，早口で話す。
5. 完璧主義で要求が多い。
6. 容易に受け入れない。精力的で独断的。他者に対して怒りをもちやすい。

る行動パターンをもつ人のことですが，彼らはこのような人たちの行動パターンを「タイプA行動」と名づけ，さらに事例収集を続けました。

タイプA行動パターンをもつ人に冠動脈疾患発症の危険性が高くなるのは，統計上に現われたことでしたが，ウィリアムズら[18]は学生を対象とした実験を実施し，このしくみを説明する可能性のあるデータを示しています。彼らは，タイプA行動パターン傾向の強い学生と，そうではない学生にそれぞれ単純な暗算の課題を与えて生理・生化学的指標を測定しました。その結果，タイプA行動傾向群では，骨格筋の血流量が著しく増加し，血中コレステロールの塊（プラーク）の形成促進要因である血中エピネフリンおよびノルエピネフリン濃度が増加していました。

タイプA行動パターンと心疾患の関連性についてはこれまでに多くの追認研究が重ねられ，さまざまに細分化された生活要因の関与が指摘されています。スミス[19]やサルスとワン[20]あるいはレポーア[21]などは，タイプA行動特徴をもつ人たちは，他者を受け入れず競争的で敵対的なので，ストレス状況に対処するのに重要なカギとなる社会的支援や他者からの精神的サポートを受けられなくなる危険性をもち，そのことからストレス性疾患にかかりやすくなると考えています。

> Q.4－5
> タイプA行動の特徴とはなんでしょうか。そのような性格をつくりやすくする子育てのしかたを考えてみましょう。

（5）友だちの多い人はストレスが溜まらない？

　ソーシャル・サポートとは，その人が信頼し，「拠りどころ」として期待できる友人などの社会的な接触相手からの支援をさしています[22]。ソーシャル・サポートは，その人が困難に対処する際に一緒に参加して手伝ったり，対処の方法を考える際の情報源となったり，不安な状況で自信を回復させてくれるなど，多様な側面からストレスを軽減する効果をもつことが認められています[23]。
　ハウス[24]らは，適切なソーシャル・サポートをもたない人の場合，病気や自殺やその他による死の危険性は，ソーシャル・サポートがあると思っている人の2倍まで増加するとしています。これは喫煙する人の健康リスクに匹敵します。他にもソーシャル・サポートがある人では身体的な病気にかかる危険性が減少するか，症状のある人では回復率が高まり，さらに健康行動の促進が観察されたという報告もあります[25),26)]。

> Q.4-6
> ストレスを軽減する方法にはどのようなものが考えられますか。自分なりの方法と一般的な方法に分けて，できるだけあげてみましょう。

（6）睡眠はからだのリズムに関係がある？

　よく眠れること，眠ったあと疲れがとれて，すっきり目覚めることは，自分が「健康」であることを確かめる大きな要素ではないでしょうか。先にも紹介した健康・体力づくり事業財団による「健康づくりに関する意識調査」でも，「夜，眠りにつきにくい」には「ある」が40％，「夜，いったん眠ってから目が覚める」には「ある」が52.8％という回答結果が報告されています。
　このようなデータをみると，私たちの日常生活における睡眠の問題は，思っていたよりも簡単ではないことがわかります。ここにあげている入眠困難，中途覚醒，早朝覚醒は，たとえば心の健康状態を網羅的に評定するスクリーニ

グ用の調査票（GHQ[*27]）にも含まれているほど代表的な事項です。

　睡眠は，ノンレムとレムという質的に異なる2種類の状態で構成されています。ノンレム睡眠（NREM）は脳波を計測するとステージ1～4の4段階に分けられます。ステージ1では頭蓋頂一過性鋭波，ステージ2では睡眠紡錘波およびK複合，3，4では低振幅徐波が出現します。ステージ3，4の段階は徐波睡眠とよばれています。ノンレムとレム睡眠の周期は90～120分間で，後半になるほど，ノンレム睡眠の持続は短くなり，睡眠徐波の出現が減少します。ノンレム睡眠は，それまでの覚醒時間や就眠までの身体運動や精神負荷に影響を受けます。よく活動した日の夜にはノンレム睡眠は増強されます。また第一睡眠周期の徐波睡眠時には成長ホルモンの分泌がさかんになることや，ノンレム睡眠中には副交感神経が優位になるなどの特徴があることから，この睡眠相

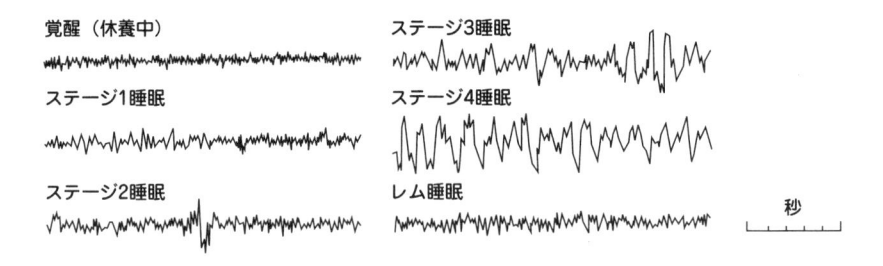

◇　図4-5　睡眠時脳波(EEG)
*28)より作成

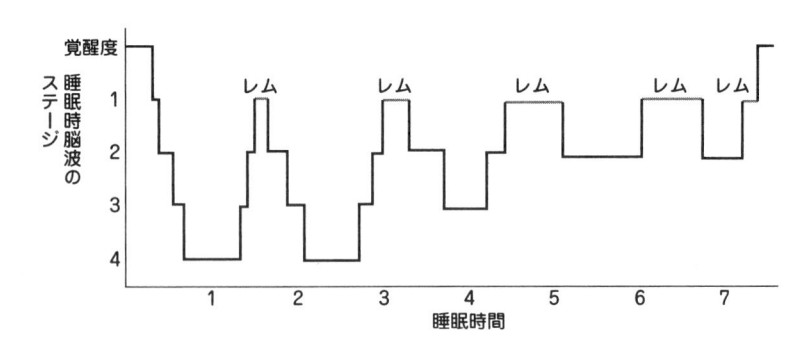

◇　図4-6　夜間の睡眠リズム
*29)より作成

はなんらかのエネルギー保存機構と関連しているのではないかと考えられています。加齢とともに徐波睡眠は質・量ともに減少する傾向があります。小さな子どもによくみられる睡眠時遊行症，夜驚などにはノンレム睡眠が関係しているとみられています。

　レム睡眠（REM）は，1953年にアセリンスキーらにより発見されました。その睡眠段階にある人は，急速な眼球運動と骨格筋（抗重力筋）の筋活動の低下が特徴的にみられるため，この名称がつけられました。脳波は睡眠ステージ1とよく似た低振幅のパターンで，特徴的な鋸歯状波がしばしば出現します。心拍・呼吸が乱れるなどといった自律神経系の不安定さがみられます。またレム睡眠期に目覚めると約80％の人が夢をみていたと報告します。通常，夜間睡眠ではノンレム睡眠を経過したあとにレム睡眠が出現し，その睡眠周期は90〜120分で，朝方になるにしたがって持続が長くなり，一夜の睡眠全体では約20％がレム相で占められるのが平均的です。レム睡眠は発生的にノンレム睡眠より古く，加齢とともに減少することも指摘されています。

　ところで最近，睡眠の問題を扱う研究者の間で見直されているのが体内時計です。生物はほぼ24時間周期で体内の環境を積極的に変化させる機能をもっています。人間では，光や温度変化を抑制した条件で安静覚醒を保った状態におくという実験が重ねられていますが，それらの結果からは，体温やホルモン分泌などからだの基本的な機能がおおむね約24時間のリズムを保つことが示されています。この約24時間周期のリズムを概日（サーカディアン）リズムとよび，これを生み出す機構を生物時計とよんでいます。人間をはじめとする哺乳類では，脳の中心部下面にある視床下部の視交叉上核に生物時計は存在するようで，生物時計が何によって調整されているかという研究からは，季節や地域によって異なる日照時間と同期していることがわかってきました。光刺激を最もよく感知するのは眼の網膜ですが，「ものを見る」という過程と同時に，網膜から生物時計へ直接の神経連絡があることもわかってきました。

　夏と冬で日照時間の差が激しい北欧で，冬に増加する「冬季うつ病」に悩まされる人が多いことが知られています。現在では高緯度地域の冬季うつ病に対して，生物時計を光刺激で調整する「光療法」の併用が多くなっています。

　私たちの生活場面でも，睡眠リズム障害に悩まされる事例がふえています。

都市の消費生活，マスメディアとネットワーク情報環境などでは，サービスをする側もされる側も24時間稼動状態を強いられています。このような社会のなかでは，深夜勤，準夜勤と昼間勤務帯をシフトで勤める職種の人（たとえば看護師，医師，警察官など）に睡眠リズム障害をともなった心とからだの不調を抱える人が多いことが問題となっています。大人だけでなく子どもたちにも，この問題が深刻になってきています。学校に行きたくても行けないと訴える不登校の子どもは，本来は体温が上がって活動開始しやすくなる起床時間帯に，低体温相が来てしまうなど，生物時計のズレや乱れが多いといわれます。子どもの生活習慣については，やはり多くの部分を親がリードする必要があるでしょう。24時間化する都市生活のなかで，子どもだけに「早寝・早起き」を守らせることはむずかしいのかもしれません。しかし生物時計を本来的に機能させる生活パターンが，健康と順調な成長のためにどれほど重要であるかを知ったなら，多くの人の行動は変わるはずです。

　一方で，高齢社会が現実化しているわが国においては，高齢者の心身の健康も大切な課題です。ここで扱っている生物時計の話題から，高齢者の生活で私たちが気をつけてみるとよいのは，やはり「朝の光」でしょう。入眠困難や中途覚醒など夜間の睡眠が浅くなる悩みは加齢に特徴的なものです。介護家族の気持ちとしては，「夜，よく眠れなかったようなので，朝は早くから起こさないで寝かせてあげよう」と考えるかもしれません。しかし，規則正しい生物時計のリズムを維持し，うつ病を予防し，夜も眠りやすくするためには，昼の時間帯には日の光を「みる」こと，とくに朝の光にしっかりとあたることが重要です。カーテンや障子を開けると「まぶしいからいやだ」と訴えるお年寄りも多いようですが，そのようなときには日光が直接に顔に当たらないようにくふうして，部屋のなかに日の光を取り入れるようにするとよいでしょう。「早起きは三文の得（徳）」という諺には深い背景があったのかもしれません。

> **Q.4 - 7**
> 睡眠に影響を及ぼす要因にはどのようなものが考えられますか。

◇ ◆ 引用文献

1) 養老孟司　1993　解剖学教室へようこそ　筑摩書房
2) 養老孟司　1991　ヒトの見方　筑摩書房
3) Taylor, S. E.　1998　*Health Psychology*, (4th ed.). New York: McGraw-Hill.
4) Klepp, K. I., Kelder, S. H., & Perry, C. L.　1995　Alcohol and marijuana use among adolescents: Long-term out comes of the class of 1989 study. *Annals of Behavioral Medicine*, **17**, 19-24.
5) Rosenstock, I. M.　1974　*Historical origins of the health belief model*. Health Education Monographs, **2**, 328-335.
6) Aspinwall, L. G., & Duran, R.F.E.　1999　Psychology applied to health. In A.Stec & D.Bernstein(Eds.), *Psychology: Fields of application*. Boston: Houghton Mifflin.
7) Bandura, A. 1992 Self-efficacy mechanism in psychobiologic functioning. In R. Schwarzer(Ed.), *Self-efficacy: Thought Control of Action*, Washington,DC: Hemisphere. Pp.355-394.
8) Dijkstra, A., DeVries, H., & Bakker, M.　1996　Pros and cons of quitting self-efficacy and the stages of change in smoking cessation. *Journal of Consulting and Clinical Psychology*, **64**, 758-763.
9) Prochaska, J. O., DiClemente, C., & Norcross, J.　1992　In search of how people change: Application to addictive behaviors. *American Psychologist*,**47**,1102-1114.
10) Selye, H.　1956　*The Stress of Life*. New York: McGraw-Hill.
11) (財)健康・体力づくり事業財団　1998　健康づくりに関する意識調査　http://www.health net.or.jp/kenkozukuri/ healthnews/040/060/ t154/index.html
12) Selye, H.　1978　*The Stress of Life*. (Rev.ed.) New York: McGraw-Hill.
13) Holmes,T.H. & Rahe,R.H.　1967　The social readjustment scale. *Journal of Psychosomatic Research*, **11**, 213-218.
14) Bernstein, D. A. & Nash, P. W. (Eds.)　2002　*Essentials of Psychology*.(2nd Ed.) Boston: Houghton Mifflin. p.350.
15) Taylor, S.E., Klein, L. C., Lewis, B. P., Gruenwald, T. L., Gurung, R. A. R., & Updegraff, J. A.　2000　Biobehavioral responses to stress in females: Tend-and-befriend, not fight-or-flight. *Psychological Review*, **107**(3) ,411-429.
16) Collins,G. 1997, May 30.　Trial near in new legal tack in tabacco war. *New York Times*, p.A10.
17) Friedman, M., & Rosenman, R. H.　1974　*Type A Behavior and Your Heart*. New York: Knopf.
18) Williams, R. B., Lane, J. D., Kunn, C., Melosh, W., White, A. D., & Schanberg, S. M.　1982　Type A behavior and elevated physiological and neuroendocrine responses to cognitive tasks. *Science*, **218**, 483-485.
19) Smith, T. W.　1992　Hostility and health: Current status of a psychosomatic hypothesis. *Health Psychology*, **11**,139-150.
20) Suls, J., & Wan, C. K.　1993　The relationship between trait hostility and cardiovascular reactivity: A quantitative review and analysis. *Psychophysiology*, **30**, 1-12.
21) Lepore, S. J.　1995　Cynicism, social support, and cardiovascular reactivity. *Health*

Psychology, **14**, 210-216.
22) Burleson, B. R., Albrecht, T. L., & Sarason, I. G. (Eds.) 1994 *Communication of Social Support: Messages, Interactions, Relationships, and Community*. Thousand Oaks, CA.Sage.
23) Sarason, B. R., Sarason, I. G., & Gurung, R. A. R. 1997 Close personal relationships and health outcomes: A key to the role of social support. In S. Duck (Ed.), *Handbook of Personal Relationships* New York: Wiley. Pp.547-573.
24) House, J. S., Landis, K. R., & Umberson, D. 1988 Structures and processes of social support. *Annual Review of Sociology*, **14**, 293-318.
25) Grassi, L., Rasconi, G., Pedriali, A., Corridoni, A., & Bevilacqua, M. 2000 Social support and psychological distress in primary care attenders. *Psychotherapy and Psychosomatics*, **69**, 95-100.
26) Uchino, Uno, & Holt-Lunstad 1999 Social support, physiological processes, and health. *Current Directions in Psychological Science*, **8**, 145-148.
27) Goldberg, D. P. 1972 The detection of psychiatric illness by questionnire. A technique for the identification and assessment of non-psychotic psychiatric illness. *Maudsley Monographs* No.**21**. London: Oxford University Press.
28) Horne, J. A. 1988 *Why We Sleep: The Functions of Sleep in Humans*. Oxford: Oxford University Press.
29) Cartwright, R. D. 1978 *A Primer or Sleep and Dreaming*. Reading, MA: Addison-Wesley.
30) Aserinsky, E., & Kleitman, N. 1953 Regularly occurring periods of eye motility, and concomitant phenomena, during sleep. *Science*, **118**, 273-274.

◇ ◆ さらに詳しく学ぶための参考図書

ギャッチェル, R. J.・バウム, A.・クランツ, D. S./本明　寛・間宮　武(監訳)　1992　健康心理学入門　金子書房
樋口輝彦・上島国利(編)　2002　ストレス, 不安――基礎から臨床まで　ライフ・サイエンス
堀　忠雄　2000　快適睡眠のすすめ　岩波書店
堀　忠雄　2001　眠りたいけど眠れない　昭和堂
堀　忠雄・齋藤　勇(編)　1989　脳と心のトピックス100　誠信書房
石田直理雄　2000　生物時計のはなし――サーカディアンリズムと時計遺伝子　羊土社
桃生寛和・他(編)　1993　タイプA行動パターン　星和書店
日本健康心理学会(編)　2002　健康心理学概論　実務教育出版
日本健康心理学会(編)　2002　健康心理アセスメント概論　実務教育出版
野口京子　1998　健康心理学　金子書房
竹中晃二(編著)　1996　子どものためのストレス・マネジメント教育　北大路書房
鳥居鎮夫(編)　1984　睡眠の科学　朝倉書店
内薗耕二(編著)　1989　睡眠とストレス　講談社
渡辺由貴子・渡辺　覚(著)　長嶋洋治(監修)　1998　図解雑学ストレス　ナツメ社
ウインフリー, A. T./鈴木善次・鈴木良次(訳)　1992　生物時計　東京化学同人

5章 感情

　感情は感覚・知覚，認知，意識，学習，記憶，言語・思考，動機づけ，知能，パーソナリティ，ストレスと健康，心理障害，社会行動など，人間行動のあらゆる側面に結びついています。感情現象の研究は，心理学だけでなく，他の人文分野や社会科学分野，そして自然科学分野でも取り組まれています。感情現象を理解することは，人間存在と社会の成り立ちを理解するうえで不可欠です。

　この章では，あなた自身や周囲の人々のさまざまな状況における感情現象を観察したり，エピソードを思い起こしたりしながら理解を深めていきましょう。

キーコンセプト 感情現象，情動，気分，フィーリング，自律神経系，適応，記憶，精神反芻，社会的共有

✣ 1．感情現象

（1）感情は自然に生まれる？

　情緒（affect），情動（emotion），フィーリング（feeling），気分（mood），情操（sentiment），情念（passion），ノスタルジー（nostalgia），気質（temperament）。これらのことば，すなわち概念はいずれも外的世界や内的世界の変化に対して生じる感情現象を意味しています。感情現象に科学的にアプローチするための出発点として，まずこれらの概念を整理してみることにしましょう。

　情緒は事象に対する誘意性，すなわち「快―不快」あるいは「肯定―否定」をさしています。情動，気分，情念，情操，気質はいずれも情緒成分を含んでいますが，情緒はそれらの感情現象にともなうだけではありません。たとえば，好みや態度などの価値にも情緒成分が含まれています。したがって情緒は感情現象および感情関連現象の核になる反応であると考えられます。

　情動は個人を一時的に一定の情緒傾向に巻き込みますが，他方，気分は個人を一定の情緒傾向に長時間包み込みます。また情動は外的環境に対して生じる情緒傾向であり，気分は内的環境に対して感じる情緒傾向であると特徴づけられます。情動は明確な対象に対して急激に強い興奮を生じ，速やかに消失する精神身体反応ですが，気分は原因が不明確で，緩やかに生じて長時間持続する興奮強度の弱い精神反応です[*1)]。

　感情の特徴として第一にあげられるのは「感じること」です。ジェームズ[*2)]は「情動とは感じる傾向である」と定義し「悲しいから泣くのではなく，泣くから悲しいのである」という有名なフレーズを残しています。この感じるという心理現象を端的に表わしている概念がフィーリングです。フィーリングには，情緒，情動，気分などを感じる情緒感（affective feelings）だけでなく，空腹や痛み，暖かさなどの体内環境の状態を感じる身体感（bodily feelings），そして親近感や混乱や驚きなどを感じる認識感（feelings associated knowing）なども含まれます[*3)]。

情念は憎悪，嫉妬，野心，恨みなど特定の対象に執着した，比較的持続的に生じる強烈な情動を意味します。持続時間が長いとはいえ，原因が明確であり，強い興奮がともなうという点で気分と区別できます。情念は明確に意識された目標の達成に向かう強い動機をともないます。ノスタルジーは郷愁や懐旧の念であり，幼少期の平和で楽しかった思い出や，昔のできごとを想起することによって生じる情緒感を意味しています。情操は音楽や絵画，彫刻などの芸術や文学，宗教，学問，自然などを含む環境刺激に対して感じる高次の繊細なフィーリングをさしています。情操は感動のように強い精神的・身体的興奮をともなう場合もありますが，そうでない場合もあります。

気質は，環境刺激に対する比較的永続的な個人の情緒反応様式を意味しています。刺激に対する感受性，反応の強度と速度，精神テンポなどによって特徴づけられる，いわば性格特性であると考えられます。ケーガン[*4]は，環境刺激に対する情緒反応が抑制的な人とそうでない人がいて，それらの反応様式は遺伝的に個人に組み込まれていると考えています。

> Q.5-1
> あなたの実生活における感情体験を，情緒，情動，気分，情念，ノスタルジー，情操，気質という概念に分けて書き出してみましょう。

（2）感情はどんな生きものにもある？

1999年に出版された『Encyclopedia of Human Emotion（人間情動の百科事典）[*5]』には感情現象の基本概念や関連概念を説明する項目が載っています。ここではそれらの項目を5つのカテゴリーに分類してみました。

①情動の種々相：遺棄（見捨てられる），受容と拒絶，アンビバレント，怒り，迷惑，不安，愛着，動物への愛着，退屈，欲望，嫌悪，当惑，共感，羨望，許し，友情，悲嘆，幸福，憎しみ，無力，希望，絶望，戦慄，傷，陶酔，親密，嫉妬，孤独，愛，性的欲望，気分，快楽，悲しみ，満足，羞恥心，内気，罪悪感，驚き，同情，気質，信頼

②情動に関連する行動：攻撃，動作と姿勢，コミュニケーション，泣き，情動体験と情動表出，情動抑制，顔の表情，食と摂食，遺伝，微笑，恋愛遊戯，動機づけ，達成動機，意識，意識の変容，態度，説得，魅力，原因帰属，色彩，関与，葛藤，創造性，防衛機制，精神と身体の境界，偏見，神経系，痛み，パーソナリティ，自尊心，刺激希求とリスク，情動知能，対人関係，ジェンダーと情動，共感の正確さ
③情動に関連する臨床心理学的問題：不安障害，文化境界症候群，情動的虐待，恐怖と恐怖症，憎悪犯罪，健康と疾病，気分障害，心的外傷後ストレス性障害，心理療法，季節性感情障害，ストレス，外国人恐怖症
④情動に関連する社会・文化的問題：広告，文化，劇と劇場，教育と指導，贈り物，音楽，舞踏，演説，プロパガンダ，スポーツ，視覚芸術，文学，哲学，詩
⑤研究領域：情動の心理学，情動の社会学，情動の文化人類学，情動の生化学，情動の神経生物学，情動の精神生理学，情動の素人理論，情動の普遍性，通文化パターン，認知的アプローチ

　これらの項目をながめると，感情現象は人間生活のさまざまな側面に結びついていて，心理学をはじめさまざまな学問分野で研究される対象であることがわかります。興味を感じる感情現象はみつかりましたか？

（3）自分の感情はだれよりも自分がよく知っている？

　感情現象に対する探究はギリシャ時代のアリストテレスまでさかのぼることができますが，科学研究の萌芽は17世紀にデカルトが著わした『情念論』，19世紀のダーウィン[*6)]の『人及び動物の表情について』，ジェームズ[*2)]の『情動とは何か』にみることができます。20世紀前半にはキャノン[*7)]の闘争―逃走反応に関する研究やシュロスバーグ[*8)]の感情の基本次元の研究などが現われました。
　1960年代になると感情，なかでも情動に関する科学研究が進みはじめ，アーノルド[*9)]の認知評価理論やシャクターとシンガー[*10)]の認知覚醒理論，トムキンス[*11)]の情緒理論が登場しました。1970年代になるとマクリーン[*12)]の脳研究やエクマン[*13)]の表情理論，イザード[*14)]の認知感情相互作用理論，プルチック[*15)]の心理進化的情動論が構築されるようになります。
　20世紀末には感情の科学研究成果の体系化が進み，広がりと奥行きのある科学的知識が学べるようになりました。1994年に発行された『The Nature of

Emotion：Fundamental Questions（情動の性質—根本的な問い）』では，情動に関する以下のような12の研究課題があげられています。

①基本情動は存在するのか？
②情動は他の感情関連概念（気分や気質など）とどのように区別できるか？
③情動にはどのような機能があるのか？
④情動を引き起こす普遍的な原因はあるのか？
⑤認知は情動が生じる必要条件か？
⑥情動の種類によって生理学的反応は異なるのか？
⑦情動をコントロールすることはできるのか？
⑧情動が意識されないことはあるのか？
⑨情動と記憶はどのように関係しているのか？
⑩情動に関連した行動の個人差はあるのか？
⑪情動の発達では何が発達するのか？
⑫情動の主観経験の形成には何が影響を与えるのか？

　今日では，情動の神経科学，情動の自律神経系・精神生理学，情動の遺伝と発達，情動表出，情動の構成要素，情動とパーソナリティ，情動と社会的過程，情動と適応・文化・進化，情動と精神病理学，情動と健康に関する実証的研究が進められています。[*17]

> Q.5-2
> 『情動の性質—根本的な問い』の12の疑問について，あなたなりに答えを考えてみましょう。

2．感情の構成要素

（1）「感じる」ことが感情？

　情動は生物反応のレベルから高次の認知レベルまでを含む複数の要素で構成されていますが，「認知評価」「主観経験」「思考と行為の準備状態」「生理的変化」「顔面表情筋」「調整・制御」の6つに集約することができます。[*18] それらを

時間軸でみていくと，まず，直面する状況の意味を自己の目標や関心と照らし合わせた結果（認知評価），情動反応が生じます。情動反応には，嬉しいとか悲しいというように表現される状況や自己反応に関するフィーリング（主観経験），一定の思考や行為の準備（思考と行為の準備状態），自律神経系の興奮による心拍の増加や不随意筋の緊張，ホルモン分泌など（生理的変化），微笑みやしかめ面などのパターン化した顔面表情筋の活性（顔面表情筋）が含まれます。これらの情動反応や状況は常に調整・制御されます（調整・制御）。

ところで個人が直面する状況の意味を自己の目標や関心と照らし合わせた結果，どのような情動反応が生じるかについてラザルス[*19]は次のように述べています。たとえばできごとが自己に対する侵害であると意味づけられたならば怒りが生じ，事態の不確実性や脅威度が高いと不安が生じます。取り返しのつかない喪失が発生すると悲しみが生じ，愛する人との関係が第三者によって破壊される懸念があると嫉妬が生じます。他者の所有物への憧れが羨望を生じさせ，受容できないできごとや観念に対して嫌悪が生じます。目標の実現や，目標の実現に向かって順調にものごとが進行していると幸福を感じます。

> Q.5－3
> あなたが最近経験した情動や，周囲の人が経験した情動を思い出し，そのエピソードを「認知評価」「情動反応」（主観経験・思考と行為の準備状態・生理的変化・顔面表情筋），「調整・制御」の各項目に分けて記述してみましょう。

（2）悲しいときに悲しい思い出がよみがえる？

感情に関する実験室実験では，日常生活で生じる強力な情動を人為的に生じさせることは方法論的にも倫理的にもむずかしいことです。そこで研究者たちは，情動よりも強度の弱い気分を操作して，感情が認知や行動に及ぼす影響を調べています。たとえば，何かの課題遂行の成果に対して報酬を与えたり，映画の視聴や音楽を鑑賞したり，イメージを喚起させたり，記憶を再生させたり，

シナリオを音読して，ポジティブあるいはネガティブな気分が操作されます[20]。

　ここでは気分と記憶の関係について考えてみましょう。記憶のネットワーク理論[21]によると，気分は記憶の連合ネットワークにおける中心ノードの役割を果たし，ある気分が活性すると，それに連合した記憶情報が連鎖的に活性すると考えられます。あることがらについての記憶は，そのことがらを符号化した当時の感情と，再生しているときの感情が一致した場合に想起しやすくなるというわけです。このような現象を状態依存学習といいます。たとえば，悲しんでいるときにいっしょにいた人の顔や話の内容は，そのあとで，同じような悲しみを感じたときに想起しやすくなります。また，ある感情（たとえば幸福）を感じているときにはその感情（たとえば幸福）に連合した諸々の記憶情報が想起されやすくなります。このような現象を気分一致効果（mood-congruent effect）といいます。幸せな気分に浸っているときには，たとえば幼いころの楽しかった思い出の数々がよみがえってきます。

　人は感情的に意味のあるできごとや，感情を生じさせたできごとに関する記憶を鮮明に，また長期的に記憶する傾向があります[22]。予期しない衝撃的な事件に関するニュースを知った人は，当時の状況，すなわち自分がどこにいたのか，だれといっしょにいたのか，自分や周囲の人々は何をしていたのかといったことがらを，数年後あるいは数十年後も鮮明に覚えていることがあります。このような記憶現象をフラッシュ・バルブ記憶といいます。フラッシュ・バルブ記憶を形成する要因には，できごとの重要性と自分が受けた影響，驚き，情動反応，そして反復されることなどがあります[23]。

> Q.5－4
> あなたにはフラッシュ・バルブ記憶がありますか？　たとえば2011年3月11日に発生した東日本大震災のニュースを知ったとき，あなたは自分がどこにいたのか，だれといっしょにいたのか，自分や周囲の人々は何をしていたのか覚えていますか？

（３）感情は的確な判断を誤らせる？

　情動はどのような機能をもっているのでしょうか。情動は人間の正常な行動に対して有害であるという見解もあれば，情動は人類の祖先が暮らした野生環境では適応に役立っていましたが現代の文明社会では適応に役立たないという見解もあります。[24] しかし近年の主要な情動理論では，情動は基本的には現代社会でも適応に役立っているという考えが優勢です。[18][25][26] 感情は野生環境における生存を促進する行動を選択して実行する合理的なシステムとして，進化の過程で獲得されてきたとも考えられますが，生存を阻害する要因を人為的に制御して発展してきた文明社会では，情動がかえって不合理なはたらきをしているようにみえる場合もあります。[27]

> Q.5-5
> あなたの日常生活や異常事態を想起し，情動がどのような役割を果たしているのか考えてみましょう。情動はあなたの行動や思考を妨害したり混乱させたりする有害な現象なのでしょうか？　それとも情動はあなたの生活に役立っているのでしょうか？

（４）感情があるから生きていける？

　レヴェンソンは情動の機能を次のように説明しています。情動は環境変化に対する効果的な適応様式として短時間に出現する心理生理的現象です。情動は注意の焦点を変えたり，特定の行動の優先順位を押し上げたり，記憶内の関連した連合ネットワークを活性させたりします。情動はまた効果的な反応に最適な体内環境を生み出すために顔の表情，身体筋緊張，音声のトーン，自律神経系活動，内分泌活動など個別の生物学的システムの反応を急速に体制化します。情動は特定の人々や事物，行為，観念に私たちを向かわせたり引き離したりして，環境における位置を定めさせます。情動は生得的な作用と学習の作用によって培われる一定の普遍的な特徴と，個人，集団，および文化によって異なる

特異な特徴を備えています。

ここでは適応システムとしての情動のはたらきを考えるために，レヴェンソンのモデルを見ることにしましょう（図5-1）。このモデルでは，情動が核心システムと制御システムで構成されています。

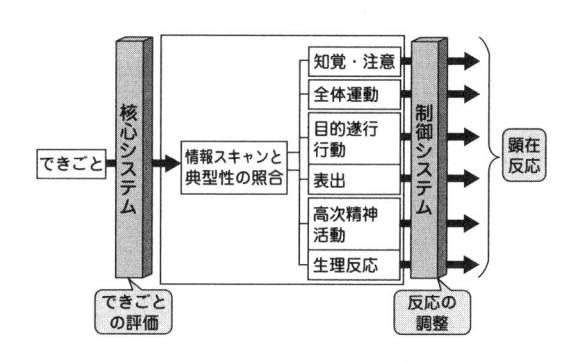

◇ 図5-1　情動の基本機能 *28)

　情動の核心システムは，環境刺激や社会的・身体的挑戦に対して適切に対処するための反応様式を自動的に立ち上げます。情報が入力されると記憶に貯蔵されている典型的な事象との一致度が確認されます。情動を生じさせる典型的な事象としては喪失（→悲しみ），獲得（→幸福），飽和（→満足），欺き・傷害・苦痛（→怒り），腐敗（→嫌悪），危険・脅威（→恐怖）などがあります。入力された情報に典型的な事象と一致する属性が認められれば，情動プログラムが作動して，課題を効果的に対処する見込みの高い反応レパートリーが選択されます。

　反応レパートリーには知覚・注意系，全体的運動行動，合目的行動，表出行動，高次精神過程へのアクセス，生理学的支援があります。知覚・注意システムでは，重要度の高い事象に対する注意を最大化して，重要度の低い事象への注意を最小化するように知覚の閾値と注意の範囲が調整されます。全体的運動行動は，合目的行動を実現するための姿勢の調整や筋緊張の変化をさしています。合目的行動は事象への対処に役立つ，あるいは役立つ見込みの高い特定の行動です。表出行動は同種間のコミュニケーションに役立つ顔の表示や音声ト

ーンの変化をさしています。高次精神過程へのアクセスは，事象への対処の成功確率を最大化するために事象に関連した経験の記憶を再生する過程です。生理学的支援は，事象に対する生体反応を支援するために自律神経系，中枢神経系，内分泌系などのはたらきを最適化します。それらの生理学的反応は，事象への対処に成功するとしだいに弱まっていきますが，対処に失敗すると持続します。情動に関連する生理学的変化の反応様式には「交感神経—副腎髄質系」反応と「下垂体—副腎皮質系」反応があります。前者は怒りや恐怖に特徴的な経路であり，後者は抑うつや悲しみ，苦痛に特徴的な経路です。これらの反応にともなって免疫細胞のはたらきが活性したり抑制されたりします。

核心システムが生得的に組み込まれているのに対して，制御システムは学習によって形成されると考えられています。図5-1に示したように，制御システムには核心システムへの情報入力を制御するはたらきと，核心システムで生じた反応の出力を制御するはたらきがあります。入力情報の制御では，事象に対する評価を調整し，記憶に貯蔵された典型的な事象の属性との合致度を変容させたりします。出力情報の制御では，表示規則や随意的な調整行為（抑制・誇張・置き換え）によって，核心システムで選択された反応レパートリーの顕在様式と強度が調整されます。

Q.5 - 6
情動の核心反応が生じたことによって，困難な事態や危機的な事態にうまく対処できた経験，逆にうまく対処できなかった経験を述べてください。

✠3．感情の機能

（1）感情は状況に応じて変化する？

日常生活を阻害する不安障害や恐怖障害などでは一定の情動反応が長期間に

わたって持続したり反復したりします。[*29] たとえば最近注目されることの多い心的外傷後ストレス障害[*30]では、安全や安定に関する自己の予想が突如裏切られたり、信念が揺るがされたりするようなできごとが起こると、その後長期にわたってそのできごとの記憶が自動的によみがえってくることがあります。その場合、たんに記憶がよみがえるだけでなく、そのできごとに対する当初の情動反応も再体験することがあります。

　エクマン[*31]は統制された実験室における表情の観察に基づいて、典型的な情動反応は0.5秒から4秒程度で消失すると述べています。しかしながら日常生活を阻害するまでにはいたらなくても、それより長い時間情動反応が持続したり、数日後や数週間後、数か月後にくり返し生じたりすることがあります。たとえば、恐ろしいできごとを経験すると、翌日、翌週、あるいは数か月後もそのできごとが想起され、できごとに関連する情動反応が再発することがあります。このようなことから、日常的な情動反応と精神病理学的な情動反応が連続しているとする情動モデルが提案されています。図5-2に示すように、できごとに遭遇すると認知評価が行なわれ、評価の結果に応じて情動反応が生じます。同時に情動反応に対する調整・対処行動が試みられます。これらの調整・対処行動は個人の先行経験（エピソード記憶）や知識（意味記憶）をよび出すことで実行される場合もあれば、周囲の人々の支援や助言、慰めなどの社会的資源が利用されて実行される場合もあります。調整・対処は情動反応が消失するま

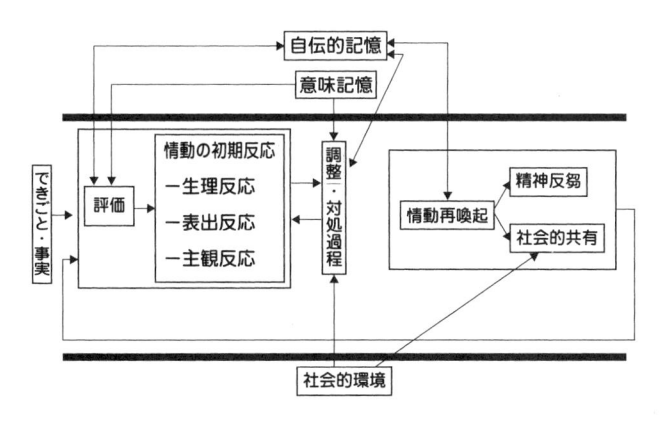

◇　**図5-2　情動の長期持続モデル**[*32]

でくり返されます。

　ところができごとが理解しがたいものであったり，自己にとってきわめて重要な意味があったり，著しい精神的な動揺や混乱を生じさせるものであったりすると，通常の調整・対処行動では情動反応は沈静化せず，調整・対処行動が継続されることになります。典型的には数秒間で消失する情動反応が長期にわたって持続するのは，初期の調整・対処が失敗したことによるといえるかもしれません。

　強烈な情動反応を引き起こしたできごとは自伝的記憶に刻み込まれ，再生されやすくなります。[*22] 人々は自伝的記憶の再生により，できごととできごとをめぐる自分の考えや感情を反芻します。記憶の再生により，記憶に連合した情動反応も再発し，人々はできごとの内容やできごとをめぐる自分の考えや感情，できごとによって自分が受けた影響などをくり返し周囲の人々に語ります。このように心的反芻（mental rumination）とコミュニケーションを介した社会的共有行動は，情動反応の持続や再発と強くかかわりがあります。

　脅威をもたらすできごとに対する急性ストレス反応が慢性ストレス反応として長期にわたって持続する場合には，心的反芻や意識侵入が重要な役割を果たしていると考えられます。[*33] つまり記憶は環境変化への適応に役立ち，環境変化に対する即座の対処に失敗した場合にも，心的反芻や意識侵入，あるいは社会的共有行動を生じさせ，適応努力を継続させているのかもしれません。

> Q.5 - 7
> 情動反応を生じさせたできごとの記憶が自動的にくり返しよみがえってくるという経験はありますか？　そのほか，なんらかの視覚イメージや音響イメージ，考え，観念などがくり返し意識に侵入したり，夢に現われたりすることがありますか？　もしそのような心的反芻や意識侵入，夢などを経験しているなら，その内容を書き留めましょう。その内容はあなたにとって無意味なものでしょうか，それともあなたにとって重要な意味をもっているのでしょうか。

(2)不快な感情からはすぐに逃れたい？

　ネガティブな情動反応への対処行動にはさまざまな形式があります。人々は快適な情動を最大化し，不快な情動を最小化するよう動機づけられます。人々が日常使用している対処法は，たとえば認知的方略と行動的方略に区分することができます[*34]。認知的方略には不快な情動反応から目をそむける方法（問題について考えないようにする，何か楽しいことについて考えるなど）と逆に積極的に不快な情動反応に向き合う方法（問題を再考する，問題解決法について考えるなど）があります。行動的方略においても不快な情動反応から目をそむける方法（不快な情動反応を引き起こした状況を回避する行動，不快な情動反応を打ち消すために愉快になる行動を実行するなど）と積極的に不快な情動反応に向き合う方法（不快な情動を表出・表現する，問題を解決する行動を実行するなど）があります。

　私たちは不快な感情や考えを意識しないように，あるいは認めないようにするために回避したり，不快な情動反応を表出・表現しないように抑制したりすることがあります。回避や抑制は一見，不快な情動反応の阻止に効果があるように思われます。ところが実際には，情動反応を回避したり抑制したりすることによって自律神経系の興奮が生じ，その興奮が慢性化すると身体疾患の発症リスクが高まる可能性があるようです[*35]。

　また望まない考えや感情，あるいは記憶を回避したり抑制したりすると，逆にそれらのことがらが鮮明に強く意識化されるという皮肉な効果が生じることも指摘されています[*36]。あることがらを考えたり感じたりしないようにするためには，そのことがらを意識しなければなりません。増幅した考えや感情をさらに抑え込もうとすると，抑え込むための努力がいっそう必要になり，人々は望ましくない考えや感情の再発と抑制努力の悪循環に陥ります。不快な感情や考えを意識しないように，あるいは認めないようにするために回避したり，不快な情動反応を表出・表現しないように抑制したりすることによって，不快な情動反応から解放される場合もあるかもしれませんが，意図に反して不快な情動反応にますます巻き込まれていく場合もあるということです。

> **Q.5 - 8**
> 忘れようとしても忘れられないこと，考えたくないのに考えてしまうこと，やめようと努力するのにやめられないこと，やってはならないとわかっているのにやってしまうことはありますか？それはあなたの意志が弱いからそうなるのでしょうか，それともほかの原因があるからそうなるのでしょうか？

（３）感情を打ち明けるとすっきりする？

　人々は日常生活における情動反応のエピソードや異常事態における情動反応のエピソードを，通常は周囲の人々に打ち明け，くり返し語る傾向があります[*37]。情動の種類にかかわらず日常生活における情動反応のエピソードの約80％以上は社会的に共有されます。この傾向は欧米文化圏だけでなく日本を含む東洋文化圏の人々においてもみられます。しかしながら，人は常に他者にそれらの問題を打ち明けているわけではありません。だれかに打ち明けたいと望んでいても，さまざまな社会的影響力によって告白が阻まれることがあります。問題を打ち明けることによって社会的スティグマを押しつけられる恐れもあります。聴き手ができごとや反応を過小評価したり持論を一方的に展開したりするような不適切な応対をすることもあります。

　ペネベーカー[*38]は，だれにも打ち明けていない情動的な問題を毎日20分間，3〜4日間ほど書き綴ると，自己洞察が深まり，情動反応の再発を阻止し，健康が増進するという実験結果を報告しています。不快な情動に向き合うと苦痛な記憶がよみがえり，一時的には不快な情動反応が再発しますが，その情動反応はやがて消失します。主観的な感情がことばに置き換えられることによって分節化し，認知的体系化や信念の再構築が促進するために，そのような効果が生じるのかもしれませんし，他のメカニズムで心身機能の変化が起こるのかもしれません[*39]。不快な情動に向き合うことが私たちを不快な情動から解放するという効果は，認知行動療法や行動療法，そのほか各種の心理療法でも重要です。

> **Q.5−9**
> 心の奥底にある感情や考えや秘密にしていることがらを毎日20分間，3日以上書き綴ってみましょう。その場合，だれかに読んでもらうために書くのではなく，心の奥底にある感情や考えを吐き出すために，休まず書き続けてください。今度は心の奥底にある感情や考えや秘密にしていることがらをだれかに読んでもらうことを想像して毎日20分間，3日間書き綴ってみましょう。それぞれ，どのような心境の変化が起こるでしょうか？ 書き綴った内容や語句，文章，字体にどのような変化が起こるでしょうか？

✲4．まとめ

　本章では感情現象，とりわけ情動の基本的な性質と機能について解説してきましたが，実際にはそれらの一面が論じられたにすぎません。心理学では感情現象と行動，記憶や判断，意思決定などの認知情報処理，対人関係，自己・文化，心身健康，脳生理学などとのかかわりについて多くの科学的知見が日々蓄積されています。また最近では，たとえば従来の知能の概念に加えて感情知能という概念が注目されています。[*40)]本章で論じることができなかった感情現象に関する理論や，感情現象の性質・機能・影響力に関する多くの興味深い事実については引用文献や参考文献にあげた優れた多数の論文から学んでください。

　そして「人間の情動の機能とは何か」「人間の情動はどのようなメカニズムによって生じるのか」「人間の情動システムはどういう目的のために進化してきたのか」「人間行動や人間社会における情動の意義」を常に自問自答するようにしましょう。感情現象を理解するためには，先人たちの研究の過程や研究の成果を広く学ぶことはもちろんですが，同時に現実世界でさまざまな環境下や状況下におかれた人々の感情現象を観察することも不可欠です。感情研究では多くのことが実験室における実験研究で明らかになってきましたが，残念な

がら生態学的妥当性が低く，被験者にとっては感情を感じる必然性のない実験室で，現実世界の感情現象を再現し観察することには限界があるのです[*41]。

　感情は，認知や行動や生理などさまざまなレベルの要素が複雑に絡み合って形成される現象なので，ある一つの要素だけをみていても感情現象全体はみえてこないように思われます。

◇　◆　引用文献

1) Morris, W. N.　1992　A functional analysis of the role of mood in affective systems. *Review of Personality and Social Psychology*, Vol. 11. Beverly Hills, CA：Sage. Pp. 256-293.
2) ジェームズ, W. ／今田　寛 (訳)　1992　心理学 (上)　岩波書店
3) Schwartz, N., & Clore, G.L.　1996　Feelings and phenomenal experiences. In E.T. Higgins and A.W. Kruglanski (Eds.), *Social Psychology: Handbook of Basic Principles*. Pp.433-465.
4) Kagan, J.　1994　*Galen's prophecy: Temperament in human nature*. New York：Westview Press.
5) Levinson, D., Ponzetti, J. J., & Jorgensen, P.　1999　*Encyclopedia of Human Emotion*. Vol.1 & 2. New York：Macmillan Reference USA.
6) ダーウィン, C. ／浜中浜太郎 (訳)　1931　人及び動物の表情について　岩波書店
7) キャノン, W.B. ／舘　鄰・舘　澄江 (訳)　1981　からだの知恵――この不思議なはたらき　講談社
8) Schlosberg, H.　1954　Three dimensions of emotion. *Psychological Review*, **61**, 81-88.
9) Arnold, M.B.　1960　*Emotion and Personality*. New York：Columbia University Press.
10) Schachter, S., & Singer, J.　1962　Cognitive, social and physiological determinants of emotional states. *Psychological Review*, **69**, 379-399.
11) Tomkins, S. S.　1962　*Affect, Imagery, Consciousness: Positive Affect*. New York：Springer.
12) マクリーン, P. D. ／法橋　登 (訳)　1994　三つの脳の進化――反射脳・情動脳・理性脳と「人間らしさ」の起源　工作舎
13) エクマン, P. ／工藤　力 (監訳)　1992　暴かれる嘘――虚偽を見破る対人学　誠信書房
14) イザード, C.E. ／比較発達研究会 (訳)　1996　感情心理学　ナカニシヤ出版
15) プルチック, R.　1981　情緒と人格　濱　治世 (編)　現代基礎心理学 8 ――動機・情緒・人格　東京大学出版会　Pp.145-161.
16) Ekman, P., & Davidson, R. J. (Eds.)　1994　*The Nature of Emotion: Fundamental Questions*. New York：Oxford University Press.
17) Davidson, R. J., Scherer, K. R., & Goldsmith, H. H. (Eds.)　2002　*Handbook of Affective Sciences (Series in Affective Science)*. New York：Oxford University Press.
18) Frijda, N. H.　1986　*The Emotions*. Cambridge, England：Cambridge University Press.
19) Lazarus, R. S.　2000　Appraisal, relational meaning, stress, and emotion. In K.R.

Scherer, A. Schorr & T. Johnstone(Eds.), *Appraisal Processes in Emotion: Theory, Methods, Research*. New York：Oxford University Press.
20) 高橋雅延・谷口高士　2002　感情と心理学——発達・生理・認知・社会・臨床の接点と新展開　北大路書房
21) Bower, G. H.　1981　Mood and memory. *American Psychologist*, **36**, 129-148.
22) Christianson, S.　1992　*The Handbook of Emotion and Memory: Research and Theory*. New York：Lawrence Erlbaum Associates.
23) Conway, M. A.　1994　*Flashbulb Memories (Essays in Cognitive Psychology)* London：Taylor & Francis.
24) Keltner, D., & Gross, J. J.　1999　Functional accounts of emotions. *Cognition and Emotion*, **13**, 467-480.
25) バック, R.／畑山俊輝・松岡和生・中村　真・畑山みさ子・中村弘子・山口　浩（訳）2002　感情の社会生理心理学　金子書房
26) Oatley,K., & Johnson-Laird,P.N.　1987　Towards a cognitive theory of emotions. *Cognition and Emotion*, **1**, 29-50.
27) 戸田正直　1992　感情——人を動かしている適応プログラム　東京大学出版会
28) Levenson, R.W.　1999　The intrapersonal functions of emotion. *Cognition and Emotion*, **13**, 481-504.
29) 米国精神医学会（監）高橋三郎・染矢俊幸・大野　裕（監訳）2002　DSM-IV-TR——精神疾患の分類と診断の手引　医学書院
30) ヴァン=デア=コルク, B.A.・マクファーレン, A. C.・ウェイゼス, L.（編）／西澤　哲（訳）　2001　トラウマティック・ストレス——PTSDおよびトラウマ反応の臨床と研究のすべて　誠信書房
31) Ekman, P.　1993　Facial expression and emotion. *American Psychologist*, **48**, 384-392.
32) Philippot, P., & Rime, B.　1998　Social and cognitive processing in emotion：A heuristic for psychopathology. In W.F. Flack & J.D. Laird (Eds.), *Emotions in Psychopathology: Theory and Research*. New York：Oxford University Press. Pp.114-129.
33) Baum, A.　1990　Stress, intrusive imagery, and chronic distress. *Health Psychology*, **9**, 653-675.
34) Parkinson, B., & Totterdell, P.　1999　Classifying affect-regulation strategies. *Cognition and Emotion*, **13**, 277-303.
35) Gross, J. J., & Levenson, R. W.　1997　Hiding feelings：The acute effects of inhibiting positive and negative emotions. *Journal of Abnormal Psychology*, **106**, 95-103.
36) 木村　晴　2003　思考抑制の影響とメンタルコントロール方略　心理学評論，**46**，584-596.
37) Rimé, B., Finkenauer, C., Luminet, O., Zech, E., & Philippot, P.　1998　Social sharing of emotion：New evidence and new questions. In W. Strobe & M. Hewstone (Eds.), *European Review of Social Psychology*, Vol.9. Pp.145-189.
38) ペネベーカー, J. W.／余語真夫（監訳）　2000　オープニングアップ——秘密の告白と心身の健康　北大路書房
39) レポーレ, S. J.・スミス, J.M.（編）／余語真夫・佐藤健二・河野和明・大平英樹・湯川進太郎（監訳）　2004　筆記療法——トラウマやストレスの筆記による心身健康の増進　北大路書房

40) ゴールマン, D. ／土屋京子（訳）　1996　EQ——こころの知能指数　講談社
41) Strongman, K.T.　2003　*Psychology of Emotion*, (5th Ed). NJ：Wiley.

◇　◆　さらに詳しく学ぶための参考図書

ブレックマン, E.A.／濱　治世・松山義則（監訳）　1998　家族の感情心理学　北大路書房
コーネリアス, R.R.／齋藤　勇（訳）　1999　感情の科学——心理学は感情をどこまで理解できたか　誠信書房
ダマシオ, A.R.／田中三彦（訳）　2000　生存する脳——心と脳と身体の神秘　講談社
ダマシオ, A.R.／田中三彦（訳）　2003　無意識の脳　意識の脳　講談社
遠藤利彦　1996　喜怒哀楽の起源——情動の進化論・文化論　岩波科学ライブラリー　岩波書店
福井康之　1990　感情の心理学——自分とひととの関係性を知る手がかり　川島書店
濱　治世・鈴木直人・濱　保久　2001　感情心理学への招待　サイエンス社
春木　豊（編）　2003　身体心理学——姿勢・表情などからの心へのパラダイム　川島書店
波多野誼余夫　2003　感情と認知　放送大学教育振興会
ホックシールド, A.R.／石川　准・室伏亜紀（訳）　2000　管理される心——感情が商品になるとき　世界思想社
堀　哲郎　1991　脳と情動——感情のメカニズム　共立出版
井上　毅・佐藤浩一（編）　2002　日常認知の心理学　北大路書房
海保博之（編）　1997　「暖かい認知」の心理学　金子書房
北村英哉　2003　認知と感情——理性の復権を求めて　ナカニシヤ出版
北山　忍　1998　自己と感情——文化心理学による問いかけ　共立出版
クラーエ, B.／秦　一士・湯川進太郎（編訳）　2004　攻撃の心理学　北大路書房
工藤　力・マツモト, D.　1996　日本人の感情世界　誠信書房
ルドー, J.／松本　元・木幡邦彦・湯浅茂樹・川村光毅・石塚典生（訳）　2003　エモーショナル・ブレイン——情動の脳科学　東京大学出版会
マンドラー, G.／田中正敏・津田　彰（訳）　1987　情動とストレス　誠信書房
岡原正幸・安川　一・山田昌弘・石川　准　1997　感情の社会学——エモーション・コンシャスな時代　世界思想社
シャクター, D.L.／春日井晶子（訳）　2002　なぜ、「あれ」が思い出せなくなるのか——記憶と脳の7つの謎　日本経済新聞社
齋藤　勇　1986　感情と人間関係の心理——その25のアプローチ　川島書店
齋藤　勇　1990　対人感情の心理学　誠信書房
荘厳舜哉　1997　文化と感情の心理生態学　金子書房
土田昭司・竹村和久（編）　1996　感情と行動・認知・生理　誠信書房
安田一郎　1993　感情の心理学　青土社
吉川左紀子・益谷　眞・中村　真　1993　顔と心——顔の心理学入門　サイエンス社

6章 何が性格によるのか

　私たちは，お互いに似ているところもあれば，お互いに異なる特徴ももっていますが，そのような個性のなかで行動に関する特徴を性格ということばで表現しています。たとえば，友人がどんな人かを説明するのに，背が高くて眼鏡をかけている人だというよりも，明るいけれども優柔不断なところがあるというほうが多いのではないでしょうか。

　また，性格はその人の個性を表現する以外にも，さまざまな状況で使用されています。テレビや雑誌などでよく目にする血液型による性格占いなどはその一例です。自分自身の性格をもっと詳しく知りたいとか，あの人の性格には問題があると思ったときに，性格はどのようにしてつくられるのか，性格を変えることはできるのか，といったことを考えてみたことがだれでもあるのではないでしょうか。

　この章では，そのような疑問に答えていきたいと思います。また，性格の自己理解の方法以外にも，なぜ人によって違いが生じるのかといった疑問にも，みなさんが科学的な根拠に基づいて考えられるような検討材料を提供していきたいと思います。

　性格は何によるのか。この章でその答えを探してみてください。

キーコンセプト 性格の構成概念，心理ゲーム，類型と特性，検査法，性格形成，性格と適応

✢ 1. 性格の構成概念

　あなたの最も親しい友人の性格をひとことで言い表わしてみましょう。たとえば，その友人のことを明るい性格だとします。おそらくその友人には，よく人に話しかける，くよくよ悩まないといった特徴があるからそのように考えたのではないでしょうか。また，その友人の明るい特徴というのは，たまにみられるというよりは，おそらくさまざまな状況で一貫して認められるものだと思います。このように，性格とは状況の影響をあまり受けず，その個人に一貫し，安定して認められる特徴であるといえます。

　性格とひとことで言っても，その概念には広がりがあります。たとえば，知性や道徳心（社会性）も含めると人格と称し，体質や気性を含めると気質という用語があります。宮城[*1)]によれば，性格のなかでも，生まれつき変わらない部分で，体質に依存する狭義の性格・人格を気質といいます。また，社会経験など後天的な要因によって形成される習慣的性格・態度や，そのほかにも社会的立場や状況に依存する役割性格もあります。こうした性格の種類をすべてあわせてパーソナリティという用語を使用しています。

Q.6 - 1
自分自身や他人の性格は，どのように知ればよいのでしょうか。以下の性格特性を知る手がかりとなるさまざまなことがらについて，あなたが自分自身や他人の性格を知るために情報源として活用してきたものに○をつけてください。

手がかり	自分	他人	手がかり	自分	他人
星占い	( )	( )	家庭環境	( )	( )
動物占い	( )	( )	親の性格	( )	( )
血液型性格占い	( )	( )	出身地	( )	( )
生年月日	( )	( )	外見	( )	( )
字の書き方	( )	( )	話し方	( )	( )

Q6-1で取り上げた手がかりは，本当に役に立つのでしょうか。いったい何が性格に影響を与え，何が性格に関係がないのでしょう。以下，いくつかのことがらについて真偽をみていきましょう。

（1）心理ゲームは性格を把握するのに役立つ？

あなたは，自分自身の性格をどの程度理解しているでしょうか。また，これまでに自分自身の性格を知る機会にはどのようなものがあったでしょうか。たとえば，雑誌の心理ゲームや性格占いで自分の性格を知ろうとした人もいるのではないでしょうか。さっそく，以下に示す心理ゲームで性格を判断してみましょう。

あなたの深層心理を解き明かすテストです。文章からイメージを膨らませて，選択肢のなかから1つ回答を選んでください。

> あなたは，森のなかを一人で歩いているという夢をみています。
> 歩いているときの周囲のようすや自分自身の気持ちをイメージしてください。

問1）イメージができたら，そのイメージに最も当てはまるものを選択肢から一つ選んでください。
 1．青々とした高い木々が立ち並ぶ木漏れ日のなかの大きな道を歩いている。
 2．花が咲いている木々が立ち並ぶ見通しのよい小道を歩いている。
 3．あまり人が通らない山林のなかのけものみちを歩いている。
 4．落ち葉が多くすべりやすい登山道を歩いている。

問2）しばらく歩いているうちに，つまずいて足にけがをしてしまいました。足をひきずりながら歩いていると，目の前に動物が現われました。そのときに出会った動物は，何だと思いますか。
 1．キツネ　　　　　　　　2．ブンチョウ　　3．月の輪グマの子グマ
 4．シベリアンハスキー

【解　説】
問1）この問題の回答には，深層心理のなかに潜むあなたの生き方に関する考え方が現われています。選択肢によって，あなたの性格は以下のようになります。
 1．なるようになるさという楽観型

2．華のある人生をおくりたい目立ちたがり型
3．人生山あり谷ありという達観型
4．足下をすくわれることを恐れる悲観型

問2）この問題の回答には，深層心理のなかに眠る理想の異性像が現われています。選択肢によって，あなたの理想の異性は以下のようになります。
1．行動がすばやい「行動派」
2．かわいく手のなかでおさまる「コントロールしたい派」
3．多少荒々しくても強く接して欲しい「包容力派」
4．スマートな体，鋭さを好む「ルックス重視派」

> Q.6 - 2
> 心理ゲームの結果，あなたの性格はどのように判断されたでしょうか。また，自分自身の理解とどの程度あっていたと思いますか。もし，当っていなかった場合，それはなぜだと思いますか。

心理ゲームの結果には，ある程度当てはまっていると思うところがあったでしょうか。たとえ結果が当てはまっているとしても，心理ゲーム自体に何か問題点があれば，そのまま信用するわけにはいきません。解説では，森のイメージが生き方を表わし，出会った動物が理想の異性像を表わすとしました。しかし，その考えに科学的な根拠はありません。多くの人にテストを実施し，その結果から導き出した理論に基づく解説ではないのです。ですから，たとえ当てはまっていたとしてもそれはたまたま偶然である可能性が高いのです。

他の心理ゲームのすべてが同様にまちがっているというわけではありませんが，それらの多くは，特定のイメージを選択させ，それが性格を反映するのだという少々強引な決めつけでつくられています。それでは，心理学ではどのように性格を把握するのでしょうか。

(2) 性格にはいくつかの典型的なタイプがある？

性格の把握のしかたには，大きく分けて3種類あり，そのひとつは人をいく

つかの種類にタイプ分けする考え方で類型論といいます。例としては，表6-1に示すようなクレッチマー[*2),3)]の体型説があります。クレッチマーは，精神病の種類と体型に関係があることを見いだし，発病前の性格や患者の近親を調べ，体型と気質には関連があるとしました。クレッチマーの理論は，現在では懐疑的にみられていますが，体型と性格の関係は後にシェルドン[*4)]が明確にしています。類型論は，ある人物を「外向型である」というように型にはめて大まかに把握するのに優れていますが，一方でその人の性格の細かな特徴を見逃す危険性もあります。

◇ 表6-1　クレッチマーの体型説　　　　　　[*2),3)より作成]

	一般的特徴	性　　質	体　型	精神病
分裂質	非社交的 静か 内気 きまじめ かわりもの	**敏感性** 臆病・はにかみ・敏感・神経質・興奮しやすい **鈍感性** 従順・お人良し・温和・無関心・鈍感・愚鈍	細長型	統合失調症
躁うつ質	社交的 善良 親切 暖かみがある	**躁状態** 明朗・ユーモアがある・活発・激しやすい **うつ状態** 寡黙・平静・気が重い・柔和	肥満型	躁うつ病
てんかん質	一つのことに熱中しやすい 几帳面 凝り性 秩序を好む	**粘着性** 忍耐強い・頑固・軽快さがない・礼儀正しい **爆発性** ときどき爆発的に怒りだす	闘士型	てんかん

　一方，性格をさまざまな特性の集合として考える立場を特性論といいます。特性論では，いくつかの特性を量的に測定し，それらの組み合わせによって性格を把握します。特性論はオルポートや，キャッテルらにより研究が進められ，なかでもアイゼンクが提唱したパーソナリティの階層構造は，後の研究に大きな影響を及ぼしました。アイゼンクによれば，パーソナリティは図6-1に示すように特殊的反応，習慣的反応，特性，類型という階層を構成します。たとえば，特殊的反応のひとつを初対面の人としゃべるのが苦手だという行動とすると，初対面に限らず人とのおしゃべりが苦手というのが習慣的反応となります。さらに，人を避ける行動から大勢の前での恥ずかしさという特性因子が構

成され，類似した特性因子が集まり高次の内向性という類型を見いだすことが可能となります。特性論では，ある人の性格は内向性－外向性のような次元において，分布のなかのどこに位置づけられるか，すなわち得点の高低によって記述されます。

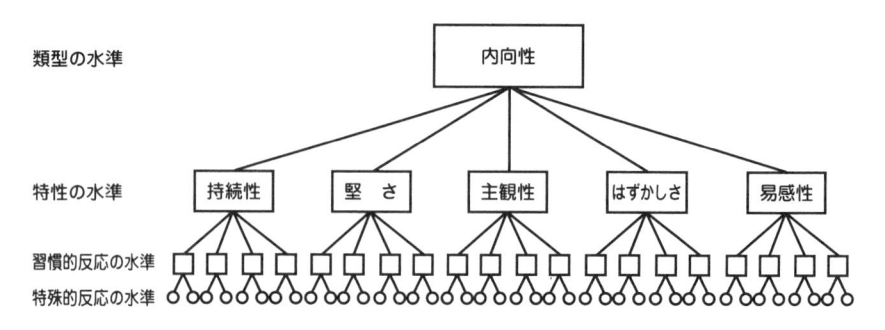

類型の水準：内向性

特性の水準：持続性　堅さ　主観性　はずかしさ　易感性

習慣的反応の水準

特殊的反応の水準

◇ 図6-1　パーソナリティの階層的構造 [*5), 6)]

なお，類型論，特性論以外にも状況論も存在します。ミッシェル[*7)]は，性格特性の得点と実際の行動との関連性が低いことから，状況によって人の行動パターンは異なることを指摘し，状況をとおして存在する人格特性の存在を否定しました。ミッシェルの考えは，性格特性は状況とともに安定・変化する行動パターンの一貫性（首尾一貫性）としてとらえるべきだと考える相互作用説として展開されました。

> Q.6-3
> 外向性をアイゼンクの階層的構造（特性，習慣的反応，特殊的反応）に当てはめて行動を記述してみましょう。

（3）性格はきちんと検査すれば全部わかる？

ある職務に必要な性格を見きわめたり，障害や疾病の治療，精神鑑定のために性格検査が用いられることがあります。性格検査には，さまざまな種類のも

のが存在しますが，さきほどの心理ゲームは，投影法という性格検査法に似せたものです。投影法とは，あいまいで多義的な刺激に対する自由な反応から被検者の性格や心理状態を判断する検査法です。投影法の検査としては，インクを紙の上に垂らし，2つ折りにしてできた図形が何にみえるかを尋ねるロールシャッハ・テストが有名です。他にも絵から物語を想像させる主題統覚検査（TAT），家，木，人の絵を描かせる描画テスト（HTPテスト）があります。投影法と心理ゲームの違いは，その反応のしかたです。多くの心理ゲームには選択肢がありますが，投影法にはありません。投影法は，被検者の自由な反応のなかに，日常生活において無意識下に抑圧されている欲求が隠れているという考えに基づくものが多いため選択肢を設けないのです。また，被検者が望ましい回答が何であるのかを理解しにくいため，被検者が意図的によくみせることはできません。ただし，投影法検査の反応を分類し，得点化するときには，一応の基準はありますが，すべての反応についてその方法が確立されているわけではなく，分析者の解釈にゆだねられている所があります。そのため，投影法検査の結果自体は信頼性を欠く傾向にあります。また，投影法は臨床心理面接における心理査定によく用いられますが，その際には査定すること自体が被検者の自己理解をうながし，さらに面接では発見できなかった問題点が明確になるなど，治療的な効果があるといわれています。

　性格検査には，投影法のほかに質問紙法，作業検査法があります。質問紙法とは，いくつかの項目について自分にどの程度当てはまるかを回答していく形式の検査です。質問紙法による性格検査としては，Y-G性格検査や東大式エゴグラム（TEG），5因子性格検査（NEO-PI-R，NEO-FFI）が有名です。作業検査法とは，ある作業を行なう過程からその人の性格を判断しようとする検査で，内田クレペリン検査がその代表的なものです。それでは，5因子性格検査（NEO-FFI[8]）の一部からあなた自身の性格を測ってみましょう。

質問は全部で12あります。質問をよく読んで，自分に一番当てはまる段階の数字で答えてください。正しい答えやまちがっている答えはありませんから，ありのままにできるだけ正直に答えて下さい。あまり考え込まずに，はじめに思った通りに答えて下さい。

非常にそうだ …4
そうだ …3
どちらでもない…2
そうでない …1
全くそうでない…0

1	私はだれにでも好意をもって接しようとする。	( )
2	家族や同僚とよく口論をする。	( )
3	私のことを，自分勝手で自分のことしか考えない人間だと思っている人がいる。	( )
4	人と張り合うよりも，協力しあう方が好きだ。	( )
5	人の考えを皮肉っぽく疑いの目でみがちだ。	( )
6	ほうっておけば，たいていの人は私を出し抜こうとするだろう。	( )
7	私はほとんどの人から好かれている。	( )
8	私を冷たく計算高いとみている人がいる。	( )
9	私は現実的で，情では動かない。	( )
10	私はいつも他の人を思いやる人間であろうとしている。	( )
11	嫌いな人には，そう知らせてやる。	( )
12	自分の望むものを手に入れるためなら，人を操ることもためらわない。	( )

合計点…( )

注意：項目2，3，5，6，8，9，11，12は逆転項目ですので，4からあなた自身の点数引いた値を加算してください。たとえば，12に4という回答をした場合は，4－4＝0という得点に直し，その値を合計点に加算してください。

【得点の見方】日本における成人と大学生の調査結果から，あなた自身の得点の高低を判断します。※平均値と標準偏差から分布を5分割しています。
男性：34点以上：高い，31〜33点：やや高い，28〜30点：平均的，25〜27点：やや低い，24点以下：低い
女性：35点以上：高い，32〜34点：やや高い，29〜31点：平均的，26〜28点：やや低い，25点以下：低い

　この得点はあなたの調和性の高さを表わします。調和性とは，人を思いやる気持ちが強く，対人関係を円滑に進めることができる特性です。調和性が低い場合は，自己中心的で攻撃的という人物像になります。

> **Q.6-4**
> 心理検査の結果は，あなた自身の評価（調和性が他者と比べて高いか低いか）とどの程度合致していましたか。調和性が高いと思っていたのに「低い」という判定になる場合もあると思います。こうした検査結果と自分の理解がズレた原因にはどのようなものがあるでしょうか。また，ズレをなくすためには，どのようなことが必要か考えてみてください。

（4）アメリカ人は陽気で日本人はおとなしい？

性格特性には，外向性，調和性のようにいくつか種類があります。性格特性にいったい何種類あるのかは，1980年代までは意見の分かれるところでした。コスタとマックラーエら[*9)]は，先行研究より性格特性は5因子からなると考え，5因子を測定するために，NEO-PI-Rやその簡略版のNEO-FFIという質問紙を作成し，さらにさまざまな文化圏で調査を行ないました。その調査結果から，性格特性は大きく分けると5つの種類があることが証明され，さらに興味深いことには，さまざまな年代や文化を通じて性格特性は5つに分類されました。その5つを，表6-2に示します。

[*8)]より作成

◇ 表6-2 性格5因子の特徴と項目例

	特　徴	項　目　例
神経症傾向 Neuroticism	ネガティブな感情を経験する傾向	よく緊張したり神経過敏になったりする
外向性 Extraversion	人や集団が好きで，興奮することや刺激的なことを好み，快活な傾向	大勢の人が集まるパーティーが好きだ
開放性 Openness	内的，外的世界の両方に対する好奇心の強さ	知的好奇心が強い
調和性 Agreeableness	他者に同情し，協力的な傾向	人と張り合うよりも，協力し合うほうが好きだ
誠実性 Conscientiousness	自分の欲求や衝動をコントロールできる，自己統制力の高さ	本当に病気にでもならない限り，日々の仕事を休まない

> Q.6-5
> コスタらの研究では，北米人と比較して日本人に特徴的な性格を明らかにしています。それは5つの性格特性のうち，どれでしょうか。まず文化的な違いを示す日常的な例を考え，それを手がかりに考えてください。

✦2．性格の形成

　これまで心理ゲームと性格検査を題材に性格の理解を進めてきましたが，日常的には，血液型や親の性格，出生順位などから，性格を推測することがあります。何が性格を決定するのか，何を指標に自分や他者の性格を理解すればよいのかについてみていきましょう。

（1）血液型で大まかに性格が分けられる？

> Q.6-6
> 血液型ごとに性格特性は異なると思いますか？　異なると思う場合，思わない場合，いずれにしてもあなたがそのように考える理由を示してください。

　血液型性格判断では，AOB式血液型によって性格が異なるとされます。たとえば，A型であれば神経質で慎重な性格，B型であればわがまま，人がいい性格，O型であれば積極的，意志が強い性格といった具合です。この血液型性格判断は日本だけで広く普及していますが，血液型によって性格が異なることを支持する客観的なデータは存在しません。松井[11]は，13歳から59歳の男女のべ約1万人の性格と血液型の関係を1980，1982，1986，1988年度のJNNデータバンクの調査結果から検討しましたが，両者の関係性は見いだされませんでした。

その研究では「だれとでも気軽につきあう」「目標を決めて努力する」など24項目に自分自身が当てはまるかどうかを質問することによって性格が測定されました。結果として「ものごとにこだわらない」という項目は血液型で「当てはまる」とした人の割合に差が認められましたが，「当てはまる」人の割合が高い血液型は調査年度によって変化しており，一貫した結果ではありませんでした。このほかにも多くの研究が行なわれましたが，血液型と性格の関連性を示す結果は得られていません。

　さて，多くの人は科学的根拠がないのになぜ血液型性格判断を信じるのでしょうか。大きく分けて以下の4つの原因が考えられます。まず，血液型性格判断に用いられる項目が，「まじめ」といっただれにでも当てはまるものであるため，血液型に関係なく血液型性格判断は当たっていると感じられるというフリーサイズ効果があります。2つ目は，そういわれるとそう思ってしまうというバーナム効果（刷込み効果）があります。私たちは，あなたの血液型の性格はこうですといわれると，多少自分自身の感覚と異なっていても，当たっていると思う傾向があります。3つ目には，ラベルづけの効果があります。だれにでも当てはまっている項目を集めて「O型の特徴」「A型の特徴」とまとめると，自分自身の血液型とされる特徴が最も自分に当てはまっているとみてしまいます。すなわち，内容に関係なく血液型というラベルで自分自身に当てはまっていると判断しているのです。4つ目には，血液型性格判断の結果を知ると，そのとおりに自分自身を変化させてしまう自己成就予言現象のため，結果的に当てはまることが考えられます。

　また，血液型性格判断は，よく知らない他者の外見だけではわからない特徴を推測するのに便利です。初対面の人でも，いろいろと話をしてその人の性格を推し量る努力をしなくてすみます。そして，たとえ当てはまっていない場合でも，それは例外であると考えるわけです（サブタイプ化）。また，血液型の話に加わらないと仲間はずれになるなどの弊害があるのも，血液型性格判断が一般的に認知されている原因として見逃せません。

　血液型性格判断で問題になるのは，それが差別，偏見につながる可能性がある点です。たとえば，AB型にはあまりよいイメージがないため，AB型の人は血液型によって判断がなされるとイメージダウンになりがちです。血液型性格

判断という偏見をもって自分や他者をみているようなことはないのでしょうか。

血液型性格判断には，科学的根拠はありませんでした。ほかにも，星占い，生年月日，季節によって性格特性が異なるという研究結果はありません。

（2）性格は育てられ方でつくられる？

これまでみてきたように，性格を知るのに使用される血液型は実際には科学的な証拠がなく，信頼性の乏しいものでした。「蛙の子は蛙」というように親の形質は遺伝しますが，「氏より育ち」「産みの親より育ての親」といわれるように，性格を決定する要因として親の影響はどの程度あるのでしょうか。

> Q.6 - 7
> 人の性格は，遺伝と環境のどちらのはたらきによって形成されると思いますか。あなたの考えの根拠を示してください。

親から子どもの性格への影響要因としては，遺伝と養育環境があげられます。一卵性双生児の性格が似ているのは，遺伝が性格に及ぼす影響の例です。一卵性双生児は，遺伝子がまったく同一の双子であり，容姿が似ているのはもちろんのこと，その趣味や考え方まで似ることが知られています。また，類似した養育環境で育った子どもは，性格まで似ることも知られています。たとえば，甘やかされて育った子どもは，わがままな性格になりやすいといったことです。

さて，遺伝と環境では，どちらが性格に与える影響が強いのでしょうか。ある特性への遺伝，環境の影響を調べるためには，双生児を対象にした研究が行なわれます。遺伝情報が同じ一卵性双生児と遺伝情報は異なっていても生育する環境要因が同じ二卵性双生児を対象に，ある特性に関する双生児間の関連性の違いを調べるのです。リーマンらは，性格5因子に関しては一卵性双生児間の関連性は高く，遺伝要因は共有している環境要因よりも性格に強い影響があることが明らかにしています（表6-3）。ただし，遺伝情報がまったく同じ一卵性双生児でも類似性は.50程度であり，非遺伝的要因（共有していない環境

要因）が性格に及ぼす影響も強いともいえます。なお，性格のなかでも気質は一生涯で変化せず，遺伝に規定される部分が多いことが知られています。気質には，神経症傾向（否定的情動の感じやすさ，嫌悪刺激からの回避傾向），外向性（肯定的情動の感じやすさ，報酬への依存傾向），脱抑制傾向（衝動的で，即時的な刺激を求める傾向）という3因子があると考えられています[*13]。

◇ 表6-3　性格5因子における双生児間の類似度比較[*12]

	一卵性双生児 (N=660)	二卵性双生児 (N=104)
神経症傾向	.53	.13
外　向　性	.56	.28
開　放　性	.54	.34
調　和　性	.42	.19
誠　実　性	.54	.18
平　　　均	.52	.23

数値は相関係数。＋の値が高いほど類似性が高いことを示す。

さて，性格の形成には遺伝の影響が強いといっても環境も性格の形成に関連があります。とくに乳児期の養育環境は，子どもの心身の発達に大きな影響を及ぼすことが知られています。フロイト[*14]は，幼児期の親子関係のなかで授乳の方法や排泄の訓練の経験によって性格が決定されてしまうと考えています。実際にヒューズ[*15]は，女子大学生を対象とした調査の結果，母親からの授乳経験がまったくない人はある人に比べて不安傾向と神経症傾向が高いことを明らかにしています。またボウルビィ[*16]は，乳幼児期における大人と子どもの間の愛情をともなった心の結びつき（アタッチメント）が健全な性格の発達に必要であると考えています。アタッチメントが安定している子どもは「いつでも親から助けてもらえる」と思い，「助けてもらえるような価値のある自分」という健全な自己像を形成しますが，安定していない子どもは「自分は保護を受けるに値しない」という自己像を形成し，見捨てられる恐怖をもち，そこから来る親への怒りを抑えようとするなど，情緒不安定な状態になるといいます。

親の養育態度と子どもの性格の関係に関しては，サイモンズ[*17]がその類型を示し，その類型に従った研究が今日まで多くなされています。サイモンズは，親の養育態度を支配―服従，拒否―保護という2次元に分類し，さらに2つの軸

を組み合わせ，支配と保護次元なら溺愛型，保護と服従次元なら放任型，拒否と服従次元なら残酷型，支配と拒否次元なら無視型という4つの種類に分類し，子どもの性格との関連を示しています。

> Q.6-8
> *18)より作成
> **母親の養育態度から予測される子供の性格を線で結んでください。**
>
> 母親の養育態度 　　　　　　子どもの性格
>
> 支配的　　・　　　・服従，自発性なし，消極的，依存的，温和
> かまいすぎ・　　　・神経質，反社会的，乱暴，注意を引こうとする，冷淡
> 保護的　　・　　　・独立的，素直，協力的，親切，社交的
> 甘やかし　・　　　・無責任，従順でない，攻撃的，乱暴
> 服従的　　・　　　・社会性の欠如，思慮深い，親切，神経質でない，情緒安定
> 無視　　　・　　　・わがまま，反抗的，幼児的，神経質
> 拒否的　　・　　　・依存的，反抗的，情緒不安定，自己中心的，大胆
> 残酷　　　・　　　・強情，冷酷，神経質，逃避的，独立的
> 民主的　　・　　　・冷酷，攻撃的，情緒不安定，想像力に富む，社会的
> 専制的　　・　　　・幼児的，依存的，神経質，受動的，臆病

（3）出生順位によって性格が異なる？

　一般的に「末っ子は甘えん坊」などといわれます。実際にきょうだいすなわち出生順位によって，性格特性は異なるのでしょうか。依田[19]による同一人物を対象とした2度の調査では，長子的性格として「仕事がていねい」「面倒がきらい」「ひかえめ」，次子（末子）的性格として「父，母に甘える」「父，母に告げ口」「依存的」「お調子者」「嫉妬」「外で遊ぶことが好き」「知ったかぶり」という傾向が20年間変わらず認められました。また，こうしたきょうだい（兄弟姉妹）の違いは，きょうだいのよび方が名前でなく地位を表わすとき（例：お兄ちゃん），きょうだいの年齢差が2歳以上のとき顕著にみられることも明らかにされています。日本は，過去において長子に大半の相続権を認めるなど，長子を重んずる文化をもち，現在もその傾向があります。そうした文化に由来する周囲からの期待に応えるため，きょうだいによって形成される性格が異なるのではないかと考えられています。

　近年，日本では少子化が進み，きょうだいのない一人っ子が増えています。

依田[19]によれば、一人っ子は、独占、無競争などに満足している一方で話し相手がいないなどのさびしさも経験しています。また、一人っ子は、親からの期待を一身に受け、大事に育てようとする親の気持ちから甘やかされる傾向にあり、わがままな性格になりやすく、さらにきょうだい関係を経験しないことから非社交的になり、仲間関係がつくりにくいといわれています。現在も出生率は下がる傾向にありますが、一人っ子であることは子どもの性格形成には必ずしもよいことではないようです。

> Q.6-9
> もしあなたが一人っ子をもった場合、どのような点に気をつけて子育てをしていけばよいか考えてみてください。

✤3. 性格と病気

(1) せっかちな人は長生きできない？

ストレスによって、大食いをしてしまい、太ってしまうことがあります。ストレスを感じやすいとライフスタイルの乱れから生活習慣病になりやすいことが知られています。ストレスに敏感な特性としては、神経症傾向があります。したがって、神経症傾向の高い人は、それだけ生活習慣病になりやすいと考えられます。生活習慣の乱れは、私たちの身体に重要な影響を及ぼします。実際に、グロッサース＝マティクスとアイゼンク[20]らはハンブルグ在住の健康な男性3,108名を対象とした調査で、気分安定度が高いほど死亡率が低くなることを明らかにしています。

> Q.6-10
> 性格によって病気になりやすい人がいると思いますか。もしいると思った場合、その理由も考えてください。

性格のなかでも，とくにタイプAという特性は心疾患に，タイプCという特性は癌に関係しています。タイプAは，時間的切迫，競争，攻撃・敵意によって特徴づけられる性格特性です。そのなかでも，敵意が心疾患に関連することがわかっています[21]。タイプCは，怒り，恐れを抑制してしまうため，外見上穏やかな印象を与えますが，適切なストレス対処が取れず抑うつ状態に陥りやすいことを特徴とする性格特性です。グロッサース＝マティクスとアイゼンクら[20]によって，怒りなどの陰性感情を抑制し，表現できない人ほど癌の発症率が高いことが明らかにされています。

（２）変わった性格は精神的なゆがみを招く？

　「あの人はちょっと変わっている」という人物評価をすることがあります。ここでいう「変わっている」とは，何を根拠としているのでしょうか。一般的には，外見や行動に表われる一般的なレベルから逸脱した特徴をもつ場合に，そうした評価になるのではないでしょうか。「変わっている」ことは，その人の個性を示すものですが，それが極端にかたよっている場合は，その人にとっても周囲の人にとっても好ましいことではありません。たとえば，疑い深い性格は慎重にものごとを進めるというよい面をもっていますが，あまり根拠がないのに他人を疑ってしまうようでは対人関係がうまくいかず，社会生活に支障が出てくることがあります。こうした性格のある特徴が極端に逸脱して社会的不適応になっている状態を「人格障害」といいます。人格障害には，表6-4にあげるようなさまざまな種類があります。人格障害の診断は，通常DSM-Ⅳという診断基準に従ってなされます。表6-4のなかには，周囲の人，自分自身にも当てはまる特徴があったと思いますが，当てはまっているからといって，ただちに人格障害であるというわけではありません。性格のかたよりは，自分の個性でもあり，プラスにも作用します。要は，自分自身で苦しんでいるかどうか，周囲の人を困らせているかどうかという点が問題になるのです。

*22)より作成（一部改変）
◇ 表6-4　人格障害の種類と特徴

人格障害の種類	特徴
妄想性人格障害	極端に疑い深い性格で，他者に対する不信感が強い
統合失調質人格障害	対人関係に無関心で，感情表現がとぼしい
統合失調型人格障害	奇異な信念や考えに取りつかれていて，奇妙な行動がみられる
反社会性人格障害	悪いことをしてもなんとも思わず，人の気持ちを考えない
境界性人格障害	衝動的で感情の起伏が激しくて，対人関係はいつも不安定で長続きせず，アイデンティティが不確実な人
演技性人格障害	激しい情緒の変化と人の注目を引こうとする演技的な態度
自己愛性人格障害	自分は有能であり，他の人たちから賞賛されるのが当然であると思っている自己中心的な人
回避性人格障害	自分に対する評価が低く，自分が傷つくことを恐れて，人との接触を避けてしまう
依存性人格障害	自分に自信がなく，いつも人を頼りにして，なにごとも自分で決めることができない
強迫性人格障害	情緒的にも行動的にも柔軟性にとぼしく，完全癖が強い

4. 性格の変容

　だれしも，自分自身の性格の問題点を感じて，変えたいと思ったことがあるのではないでしょうか。そのとき，本当に性格を変えられたでしょうか。性格は遺伝によって決定される部分もあれば，生後の環境によって変化する部分もあります。しかし，その環境の多くは親の養育態度やきょうだい関係など自分で操作することのできないものでした。また，人生で遭遇する危機的なできごと（不況，戦争，手術，近親者の死亡など）は，否応なしに私たちの性格に影響を与えます。さらに，いったん形成された性格はあまり変化しないという研究結果もあります。コスタとマックレー[23]は3年から30年の間隔を置いた追跡調査を行なったさまざまな研究結果から，性格5因子に関してはその安定性が認められたとしています。

> Q.6－11
> 自分の性格の長所と短所をできるだけ多くあげてみてください。

それでは，性格は自力で変えにくいものでしょうか。たとえば，自分の装いを変えることは，他者からみた印象を変え，さらに他者から自分への接し方を変化させ，自分自身を再評価するきっかけとなるでしょう。また，自分自身の考え方を変化させるという方法もあります。たとえば，認知行動療法では，現実とそぐわない不合理な信念が問題行動に結びついているという考えに基づき，認知のしかたを変えていく心理療法です。その過程では，「私は弱虫だ」「他人は信用できない」などの自分自身がもつ信念を確認し，それが本当に理にかなったものであったかを考えます。そのときに自分の誤った考え方に気づくことができれば，その後の行動が修正され，ひいては性格が改善されていくというわけです。性格は，たしかに変化しにくいものですが，周囲の人々や自分自身にはたらきかけることで変わっていくこともまた事実なのです。

◇　◆　引用文献

1）宮城音弥　1970　性格　岩波書店
2）クレッチマー, E.／相場　均(訳)　1961　体格と性格　分光堂
3）北尾倫彦　1997　パーソナリティ——心の個人差と適応を知る　北尾倫彦・中島　実・井上　毅・石王敦子(著)　グラフィック心理学　サイエンス社　Pp.135-162.
4）Sheldon, W. H., & Stevens, S. S.　1942　*The Varieties of Temperament.* New York：Harper.
5）Eysenck, H.J.　1951　The organization of personality. *Journal of Personality,* **20**, 103.
6）岸本陽一　2003　パーソナリティ　今田　寛・宮田　洋・賀集　寛(共編)　心理学の基礎　培風館　Pp.211-242.
7）ミッシェル, W.／詫摩武俊(監訳)　1992　パーソナリティの理論——状況主義的アプローチ　誠信書房
8）下仲順子・中里克治・権藤恭之・高山　緑　1999　NEO‐PI‐R, NEO‐FFI共通マニュアル　東京心理
9）Costa, P. T. Jr., McCrae, R. R., Martin, T. A., Oryol, V. E., Senin, I.G., Rukavishnikov, A.A., Shimonaka, Y., Nakazato, K., Gondo, Y., Takayama, M., Allik, J., Kallasmaa, T., & Realo, A.　2000　Personality development from adolescence through adulthood：Further cross-cultural comparisons of age differences. In V. J. Molfese & D. Molfese (Eds.), *Temperament and Personality Development across the Life Span.* Hillsdale, NJ：Lawrence Erlbaum Associates. Pp. 235-252.
10）能見正比古　1976　血液型でわかる相性　青春出版社
11）松井　豊　1991　血液型による性格の相違に関する統計的検討　立川短期大学紀要, **24**, 51-54.
12）Riemann, R., Angleitner, A., & Strelau, J. 1997 Genetic and environmental influences

on personality : A study of twins reared together using the self-and peer report NEO-FFI scales. *Journal of Personality*, **65**, 449-475.
13) Clark, L. A., & Watson, D. 1999 Temperament : A new paradigm for trait psychology. In L. A. Pervin & O.P. John (Eds.), *Handbook of Personality* (2nd Ed). New York : Guilford Press. Pp.399 - 423.
14) フロイト, S. ／高橋義孝・下坂幸三（訳）　1977　精神分析入門（下）　新潮社
15) Hughes, R.N. 1975 EPI and IPAT Anxiety Scale performance in young women as related to breast feeding during infancy. *Journal of Clinical Psychology*, **31**, 663-665.
16) ボウルビィ, J. ／黒田実郎・大羽　蓁・岡田洋子（訳）　1976　母子関係の理論 1 ──愛着行動　岩崎学術出版社
17) Symonds, P. M. 1939 *The Psychology of Parent-Child Relationship*. New York : Appleton Century Crofts.
18) 詫摩武俊　1967　性格はいかにつくられるか　岩波書店
19) 依田　明　1990　きょうだいの研究　大日本図書
20) Grossarth - Maticek, R., Eysenck, H. J., Pfeifer, A., Schmidt, P., & Koppel, G. 1997 The specific action of different personality risk factors on cancer of the breast, corvix, corpus uteri and other types of cancer : A prospective investigation. *Personality and Individual Differences*, **23**, 949-960.
21) フリードマン, M.・ローゼンマン, R. H. ／河野友信（監修）　新里里春（訳）　1993　タイプA──性格と心臓病　創元社
22) 清水弘司　1998　はじめてふれる性格心理学　サイエンス社
23) Costa, P. T. Jr., & McCrae, R. R. 1994 "Set like plaster" : Evidence for the stability of adult personality. In T.Heatherton & J. Weinberger (Eds.), *Can Personality Change?* Washington, DC : American Psychological Association. Pp.21-40.

◇　◆　さらに詳しく学ぶための参考図書

松原達哉（編著）　2002　心理テスト法入門第4版──基礎知識と技法習得のために　日本文化科学社
宮元博章　1996　検査で「自分がわかるのか」　菊池　聡・谷口高士・宮元博章（編）　不思議現象なぜ信じるのか　北大路書房　Pp. 115-144.
大村政男　1998　新版　血液型と性格　福村出版
詫摩武俊（監）　1998　性格心理学ハンドブック　福村出版

Supplement②

❖心の源泉「社会的認知の神経基盤」

　私たちが社会のなかでうまく生きていくためには，自分はどんな人間なのか，周囲にいる人たちはどんな人間なのか，自分はさまざまな他者とどんな関係を築いているのか（また築くべきか），などを理解する必要があります。こうした心のはたらきを社会的認知とよびます[*1)]。社会的認知は，物理的な事物の認知よりも複雑で高次な精神活動であり，私たちをたんなる個人ではなく，社会的な人間として成立させているという意味で，まさに「心の源泉」であるといえます。人間を含む，高度で柔軟な社会を形成する動物は，そうした心の機能を進化の過程のなかで発達させてきたのだと考えられています。

　ほんの数年前までは，こうした高次な精神活動を，脳や神経のレベルで語ることはほとんど不可能であると思われていました。しかし最近になって，社会的認知にかかわる脳のはたらきについての研究がさかんになり，興味深い結果が次つぎと報告されています[*2)]。ここでは，そうした最新の知見を紹介し，脳研究は心理学の問題にどこまで有効であるかということについて考えてみたいと思います。

（1）　社会的認知にかかわる脳部位

　社会的認知は，非常に複雑な心のはたらきですので，脳内の多くの部位が関連していると考えられます。ここでは，そのなかでもとくに重要な部位を取り上げて説明します（図1）。

a. 社会的知覚──上側頭溝

　私たちヒトを含む霊長類は，おもに視覚によって他者などの社会的刺激を知覚

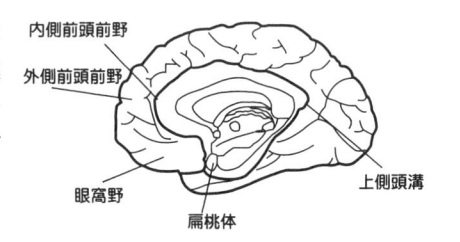

◇ 図1　社会的認知に関連する脳部位

しています。サルの脳細胞の活動について調べた研究から，側頭葉の下部に，顔・視線や身体の方向・生物の自発的な運動などに選択的に反応するニューロンがあることが知られています。そうしたニューロンは，対象の意図・欲求・感情などを反映する社会的刺激を検出していると考えられます。人間でも機能的磁気共鳴画像法（functional magnetic resonance imaging：fMRI）や陽電子断層撮影法（positron emission tomography：PET）などを用いた研究から，サルと同様に上側頭溝（superior temporal sulcus）とよばれる領域に，目や口の動き・表情・生物的な動

きを知覚するときに活動する部位があることがわかっています。

　上側頭溝は脳内における高次の視覚領域の一部ですが，そのなかに社会的刺激を専門に扱う部位が存在するということは，私たちにとってそれだけ，このような刺激が重要であることを意味しています。

b. 感情性の評価——扁桃体

　さまざまな事物が自分にとって安全で有益であるか，あるいは危険で有害であるかを見分けることは，生存のためにきわめて重要です。これは社会的認知においても当てはまることであり，人物や集団を知覚する場合に，まず「好き―嫌い」「良い―悪い」といった評価軸で判断が行なわれることが知られています。こうした評価判断を担っているのが，内側側頭葉に左右一対存在する扁桃体（amygdala）とよばれる神経核です。

　扁桃体は，他者の恐怖・怒り・悲しみなどの表情を見ると即座に活動します。また，興味深いことに，怒りの表情を知覚できないほどの短い時間（閾下）見せただけでも扁桃体の活動がみられたという報告もあります。社会生活において他者の表情は，その人物の感情を理解し，その行動を予測するうえで重要な手がかりです。たとえば怒りの表情は，その人物が自分に攻撃してくるかもしれないという危険信号になります。扁桃体は，こうした情報をほぼ自動的にキャッチし，脳内にアラームを鳴らす役割を果たしています。また同じ怒りの表情でも，視線がこちらに向いているときのほうが，視線がずれているときよりも扁桃体の活動は強くなります。これは，相手の怒りが自分に向けられているほうが，だれか他の人に向けられている場合よりも，脅威がより大きいからでしょう。

　最近になって，扁桃体は偏見や対人判断にも関係していることがわかってきました。アメリカの白人の多くは黒人に対して潜在的に差別的な態度をもっているといわれます。もちろん現在では，多くの白人が，差別はいけないことだという意識をもっています。しかし脳活動をfMRIによって調べた研究によると，道徳的な白人でも黒人の顔写真を見せると，自動的に扁桃体の活動が高まったと報告されています。[3] 差別が脳神経のレベルで，しかも無意識的にはたらいていたわけです。だからこそ差別を撲滅することはむずかしいのかもしれません。また私たちは，経験から相貌が人間性のある面を反映することを知っています。犯罪者の顔写真の報道に，「いかにも悪そうな顔をしている」と思うことがありますね。あるいは初対面なのに「この人は優しそうだから友だちになれそうだ」という印象をもつこともあります。これは友好者を選択したり，有害者を排除したりする重要な社会的能力のひとつです。ところが両側の扁桃体を損傷した患者は，顔写真から「親しみやすさ」や「信用できそうか」を判断す

る課題がまったくできなくなります。[*4)]こうした患者でも表情の認識は正常にできるので，形態レベルの顔知覚ではなく，もっと高次の全体的な対人判断が損なわれていると考えられます。このように扁桃体はかなり抽象的なレベルの評価判断をも行なっており，それが人物理解のための最初の情報として利用されるのです。

c. 社会性の基盤——眼窩野

　私たちは社会のなかで他者と競ったり争ったりもします。しかしまた，他者と協力しあうことも社会生活に適応するためには非常に重要なことです。たとえば私たちは友人関係やビジネスにおける人間関係において，ある人物を「信用してよいのか」「その人と友だちになったり，その人と契約を結んだりして大丈夫か」などを判断しなければなりません。

　そうした判断を担っているのが眼窩野（orbital cortex）です。眼窩野は前頭葉の底面，眼球の直上に位置する部位で，過去の行動—結果（報酬—罰）の関係をモニターし，それに基づいて中長期的な視点からその後の行動を調整するはたらきがあります。心理学では社会的ジレンマとよばれる一種のゲーム課題を使って，こうした問題について研究されてきました。このゲームでプレイヤーは別のプレイヤーとゲームに参加し，協力的な手段と，競争的な手段のどちらかを選択することができます。両者の選択した手段に応じて得点が加算・減算されます。もし2人のプレイヤーの双方が協力的手段をとれば2人とも共存共栄できますが，一方が利己的に競争的手段を選択すると，相手を負かしてひとり勝ちできます。しかし2人ともがこの誘惑に負けて競争的な手段をとると，共倒れになるような構造になっています。この課題を行なっているときの脳活動をｆMRIで調べた研究が最近行なわれましたが，自分と相手が相互に協力し，どちらも得点を獲得できた場合に，眼窩野と報酬系の部位（腹側線条体）に強い活動がみられました。[*5)]この結果から，これらの部位が，短期的な利益を追求して利己的な行動に走ることを抑制し，より長期的にみて互いに得をするような手段を選択する心の営みを担っていることがわかります。

　社会を形成し維持するためには，メンバーの個人的な利益の一部を全体のために奉仕させる必要があります。たとえば，強い男が狩りの獲物を常に独り占めしているようでは，いかに原始的な社会であっても成立しません。社会を機能させるには，獲物の一部を全体で分配し，結果として他者を助けるようなしくみが必要なのです。人間においてそのような機能が発達してきたのは，社会をつくることが適応的で生存に有利な進化的方略だったからであり，眼窩野は，そうした社会性の神経的な基盤であるといえます。

d. 自己と他者の理解——内側前頭前野

　私たちは，たんに相貌から他者の印象をつくり上げるだけでなく，他者の心情や意図などを考えることができます．他者が「ある行動をなぜ行なったか」を推測したり，他者が「今後どのような行動をしそうであるか」を推測したりします．こうした他者の心の理解は，それが直接目に見えるものではないだけに，脳にとって大変むずかしい課題であるはずです．

　人間の幼児は4～5歳になると，他者の心を推測できるようになります．こうした研究では，たとえば幼児に「マクシという男の子がチョコレートを＜緑＞の棚に置いて出かけたが，マクシのいない間にお母さんが＜青＞の棚に移動した．戻ってきたマクシはチョコレートがどこにあると思うか」という質問をします．幼児が＜緑＞の棚を選べば，実際にチョコレートのある場所とは異なるマクシの誤った信念を正しく推測できたことになります．このような心のはたらきは，直接観察できない他者の心的状態を科学理論のように推測するという意味で「心の理論（theory of mind）」とよばれています．こうした他者の心的状態の推論にかかわっているのは第一に内側前頭前野（medial prefrontal cortex）です（図2）．たとえば，実際にはランダムに運動する幾何学図形を，擬人化してその心情を推測させたり，マンガや物語を読ませて登場人物の心情を推測させるなどの，さまざまな課題で一貫してこの部位が活性化することがわかっています．もう一つは，aで社会的知覚を担うと述べた上側頭溝です．ただしこの部位は，直接他者の姿などを見せなくとも，心情を推測させる課題をさせるだけで活動がみられます．このことから上側頭溝は，たんに視覚刺激を分析する部位ではなく，もっと複雑な処理を担っていることが考えられます．

　他者の心は目に見えません．それなのになぜ，私たちは他者の心情を理解することができるのでしょうか？　現在有力な考え方のひとつは，まず自分自身の心

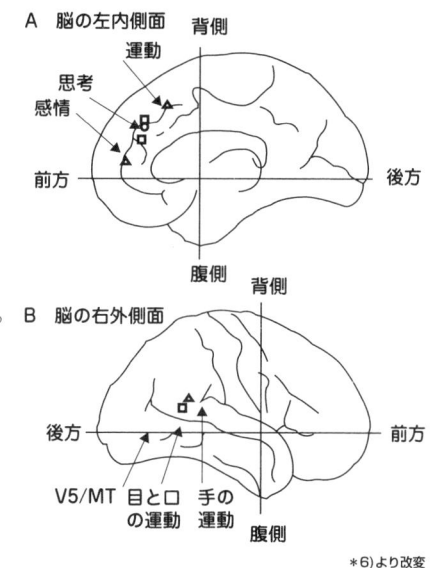

◆ 図2　「心の理論」を担う内側前頭前野(A)と上側頭溝(B)

＊6)より改変

▷図中の，○，□，△は，3つの実験において，「心の理論」課題の遂行により活性化した脳部位を示しています．矢印は「心の理論」以外の課題，すなわち，内側前頭前野が感情，思考，運動に関連する課題，上側頭溝が目，口，手を認識する課題により，それぞれ活性化することを示しています．V5/MTとよばれる部位は，運動一般の検出を担っています．

を理解し，それを一種のモデルとして他者にあてはめ，同じような場合には他者も同様な心的状態になるだろうと推測するというものです。もし，自己と他者が同じような心の構造をもつと仮定できれば，自分自身の内的な心情を観察する「内なる目」をつくり上げたうえで，それを他者に当てはめることが可能になります。自己とは本来，そうした目的のために開発された心のしくみなのだ，と主張する研究者もいます。[*7)]

　こうした考え方は，これまでたんなる仮説にすぎませんでした。ところが最近の脳研究の進歩によって，この仮説を直接検証できる可能性が生まれてきました。もし自己が，他者を理解するために開発された心的装置であるならば，他者の心情の理解と，自己の認識にかかわる共通の脳部位があるはずです。そうした脳部位を見つけることができれば，上記の仮説の妥当性は高まります。実は内側前頭前野こそがそうした脳部位なのです。ここは自己をふり返り，意識するときには常に活動することがわかってきました。また自己の現在の状況の評価・自己の性格の評価・自己の感情状態の評価など，さまざまな課題で共通に活動することから，内側前頭前野は「自己意識」の座であるとも考えられています。内側前頭前野には，自己の像と他者の像が，あわせ鏡のように映し出されているのでしょう。

e. 道徳性判断の神経基盤

　すべての社会には道徳が存在します。私たちは，社会を成立させるために，道徳という名の社会的ルールをつくり，個人の欲求を充足させる衝動的な行動を制御しようとしてきたと考えられます。ところが，若者から「人を殺してなぜいけないのか」と問われた知識人が答えに窮したように，[*8)]道徳の根拠を論理的に説明することは大変にむずかしいのです。

　この問題について，道徳的判断は，理性や論理ではなく，むしろ感情的な善悪判断の直感によって行なわれていると主張する心理学者もいます。必要な場面に遭遇すると道徳的直感により自動的に善悪判断がなされ，そのあとで論理的思考により理由づけや解釈が行なわれるのだというのです。ですから，悪いことは，私たちがそれをきらいだから悪いのであり，そこに論理的根拠を求めることはもともと無理だという考え方です。

　それでは，道徳的直感は喜怒哀楽などの感情そのものなのでしょうか？　それともまた別の要素があるのでしょうか？　最近のfMRIを使った研究で，この問題が検討されています。被験者は不快な感情を引き起こす写真を見せられますが，その一部は道徳的な意味合いがあるもの（暴力・飢餓の子どもなど）であり，残りは道徳には関係のないもの（死体・ヘビなど）です。いずれの写真も扁桃体を含むいわゆる大脳辺縁系の活動を強く高め，被験者のなかに感情の喚起が確認されました。ところが，道

徳に関連する不快感情においてのみ，眼窩野，内側前頭前野，上側頭溝の活動が高まったのです。これまで述べてきたように，これらはすべて，社会的認知の基礎になる脳部位です。どうやら私たちの道徳的直感は，たんなる喜怒哀楽の感情とは異なり，自己意識や他者への共感などとも関連するより洗練された感情であるらしいと考えられます。反面，この研究では，一般に論理的思考を担うと考えられている前頭前野背外側部の活動はまったくみられませんでした。やはり，道徳は論理的な思考から生み出されたものではなく，社会的認知の能力を基礎にして成立する社会的に共有された感情的判断のルールだということができるでしょう。

（2） 社会的認知を実現する神経ネットワーク

ここで取り上げた社会的認知のさまざまな営みと，それらに関連する脳部位を図3にまとめてみました。こうしてみると，きわめて複雑な精神機能だと考えられる社会的認知が，実は意外なほど少数の共通した脳部位のネットワークによって実現されていることがわかります。

ここで大事なことは，図3に示した4つの脳部位は，それぞれ単一の仕事だけをしているのではなく，かなり抽象度の高い，高次な仕事をしているということです。扁桃体は重要情報（とくに脅威刺激）を検出する装置です。眼窩野は，原因—行為—結果の関連（随伴性）に基づいて意思決定をうながします。内側前頭前野には自己の表象が形成されます。高次視覚領野の一部である上側頭溝は，たんなる視覚処理を超えて，高次のパターンやカテゴリ認識装置としてはたらきます。このように，脳内の各器官，各部位のはたらきには，かなりの幅があり，だからこそ必要に応じてそれぞれの部位を動員することにより，どんな複雑な課題

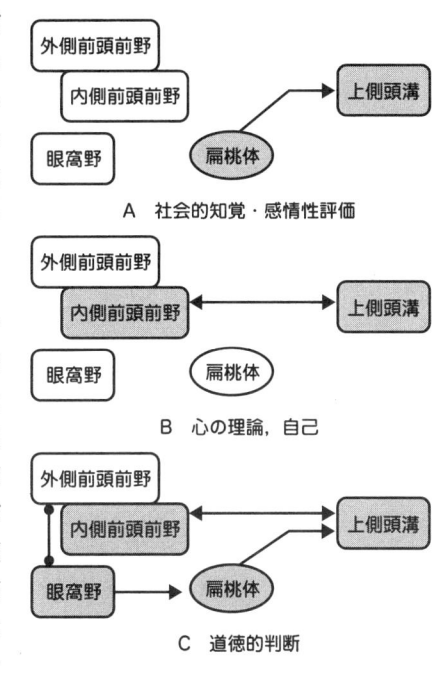

◇ **図3 社会的認知を実現する神経ネットワーク**
▷ 矢印（→）は促進的な連絡を，黒円（●—●）は抑制的な連絡を示しています。グレーで示した脳部位は，その課題において活動することを意味しています。共通する神経ネットワークのユニットが，必要とされる課題に応じて動員されることで，社会的認知の機能を実現することを表わしています。

も遂行できるのでしょう。

　脳研究，とくにｆMRIやPETなどによる神経イメージング研究は，心理活動や行動を細分化して，脳のなかにそれらのはたらきと１対１で対応する特定の場所を探そうとしているというイメージをもっている人が多いかもしれません。そうした研究姿勢をマッピングとよんだりします。まさに，脳のなかについて，ここは何をしている場所だという地図を作ろうという考え方です。それについて心理学者のなかには，ある行動が脳のどこで扱われているかがわかっても，心理学の役には立たない，と批判する人たちもいます。しかしここでみてきたように，最近の脳研究では，たんなるマッピングだけではなく，大胆な仮説に基づいたダイナミックな研究が行なわれつつあります。脳研究は，自己や他者の理解といった心理学上の難問に新たな光を当てることができることも事実なのです。脳研究と心理学が今後どのように協調して研究を進めていくか，それはこれから検討されるべき課題です。

◇　◆　引用文献

1）唐沢　穣・池上知子・唐沢かおり・大平英樹　2001　社会的認知の心理学——社会を描く心のはたらき　ナカニシヤ出版
2）Adolphs, R.　1999　Social cognition and the human brain. *Trends in Cognitive Sciences*, **3**, 469-479.
3）Phelps, E.A., O'Connor, K.J., Cunningham, W.A., Funayama, E.S., Gatenby, J.C., Gore, J.C., & Banaji, M.R.　2000　Performance on indirect measures of race evaluation predicts amygdala activation. *Journal of Cognitive Neuroscience*, **12**, 729-738.
4）Adolphs, R., Tranel, D., & Damasio, A.R.　1998　The human amygdala in social judgment. *Nature*, **393**, 470-474.
5）Rilling, J., Gutman, D., Zeh, T., Pagnoni, G., Berns, G., & Kilts, C.　2002　A neural basis for social cooperation. *Neuron*, **35**, 395-405.
6）Frith, C.D., & Frith, U.　1999　Interacting minds-A biological basis. *Science*, **286**, 1692-1695.
7）Humphrey, N.　1986　*The inner eye*. London：Faber & Faber.
8）小浜逸郎　2000　なぜ人を殺してはいけないのか——新しい倫理学のために　洋泉社

7章 人間の本能と学習

　「本能」とは、どんなものをいうのでしょうか。日常的によく使うことばなので、一見、なんの説明もいらないわかり切ったもののように思えます。けれど、人間に本能があるのか、あるとすればそれは何かということを考えていくと、一筋縄ではいかないことがわかってきます。

　動物の求愛や子育ては、もっぱら本能に基づいているようにみえます。母性本能ということばもありますね。たとえば、ネズミの母親は、赤ちゃんネズミに授乳し、肛門を刺激して排便をうながし、体を清潔に保つためになめてやり、自分のところからはい出ていった赤ちゃんをたえず連れ戻し、赤ちゃんの体温が逃げないように自分の体の下に入れます。だれから習ったり教わったりしたわけでもないのに、ちゃんと育児行動がとれるのです。また、動物には帰巣本能もあります。伝書バトは、遠い見知らぬところで放されても、自分の巣に帰ってこれます。こうした帰巣のメカニズムはまだ十分に解明されていませんが、その能力がハトの本能によっていると説明されると、なんだかわかったような気になります。いわば本能とは、はっきりわからないことをとりあえず説明したような気にさせる魔法の呪文のようなものでしょうか。

　このように、本能ということばには、動物の単純で機械的な行動をさすこともあれば、神秘的でよくわからない行動をさすこともあります。そして、ある行動をどうしてもしたい、あるいはしてしまうといった、強い欲求をさすこともありますし、またその行動そのものをさすこともあります。本能はこのように多義的であいまいさをもつ概念です。

　この章では、こうした問題を考えながら、人間には本能といえるものがあるのか、そして本能と対にされることの多い学習との関係を考えてみます。

キーコンセプト　本能、学習、生得性、刺激と反応、刷込み、臨界期、鳥のソング学習、言語能力、描画能力、ヒューマン・ユニヴァーサルズ、モジュール

1. 本能とは何か

(1) 動物は本能に逆らえない？

> Q.7-1
> まず，本能とはどんなことをいうのでしょうか。あなたがイメージする本能の性質をできるだけ述べ，さらに本能と対になりそうなことばもいくつかあげてみてください。

　暗い夜，明かりがあると，ガが集まってきます。あるいはトンボなら，明かりを背にしてぐるぐる飛びまわり続けるでしょう。おそらく，本能的な行動といったときに一般の人が思い浮かべるのは，こうした例ではないでしょうか。諺にある「飛んで火に入る夏の虫」は，自分から好んで災いに飛び込むという意味ですが，そのモデルになった夏の虫の行動は，全体的状況や結果を何も考えずにしてしまう行動です。

　この夏の虫のイメージにしたがって，一般の人が抱く本能のイメージを列挙してみると，まず，本能と対になるのは，学習や理性や思考といったものでしょう。つまり，本能による行動は，学習や理性や思考が関与しない行動だということになります。さらに，それがどういう行動かは生まれながらに（つまり遺伝的に）決まっていて，自動的・機械的に出現するというイメージでしょう。その行動が固定的だということは，修正がきかず，その意味では「バカのひとつ覚え」だということです。そして本能による行動は，どちらかといえば，単純なものが多いということでしょうか。

　もちろん，本能といったときには，その動物に特有の行動や性質のすべてをさすわけではなくて，その種に特有で，なおかつその種のなかではどの個体にもみられる普遍的な行動や性質をさします。たとえば，明かりがあるとやってくるのはある種のガに特有の性質であって，その種のガならそうした性質を必

ずもっているということになります。

　以降の解説で使えるように、これらを一覧にしたものを表7-1に示しておきます。この表と自分の抱いていた本能のイメージを比べてみてください。

◇ **表7-1　一般に考えられている本能のイメージ**

本　能	vs.	学習, 理性, 思考
生得的	vs.	獲得的
先天的	vs.	後天的
遺伝的	vs.	獲得的
固定的	vs.	可塑的
単　純	vs.	複　雑
バ　カ	vs.	利　口
レディ・メイド	vs.	オーダー・メイド

自動的, 機械的
必然（不可避）的, 宿命的
修正（変更）不能, 融通がきかない
学習不要
種固有（種に普遍的）

（2）人間にはたくさんの本能がある？

> Q.7-2
> 人間にはどんな本能があるでしょうか。あなたが考える人間の本能をできるだけあげてみてください。

　「人間には本能などない」と答えた人もいるかもしれません。あるいは、衣・食・住の本能があると答えた人や、表7-1のイメージにそって、闘争本能や母性本能、あるいは好奇心のようなものを考えた人もいるかもしれません。

　1910年ごろ、精神分析学の創始者であるフロイトは、人間には生（性）の本能（エロース）と死の本能（タナトゥス）があると仮定しました。これらの本能は、人間の活動の根源的な力ともいえるもので、よりよく生きたい、子孫を残したい、何かを創造したいという衝動と、他者に敵意をいだき攻撃したい、何かを破壊したい、場合によっては自分自身をも破壊してしまいたいという衝

動のことです。彼は，これら2つの本能の対立や相克として，人間の行動を，そして人間がつくり出す文化や文明を解釈しようとしました。しかし，人間も含め，あらゆる生き物は，生まれ，成長し，子孫を残し，そして死ぬのですから，フロイトの本能論は，これを別の角度から言い換えているにすぎないような気がします。

　ちょうど同じころ，アメリカの心理学者マクドゥガルは，いくつもの人間の本能を仮定しました。彼があげたのは，闘争本能，逃走本能，誇示本能，生殖本能など，全部で1ダースほどありました。彼はこれらの本能を，行動を動機づけるものとしてとらえ，それぞれ特有の感情と結びついていると考えました。しかし，彼の本能論は，際立った人間行動を列挙しているにすぎず，主要な行動を整理・分類したものにすぎません。見方によっては，それらは基本的な生理的欲求や社会的欲求だともいえます。

　ことばはひとり歩きしてしまうことが多いですから，こういった本能があるというと，ある行動を引き起こす原因が説明できたかのように思いがちです。マクドゥガルの場合もそうでした。たとえば，人間が戦争をするのは闘争本能があるからだ，だから戦争は不可避で人間の宿命なのだ，という論も成り立ちます。このマクドゥガルの考えが広まったのは，時あたかも第一次世界大戦のころでしたから，実際そうした主張も巷ではなされたようでした。

　このマクドゥガルの考えも，フロイトの考えた本能も，およそ科学的ではありません。なぜなら，科学では明確に定義できないものは研究の対象にならないからです。そのため，この時代以降，心理学の研究は本能というあやしいものには近づかなくなります。それと同時に，心理学の中心的な研究テーマも，人間や動物の学習能力に焦点が移っていきました。

✢2．本能行動

（1）せっぱつまると本能的に行動する？

　アメリカの心理学が本能を脇に押しやっていた時代，ヨーロッパの動物行動

学では，動物の本能を本能行動を引き起こす刺激の点からとらえようとしていました。本能自体は明瞭に定義できないにしても，行動そのものは観察も定義も可能なので，明確な研究対象になります。

　本能行動について考える前に，「行動」について少し確認しておきます。通常は，人間や動物の外側に刺激があって，それが人間や動物に作用して，行動が起こると考えます。これを図示すると，図7-1のようになります。ここで，刺激や反応は，入力と出力と言い換えることもできます。また人間や動物の心は，具体的には脳や神経系のはたらきとみなすこともできるでしょう。あるいは，入ってきた情報を処理する過程として，心をとらえることもできます。かつて行動主義の心理学では，この心の部分をブラックボックスと考えていました。つまり心理学では，刺激と反応だけを扱えばよく，その途中のものは不問に付してよいという考え方です。現在の認知心理学では，むしろ心の情報処理過程を詳しく研究しています。

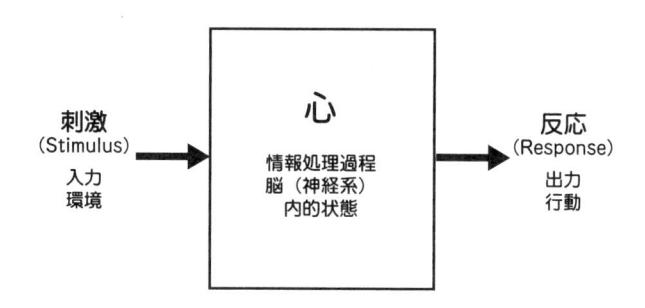

◇ 図7-1　刺激と反応の媒介過程

　このモデルでいえば，学習とは，それまで関係のなかった刺激と反応が，経験をとおして結びつくことです。一方，本能行動は，刺激と反応の対応が遺伝的にある程度決まっていることをさします。これに似た現象に，反射があります。反射（無条件反射）は，脳（中枢神経系）がほとんど関与しない形で自動的に起こる身体反応で，刺激と反応がほぼ直結しているといえます。

　本能行動について，もう少し詳しくみていきます。本能行動では，ある特定の刺激に対して，複雑な一連の反応が引き起こされます。これらの反応は，遺

伝的・生得的に決まった反応であって，学習によりません。ティンバーゲンの研究したイトヨの行動を例にとりましょう。イトヨは淡水魚のトゲウオの一種です。春先の繁殖の季節になると，オスが水底に巣を作って，そこを通りかかるメスに求愛のジグザグダンスをします。もし巣に誘い込むことができて，うまく産卵してもらえば，あとはメスを追い返し，自分の精子をかけて卵を受精させます。このあと数日間，新鮮な水をせっせと送り，受精卵の発生を助け，卵からかえった稚魚たちの面倒をみます。外敵が近づいてきたりすると，稚魚たちを口に入れて守るなどします。このように，イトヨの子育てはもっぱらオスの仕事です。

巣を作ることも，メスに求愛する（ジグザグダンスをする）ことも，子育てのしかたも，すべて本能的な行動です。これらの行動が生起するための必要条件として，イトヨのオスは成熟し，生理的に繁殖に適した状態になっていなければなりません。つまり，特定の本能行動が生じるためには，動物の側にそれが生じるだけの準備状態があることが前提になります。

この時期のイトヨのオスでとくに顕著なのは，巣を中心にした自分の縄張りに入ってくる他のオスを追い払うために，攻撃行動をとることです。繁殖の時期だけ，イトヨのオスは腹部が赤く色づきます（「婚姻色」とよばれます）。この色は，メスに対して目を引く誘惑の色としてはたらきますが，他のオスには攻撃行動を引き出す刺激としてはたらきます。ティンバーゲンは，部分的に赤く色を塗っただけのとてもイトヨには見えないような模型でも，攻撃行動が引き出せることを明らかにしました（図7-2）。逆に姿形がオスのイトヨでも，腹部が赤くなければ，激しい攻撃行動は起こらず，それがメスのような動きをした場合には，求愛のジグザグダンスさえ踊ることがあります。つまり，相手が自分と同じ種類の魚のオスだという認識があって攻撃しているわけではなくて，赤という色の刺激によって機械的に攻撃行動をとってしまっているわけです。ティンバーゲンや他の動物行動学者は，さまざまな種類の動物で本能行動を開始させる引きがねの刺激（「解発刺激」あるいは「リリーサー」とよびます）を特定しました。

冒頭にあげたネズミの母性行動の例では，母ネズミの一連の行動が生じるための前提となるのは，まずは出産後の身体のホルモンの状態です。とりわけプ

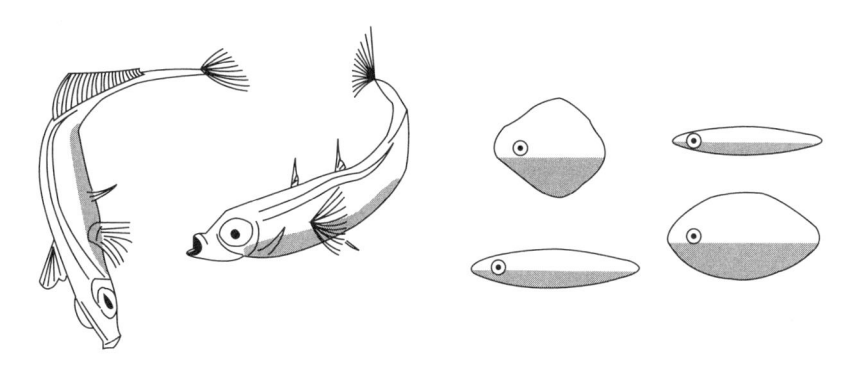

a. 右側のイトヨが左側の
　　イトヨを攻撃している

b. 模型はみな腹部が赤く塗ってある

◇ 図7-2　イトヨのオスの攻撃行動 *1)

ロラクチンというホルモンが，母性的な行動をとりやすくします。試しにオスネズミにこのホルモンを投与すると，赤ちゃんネズミがまわりにいる場合には，母ネズミのような行動をとり，かいがいしく赤ちゃんの世話をします。そして刺激です。赤ちゃんネズミの乳くさいニオイとピーピーいう泣き声が，母性行動を起こさせる解発刺激としてはたらくのです。出産後2週間をすぎると，プロラクチンの分泌も減少し（つまり乳が出なくなり），身体状態も変わり，子ネズミも乳くさくなくなります。そしてピーピー泣かなくなって，母性行動は起こらなくなり，生後3週間で子ネズミはひとりだちします。

> Q.7－3
> 人間の煩悩には，食欲，睡眠欲，性欲，金銭欲，名誉欲があるといわれています。これらを解発刺激と準備性の観点から分析してみてください。

（2）本能的な行動は単純で，学習した行動は複雑？

　イトヨのオスは，自分と同じ種類の魚のオスだという認識があって攻撃行動をとっているわけではありません。だから，簡単な模型に対しても攻撃してしまいます（図7-2）。また水槽に鏡を入れてやると，自分に向かって攻撃行動をくり返します。通常は相手は逃げますが，鏡のなかの相手は逆に近づいてきますから，興奮してさらに攻撃行動を強めることになります。これを際限なくくり返すと，イトヨはへとへとに疲れ切ります。ある報告では，たまたま赤い郵便自動車がやってきたときに，水槽のガラス越しにそれに向かって攻撃行動をとった例もあります。これらはたしかに，状況判断のない（仮にあったとしても，それが行動には反映されない），融通性に欠ける例だといえます。

　19世紀後半，さまざまな昆虫の本能行動をつぶさに観察して実験を試み，それをわかりやすい一般書の形で残したのは，ファーブルです。彼は，昆虫の本能行動を「本能のもの知り，本能のもの知らず」と表現しています[*2)]。このことばは簡潔にして要を得ています。本能行動は，いま述べたように融通性に欠け，もの知らずという側面があります。しかしもう一方では，その行動がきわめて知的で計画的で，もの知りという側面もあるのです。これは，身のまわりの例でいえば，だれから教わったわけでもないのに，ツバメやハチがじょうずに巣を作り上げることや，イトヨや鳥の多くにみられるように，オスが複雑なダンスを踊ってメスに求愛することなどを思い浮かべてもらうのがよいでしょう。それらの行動はひとつの単純な動作ではなく，いくつもの複雑な動作がひとつの目的のためにうまく調整され，ひと続きの系列（連鎖）をなしています。

　私たちは，複雑な行動が身につくのは学習によってこそだと考えがちです。けれど，こうした一般的な印象とは異なって，自然のなかでは複雑な行動ほど，遺伝的に組み込まれていて本能的であることが多く，逆に，学習は簡単な行動であることがほとんどなのです。その理由は簡単です。学習には何度か経験が必要です。つまり，学習には時間がかかります。行動が複雑であればあるほど，学習に費やす時間もそれだけ多くなります。その行動が重要なもので，学習にかなりの時間を要する場合には，学習がすまないうちに，致命的な結果になることもあり得ます。したがって，融通性に欠けるということがあっても，一定

の決まりきった行動をとったほうが，自然のなかでは得策なことが多いのです。

　生きものの姿形や構造は，長い進化のプロセスを経て驚くほど多様になりました。行動も同じです。長い時間をかけて，その種に特有の一定の複雑な行動パターンが形成されてきました。これには，刺激をどう受け取り，どう処理するかに始まって，さまざまな筋運動をどのようにうまく調整するかが関係します。ある意味では，それらの行動パターンは，時の試練をくぐり抜けて形づくられたともいえます。生得的な行動にきわめて複雑なものがあるのも，こうした進化のなせるわざです。少なくとも動物の世界では，学習だけで複雑な行動を習得するのは，かなりめずらしいことなのです。

> Q.7-4
> だれかに消しゴムを片方の手から，もう片方の手にゆっくりと交互に投げてもらい，そのようすを観察してみましょう。運動がどのような動きで調整されているか考察してください。

✢ 3．本能と学習

（1）動物は生まれたときから親がわかる？

　表7-1で紹介したように，生まれながらの本能と生まれた後からの学習とは，対立するものであるような印象があります。ところが，それらのどちらでもあるような現象があるのです。その一例が「刷込み」です。

　刷込みの現象は，19世紀末にスポルディングによって発見され，その後1930年代にローレンツによって詳しい研究が行なわれました[*3]。カモやガンなどのすぐ巣立つ（早成性の）鳥では，ヒナは孵化後の一定期間内に自分の周囲で音をたてたり声をあげて動くものがあると，それを追いかけるという行動をとり続けます。そして，その対象に対して強い愛着をもつようになり，それが見えていないと極度の不安を示して鳴き続けます。この行動と愛着は，いったんでき

あがってしまうと，ヒナの時代をとおしてずっと維持されます。この対象は，自然の状態であれば自分の親です。

しかし，適切な刺激がないままに，孵化後の一定期間をすぎてしまった場合にはどうなるでしょうか。ヒナには特定のものを追従するような行動は現われてきません。そして，何かに愛着を抱くようにもなりません。つまり，この行動が出現し維持されるためには，「臨界期（敏感期）」とよばれる決定的な時期があるのです。逆にこの臨界期に，ヒナのまわりで人間が声をあげて動くことをくり返せば，ヒナはその人間を追従し愛着を抱き続けることになります（図7-3）。これをローレンツは，ヒナに親のイメージがプリントされるという意味で「刷込み」と名づけました。そしてこの刷込みは，いったん刷込まれてしまったならそれで終わりで，刷直しはきかないという特徴があります。

◇ 図7-3　ローレンツと刷込まれたハイイロガンのヒナたち [*4)]

このように，水鳥のヒナは自分を保護してくれる親がどういうものかがわかって，あるいは親のイメージが組み込まれて生まれてくるのではないのです。もちろん，臨界期に出現する追従行動そのものは生得的ですが，何を追従し，何に愛着を抱くようになるか，つまり親がどういうものかということは，一種

の学習によるのです。したがって，刷込みは「本能的な学習」のようなものだともいえます[*5]。本能と学習を対概念のように考えると，この言い回しは矛盾したことをいっているように聞こえるはずです。

> Q.7-5
> 「かわいさ」を備えた刺激はどのような要素で構成されているか分析してみてください。

（2）うまく歌えるオスは魅力的？

ホトトギスやシジュウカラなど鳴禽類の鳥は，成体のオスが種に特有のきれいな歌声で鳴きます。これを「ソング（さえずり）」とよびますが，通常はオスだけがこのソングを歌い，このソングによって自分のなわばりを主張したり，メスに求愛したりします。しかし，どのようなソングを歌うかは，生まれながらに決まっているわけではありません（ちなみに，オスとメスに共通した，成長する前の子どものころから鳴けるふつうの鳴き声のほうは「地鳴き」とよびます）。1980年代になって，このソング学習も「本能的な学習」であることがわかってきました[*6]。

生後一定の時期に，オスはまわりから聞こえてくるソング（通常は自分と同じ種の鳥のソングです）を覚えます。そして，成熟してから（成熟するまでは歌えません），その覚えたソングにできるだけ近くなるように，自分の歌い方を調整していきます。つまり，このソングを覚え込む時期には，臨界期があるのです。鳥の種によって異なりますが，たとえばミヤマシトドの場合は，生後50～100日目ぐらいまでということがわかっています。

この臨界期を逃してしまうと（成長の時期に耳に栓をしたり，隔離してソングを聞かせなかったりすると），うまく歌えなくなります。逆に，自分と同じ種類の鳥のソングはまったく聞かせず，代わりに他の種類の鳥のソングを何度も聞かせた場合は，そのソングを歌うようになります。この場合も，通常はやり直しがききません。いったん覚えてしまったら，それを取り消すことはでき

ないのです。

　もちろん，臨界期に自分と同じ種類の鳥のソングを少しでも聞けば，他の種類の鳥のソングをたくさん聞いたとしても，それが歌えるようになるので，多少は生まれながらに自分と同じ種類の鳥のソングのほうが覚えやすくなってはいますが，実例を聞くことがソングの学習にとって決定的に重要なのです。

　このように，オスがソングを歌えるようになること（メスの場合は，おそらくそれを聞き分けて魅力的に感じるようになること）は，本能的な習得のプロセスを経るのです。

> Q.7－6
> ヒトでは，長い期間，母と子が密着して生活します。子がこの期間に獲得する心理事象には，どのようなものがあるか考えてみましょう。

4．人間の本能

（1）赤ちゃんはまわりの人が話すのを真似てことばを覚える？

　現在，世界には3000〜5000ほどの異なる言語があるといわれていますが，ヒトは，そのどれかの言語を話しています。つまり，言語はヒトという種に固有のもので，ヒトに普遍にみられます。そして，ヒトとして生まれてくれば，赤ちゃんから子どもの時期をとおして，まわりで話されている言語を「自然に」習得します。まわりで日本語が話されている環境であれば，日本語が話せるようになり，スペイン語の環境のなかで育てば，スペイン語ができるようになります。もしまわりで2か国語が話されていれば，自然にバイリンガルになるわけです。

　しかし，この自然な習得が可能である時期には限界があり，通常はその時期が10歳ぐらいまでだとされています。つまり，臨界期があるのです。この時期

をすぎてしまってから新たな言語を習得する場合には，すでに習得した言語を土台にして，発音や単語や文法を一つひとつ覚えていかなければなりません。

　自然な習得に臨界期があるという点からいえば，言語の習得は鳥のソングの習得によく似ています。そして種固有性・種普遍性という点では，本能の一種のような感じもします。認知心理学者のピンカーは，人間には「言語本能」があるのだと主張しています[*7)]。これは，少し言いすぎのような気もします。しかし，言語学の分野では，すでに1950年代から，チョムスキーが，人間の言語は多様であっても，それらに共通する普遍的な文法があるのだという論を展開していました。人間はそうした普遍文法を生得的にもっているからこそ，子ども時代にはどの言語でも容易に自然に習得することが可能だというわけです。ピンカーのいう「言語本能」とは，こうした言語の生得性や自然な習得を強調した表現です。

　このように，人間は言語を習得する能力をもって生まれてきますが，もちろん，習得される言語そのものは，その個人が育つ言語環境によって決まります。それに，その言語の文字の書き方（漢字はとくにそうです）やむずかしい表現は，自然に習得できるわけではなく，一つひとつ教わらなくてはできるようになりません。しかし，見様見真似，聞いて言い真似をしながら，その言語をまるごと習得するのは，たしかに通常の学習とは違って，生得的な能力に支えられた学習だといえます。

> Q. 7 - 7
> 「カレーは好き」と「カレーが好き」とはどこがどのように違うか説明してみましょう。まわりに子どもがいれば，何歳ぐらいで使い分けられるようになるか調べてみましょう。

（2）人間は他の動物とは全然違う？

　ヒトは，他の動物と何がどのように違うのでしょうか。人間を人間たらしめているのは，何でしょうか。ヒトと他の動物との違いを考えてみると，言語を

筆頭に，二足歩行，火の使用，道具の製作や使用，文化様式など，いろいろなものが列挙できるでしょう。文化もさらに細かくみていくと，儀式や儀礼（たとえば結婚式，葬式，成人式など）があったり，絵を描く，演奏したり歌をうたう，踊る，競技（スポーツ）をするなど，さまざまなものをあげることができます。このように文化や社会を越えて，人間全般にみられるものを，文化人類学者のブラウンは，「ヒューマン・ユニヴァーサルズ（人間の普遍特性）」とよんでいます[*8]。

これらのユニヴァーサルズは，私たちの祖先が類人猿からヒトへの進化の過程で身につけた性質や行動，あるいは能力だといえます[*9]。私たちの祖先がチンパンジーと別れてから500万年，そして直立歩行するようになってから300万年，現生人類になってから15万年が経ちます。これらの長い年月のなかで，人間を人間たらしめる能力や性質が形成されてきたのです。

これらは，人間が生まれながらにもっていて，人間にほぼ必ずみられるものだという点からすれば，その多くは人間の本能とはいえないでしょうか。アメリカ心理学の創始者のひとりであるジェームズは，心理学の初期のころの教科書のなかで，人間の本能について簡単にふれています[*10]。それによると，人間には他の動物に比べて数多くの本能行動があり，人間に多岐にわたる行動や生活が可能なのは，これらの本能行動の多さのゆえだとしています。これは，現在の常識的な考え方とは逆な感じがします。しかし，これまでみてきたように本能をどうとらえるかによって，ジェームズの考えに対する評価も変わります。ある意味ではこのジェームズの考えは，正鵠を射ているような気もします。

これらのユニヴァーサルズのなかから，一例として絵を描くことを取り上げてみましょう。絵を描くことができる生き物は，実は人間だけです。子どもでは2歳か3歳ごろから，紙の上にクレヨンや鉛筆で（場合によっては地面に木の棒ということもあるでしょう）なぐり書きをし，しだいに形あるものを描き出し，やがて身の回りのものを描くようになります[*11]。欲求の点でいえば，子どもは，描いてみたくてたまらない，描かずにはいられないように，そして描くことを楽しんでいるようにみえます。

人類が絵を描き出したのは，おそらく3万年前ぐらいのことだと推測されます[*12]。スペインや南フランスには，アルタミラ，ラスコーやショーヴェなどの洞

窟をはじめとして，私たちの祖先にあたるクロマニヨン人が描いたさまざまな動物の壁画が多数見つかっています。描かれているのは，野牛やウマ，カモシカ，トナカイなど，彼らが日ごろ狩っていた動物たちです（図7-4）。これらの絵は，稚拙どころか，躍動感あふれるリアルな絵で，現代人の私たちが見ても驚くほどです。これらの絵が描けたということは，描画能力があったということだけでなく，道具（ブラシ，絵の具）を製作・準備し，描きやすいように壁面を削り，描く際の照明を用意し，高いところに描く際には脚立のようなものが使えたということです。用意周到な計画性があってはじめて，あれだけのスケールのものを描くことができたのです。なぜそこまでして洞窟の奥に描いたのかについては，宗教や呪術的な解釈がさまざまになされていますが，ここでは少なくとも，彼らが絵を描ける能力や技術をもっていたということと，描きたいという強い欲求や衝動があったはずだということを強調しておきます。

◇ **図7-4 クロマニヨン人の描いたラスコー洞窟の壁画（天井画）**

　もちろん，絵を描くという行為のもとには，描画の欲求や能力，そして計画性だけでなく，描かれたものがわかるという認知能力や，それがすぐれたものかどうかが判断できる美的感覚や鑑賞能力も必要です。3万年前の人類は，すでにそれらの能力をもっていたに違いありません。そしてそれらの能力は，その後美術や視覚芸術にまで発展し，私たちの生活や文化の重要な一部になって

いることは，いうまでもありません。同様のことは，歌や音楽についてもいえます。絵と同様，歌や音楽は，生活や儀式に欠かせないものとしてどんな文化にも存在します。[*13] このように，絵や歌（音楽），そして芸術そのものが，人間がもつ共通の能力にその基礎をおいているのです。

> Q.7－8
> 子どもはどんな対象を好んで描くでしょうか。描き方は，大人とはどの点でどのように違うでしょうか。また，立体的・写実的に描けるようになるのはいつごろからか考えてみてください。

（3）生まれたばかりの赤ちゃんの心は白紙のようなもの？

　生まれたばかりの赤ちゃんの心は白紙のようなものだという考えがあります。生まれてきてからさまざまな経験をし，その経験を白紙に書き込むことによって，心は発達していくというのです。たしかに，人間は経験をとおしてたくさんのことを学習していきます。動物に比べ人間には本能のようなものはない，あるいはあったとしてもほんの少しだという考えの根拠は，このあたりにもあります。

　しかし，ここまでみてきたように，人間は言語が習得できるように，絵や音楽ができるように生まれついています。もちろん，それには多少の練習が必要ですし，上手・下手の個人差もあります。しかし人間であれば，それらが自然にできるようになり，他の動物にはいくら訓練をしてもできないのならば，それは人間に特有で，普遍的なもの，ある意味では本能的なものだとはいえないでしょうか。

　これらの能力は，おそらく私たち人間が遺伝的・生得的にもっているものです。赤ちゃんの認知に関する最近の実験的研究から，それを裏づける証拠も見つかりつつあります。[*14] こうした生得的な一定の能力は，ひとまとまりの機能という意味で「モジュール」とよばれることがあります。ここでの例でいえば，ヒトは生まれながらに基本的な言語モジュールや描画モジュールをもっている

可能性があります。

　現在も心理学では，本能についてしっかりとした定義がなされているわけではありません。この章では，「本能とはどういうことをさすのか」から出発して，人間の本能について考えてみました。本能は日常的によく使われることばですが，この章でみたように，それを子細に考えていくと，さまざまな問題が浮彫りになるのです。

> **Q.7-9**
> 他の動物にはなくて，人間だけにあり，しかも人間に普遍的にみられることには，どんなことがあるでしょうか。思いつくだけあげてみましょう。

◇　◆　引用文献

1) ティンバーゲン, N./日高敏隆・宮川桃子(訳)　1983　ティンバーゲン　動物行動学――実験・理論編　平凡社
2) ファーブル, H.J./山田吉彦・林　達夫(訳)　1993　完訳ファーブル昆虫記　岩波書店
3) ローレンツ, K./日高敏隆(訳)　1998　ソロモンの指環――動物行動学入門　早川書房
4) フェステティクス, A./木村武二(監)　1993　ローレンツフォトグラフ　マグロウヒル
5) グールド, J.L.・マーラー, P./永瀬英司・山本　豊(訳)　1987　本能に導かれた学習　サイエンス, **17**(3), 78-91.
6) 小西正一　1994　小鳥はなぜ歌うのか　岩波書店
7) ピンカー, S./椋田直子(訳)　1995　言語を生みだす本能　日本放送出版協会
8) ブラウン, D./鈴木光太郎・中村　潔(訳)　2002　ヒューマン・ユニヴァーサルズ――文化相対主義から普遍性の認識へ　新曜社
9) 長谷川寿一・長谷川眞理子　2000　進化と人間行動　東京大学出版会
10) ジェームズ, W./今田　寛(訳)　1993　心理学　岩波書店
11) 安斎千鶴子　1986　子どもの絵はなぜ面白いか　講談社
12) 中原佑介(編)　2001　ヒトはなぜ絵を描くのか　フィルムアート社
13) 小泉文夫　2003　人はなぜ歌をうたうか――小泉文夫フィールドワーク　学習研究社
14) ゴスワミ, U./岩男卓実・上淵　寿・古池若葉・富山尚子・中島伸子(訳)　2003　子どもの認知　新曜社

◇　◆　さらに詳しく学ぶための参考図書

ボークス, R./宇津木保・宇津木成介(訳)　1990　動物心理学史――ダーウィンから行動主

義まで　誠信書房
クラーク, W.R.・グルンスタイン, M. ／鈴木光太郎(訳)　2003　遺伝子は私たちをどこまで支配しているか——DNAから心の謎を解く　新曜社
アイブル=アイベスフェルト, I. ／日高敏隆(監)・桃木暁子・他(訳)　2001　ヒューマン・エソロジー——人間行動の生物学　ミネルヴァ書房
長谷川眞理子　2002　生き物をめぐる4つの「なぜ」　集英社
服部ゆう子　2000　ラット一家と暮らしてみたら——ネズミたちの育児風景　岩波書店
岩田　誠　1997　見る脳・描く脳　東京大学出版会
岡ノ谷一夫　2003　小鳥の歌からヒトの言葉へ　岩波書店

8章 学校での学習

　私たちは好むと好まざるとにかかわらず学校のなかで最低でも9年間過ごすことになっています。学校生活に関してはいろいろな思い出があるかもしれませんが、この章では学校生活のなかでも中心とされている学習活動に焦点をあてて、発達と学習について考えてみます。発達や学習について私たちが正しいと信じている素朴な考えが、どの程度適切なものであり、どの程度不適切であるかをみていきたいと思います。

　前半部分ではおもに発達段階について重点を置き、後半部分では、みなさんが身近に経験したであろう受験勉強などを例に用いて、学習とはどのようなものであるかを説明していきます。とくに最後の節では、ごまかしではない本格的な勉強というものがどのようなことかを簡単に示しています。

　この章で取り上げた問題のいくつかは、もしかしたら耳の痛い話のように聞こえてしまうかもしれませんが、これまでに自分が経験してきたこととできるだけ関連させて考えるようにしてみてください。教科書の中だけの話としてとどめるのではなく、自分の履修計画や、資格試験に向けての勉強、運動やアルバイトにおけるスキルアップなど、みなさんが取り組んでいるさまざまな活動を思い浮かべながら読み進めることをお勧めします。

　今後ますます本格化するであろう社会の情報化や、生涯学習社会への適応方法について、みなさんが自分自身の問題として考えはじめるきっかけになることを願っています。

キーコンセプト 発達段階，発達課題，記憶術，有意味学習，最大瞬間学力

✣1．発達するということ

(1)発達段階を知っていることは便利？

　幼稚園から小学校，中学校，高等学校の各段階でどのようなことを学ぶべきか，教えるべきかを定めた枠組みとして，文部科学省が設定した学習指導要領が存在します。このなかで，どの学齢で何を教えるかを定める根拠のひとつとして，「発達段階」に関する心理学的な知見があります。たとえば，平成10年に告示された小学校学習指導要領の総則では以下のような記述がみられます。

「各学校においては，法令及びこの章以下に示すところに従い，児童の人間として調和のとれた育成を目指し，地域や学校の実態及び児童の心身の発達段階や特性を十分考慮して，適切な教育課程を編成するものとする（下線部強調は筆者による）」

　発達段階に関する心理学的な研究として最も有名なものに，ピアジェとイネルデ[*1)]の発達段階説が知られています。個人差が大きいのですが，たとえば，0歳から1歳くらいまでが感覚運動期，2歳から7歳くらいまでが前操作期，8歳から12歳くらいまでが具体的操作期，13歳以降が形式的操作期といわれています。もう少し具体的に解説すると，感覚運動期の幼児は，体を動かすこと自体に興味をもち，動作が違うと結果が違うことを理解している段階です。前操作期の児童は，思考が時間や空間的な制約に縛られていて，言語を用いた思考はまだ不得意で目の前にある実在物にとらわれた推論をしているとみられています。これが具体的操作期になると，具体物であれば，実在していなくてもある程度の推論を行なうことができますが，仮想的な事実についての推論はあまり得意ではありません。そして，最後の形式的操作期では，具体的操作期と違って仮想的な事実についても推論することができるようになると考えられています。

　さて，このように各年齢ごとの発達段階について知識を蓄積していくことには，どのようなメリットがあるのでしょうか。たとえば，発達段階を用いた人

間理解は，多くの人々から得られたデータに基づいた発達標準であり，ある年齢の人々が共通にもつ基本的な特徴であることがあげられるでしょう。その結果，特定の学齢の児童について大まかな全体的傾向を把握でき，行動の予測が立てやすくなるわけです。他にも，各ライフステージのなかで，どのような問題が生じ，それをどのように解決していくかという問題をエリクソンが論じています。[*2]

たとえば乳児期では，感覚・運動能力の発達が習得すべき技能であり，保護者との基本的な信頼関係の構築がおもな発達課題です。また，幼稚園から小学校低学年にあたる児童期前期では，言語の獲得や学習活動の基盤が獲得・形成すべき技能とされ，適切な自律性の獲得がおもな発達課題です。また，小学校高学年から中学生前半に相当する児童期後期では，本格的な思考や知的技能がこの時期に獲得すべき技能であり，仲間との協調性の発達と仲間集団への参加がおもな発達課題となります。そして青年期では，思春期の開始と終了があり，家からの独立・社会進出が本格化します。そこでは，自己像と社会的な役割期待の葛藤の克服がおもな発達課題となってきます。

青年期以降も，社会的な役割変化と対応してさまざまな発達課題が存在することが指摘されていますが，ここでは割愛します。しかし，発達のプロセスを理解するためには，たんに各段階でできることを知るだけでは不十分であり，社会的な要因と対応させて考えることによって，はじめて現実の発達プロセスがみえてくるのではないでしょうか。

> Q.8-1
> 各発達段階のなかであなたが経験した発達課題を思い出し，どのように解決していき，そして問題の積み残しがなかったかふり返ってみましょう。

（2）発達段階を飛び越えると問題がある？

発達段階という考え方は戦後の学校教育制度のみならず，私たちの素朴な人

間理解のしかたとも深く結びついているといえるでしょう。たとえば，形骸化しつつあるものの，日本でも厄年や七五三，成人式などが今でも存在するので，発達段階ということば自体に馴染みがなくてもその意味や内容は容易に推測できると思います。しかしながら，各発達段階の特徴を絶対視しすぎると，さまざまな弊害が生じてくるのも否めない事実です。本節では，とくに学習と関連した部分についてその是非について考察してみます。

先述したとおり，ピアジェが提唱した発達段階説では，抽象的な論理操作を心のなかで行なうことができる年齢を，形式的操作期以降と考えました。この理論に従えば，たいていの大人は，抽象的な事象についても仮説演繹的な論理操作ができるようになっているはずです。逆に，形式的操作期とよばれる発達段階に到達するまでは，抽象的な論理的思考はむずかしいので，そのような思考が必要とされる内容を教えるのは避けるべきことになります。つまり，発達段階というものをきわめて強固な壁であると仮定すれば，各発達段階に応じて教育内容の上限を定め，その定められた範囲内の教育が望まれるということになります。

このように，ピアジェの発達段階説は戦後の教育制度に多大な影響を及ぼしてきたといえるのですが，その妥当性については多くの反証例が示されています。たとえば，図8-1と図8-2に示したクイズを比べてみてください。2つの問題の論理的な構造が同じであることは一目瞭然だと思います（正解は補遺を参照）。

ピアジェの発達段階説によれば，成人を被験者とした場合にはすでに形式的操作期に到達しているため，図8-1の問題でもまずまちがいなく解くことができると予想されます。しかし，たとえ大学院の学生が論理学の講義を半年間受講したとしても，図8-1のような抽象的な規則を用いた問題を必ずしも正しく解けるようになるわけではないことが実験的に示されています（正答率は20％未満）。それに対して，図8-2のような日常的な規則として提示してみると，大学院生はもちろん，7歳の児童であってもかなり容易に正しく解答できるようになることがわかっています（75％）。

問題のカバーストーリーによってなぜこのような違いが生じるかは複数の学説が存在しますが，上記の例は7歳児の思考の枠組みにあった問題提示をして

一方の面には数字が，他方の面にはアルファベットが書いてあるカードが何枚かあります。

E K 4 7

このとき，「カードの一方の面に母音が書かれていれば，その裏面には偶数が書かれている」という規則があります。この規則が本当に正しいかを調べるためには，上記の4枚のカードのうち，どのカードを裏返して調べる必要があるでしょう。

◇ **図8-1　ウェイソンの4枚カード問題** *3)より作成

「遠足の日には女の子は必ず赤い帽子を被ってきてくださいね。誰が間違えてくるかな？」

女 男 赤 黄

この規則を子どもたちがキチンと守っているかを調べるために，上記の4枚のカードのうち，どのカードを裏返して調べる必要があるでしょう。

◇ **図8-2　ウェイソンの4枚カード問題の応用例** *3)より作成

あげれば，問題構造がむずかしくても7歳児なりの考え方で解けることを示しているといえるでしょう。また，私たちが「論理的な思考」と考えているものであっても，その領域に固有の知識を援用しながら考えていることが意外と多いのです。その結果，図8-1の問題のようにそれまでの知識があまり役に立たない状況では，大人も子どもとそれほど差がみられない可能性もあるのです。

> **Q.8-2**
> 5歳，10歳，15歳の子どもが解けそうなウェイソンの4枚カード問題のカバーストーリーをそれぞれ考えて，それぞれの特徴を考察してみてください。

もちろん，7歳の児童に対偶や背理法といった論理学的な知識に基づいた理解を求めることはむずかしいかもしれません。しかし，ある一定の発達段階に到達するのを待って学習内容を先送りにすること以外に，各発達段階に配慮し

た教え方も十分に可能であることを，この実験結果は示唆しているといえるでしょう。小さいときに学習した内容をあとになってふり返ることで理解をさらに深めるような，螺旋型の指導方法があり得るのです。

✣2．学習と記憶

（1）詰め込み教育は最低？

　詰め込み教育というと悪い教育の見本のように語られています。極端な例としては，無味乾燥で非現実的な教材を，しかも生徒の理解度に違いがあることを無視して一律に教え込むような，陰鬱な授業風景が思い浮かぶでしょう。

　この手の詰め込み教育で前提とされる学習観の背景には，記憶の貯蔵庫モデルのようなものが存在します。この貯蔵庫モデルのなかでは，記銘する行為は記憶すべき事項を貯蔵庫にしまい込む作業にあたり，想起する行為は貯蔵庫から記憶した事項を取り出す作業に相当しています。つまり，記憶することは貯蔵庫に詰め込むような作業であり，暗記によって知識を溜め込むことができると考えるわけです。具体的には，初期の記憶研究にみられるような，短期貯蔵庫，長期貯蔵庫というモデルをあげることができます。

　短期貯蔵庫とは，保持時間が比較的短時間（音声情報でいうと約5秒程度）で，記憶に留めておくことができる容量（7個前後の情報のまとまり）も限られている記憶です。そして，短期貯蔵庫から忘却しないで留めておくためには，情報を維持するためにくり返し復唱するなどのくふうが必要です。たとえば，電話をかけるときや丸暗記を行なうときに，無意識に復唱するような状況がこれに相当していて，心理学ではこのような行為を「維持リハーサル」とよびます。それに対して，長期貯蔵庫とは情報を永続的に蓄えておくための記憶ですが，再生するときには一度短期貯蔵庫を経由しなければなりません。短期貯蔵庫から長期貯蔵庫へと情報を転送するときには，上述したような維持リハーサルが効果を発揮します（たとえば，英単語などをひたすら書き殴って覚えるような場合）。

しかしながら，学習過程に関する研究が蓄積されるにしたがって，記憶再生という行為のなかには，貯蔵庫モデルで考えられていたよりもかなり能動的な処理も含まれていることが明らかになってきました。たとえば，オーウェンズ[*4)]らが行なった実験結果は，たんなる貯蔵庫モデルで記憶想起のプロセスを説明することがむずかしいといえるでしょう。以下にオリジナルの実験を一部修正して紹介しています。

　彼らが行なった実験では，被験者に主要な登場人物である女子学生の一日の生活を追った物語を学習してもらい，あとでその内容を再生してもらうという単純な課題が採用されました。まずはじめに，「（その女子学生は）朝コーヒーを一杯のみ，医者に行き，講義を聴き，食料品店に買い物に行き，そしてパーティに出席した」という文章を被験者に読んでもらいます。そして，その後の行動がどうであったかという文章を読むように求めるのですが，このときに，彼らは2つの実験グループを設定しています。

　はじめのグループ（統制群）の被験者たちは，以下の文章Aだけが提示されますが，別のグループ（実験群）の被験者たちは，文章Aの前に文章Bが提示されます。

文章A
　ナンシーは病院に出かけていった。彼女は病院に着き，受付で手続きをした。彼女は看護婦のところにいって，いつもの手続きをしてもらった。医師とカウンセラーが部屋に入ってきて結果を調べた。医師はナンシーに微笑んで「うん，私たちが思ったとおりだったようだよ」といった。検査は終了し，ナンシーは病院を出た。

文章B
　ナンシーは目が覚めたとき，また気分が悪く，本当にガンではないかと思った。昔からささいなことを気に病んできたが，今回ばかりは本当にだめだと確信した。

文章Bを先に読んだ実験群の被験者は，ナンシーをささいな体調不良を過剰に気に病むタイプの人間であり，ガンにかかっているかどうかを心配していると考えるでしょう。それに対して，統制群の被験者はナンシーの体調不良についてあまり推論できなかったと考えられます。すなわち，実験群の被験者は，テーマに関連した物語の意味づけ作業が容易であったといえます。

　この実験結果を表8-1に掲載します。オーウェンズらは，学習した物語（文章A）と関連した想起命題（文中に書かれていた事実）の数と，文中に書かれてはいない推理によって補完された推理命題（「医者がナンシーにガンではないと告げた」など）の数に分類して考察しました。

◇ 表8-1　再生された命題の数

	実験条件	統制条件
想起命題	29.2	20.2
推理命題	15.2	3.7

　表8-1から，実験条件の被験者のほうが，実際には書かれていなかった「推理命題」をより多く再生していることがわかると思います。つまり，被験者は学習時に行なった推理を実際に学習した事実として扱う傾向にあるといえるのです。この点において，実験条件群の被験者のほうが誤再生率が高いといえるかも知れませんが，このような意味解釈を行なったからこそ統制条件と比較して「想起命題」をより多く再生できたとも解釈できるわけです。

　オーウェンズらが行なった実験のなかの実験条件群の被験者たちが行なったであろう意味づけ作業を，有意味学習とか概念の精緻化とよびます。このような有意味化の処理は，上記で紹介したような特殊な実験場面以外でも日常的によくみられる行為だといえます。たとえば，英単語や歴史の年代を記憶するときに，きっとみなさんも語呂あわせを使った経験があると思います。このような語呂あわせも，無意味なものを有意味なものにしているという点で，まさに有意味化を行なっているといえるわけです。その他，いわゆる記憶術とよばれている思考方法のほとんどが，ここでいうところの有意味化処理に相当していることがわかります。英語文化圏特有の記憶術も一部に含まれますが，代表的なものを表8-2にまとめてみました。

◇ **表8-2 さまざまな記憶術の例**

押　韻　法	語呂あわせの一種。一定のリズムをつけて，誤りがあるとリズムがくるうようにする。
頭　字　法	項目の最初の音や文字だけを適当な順序で並べ替えて意味の通る文や単語の形にする。
連　結　法	A, B, C, D...といった項目があった場合に，AとBをイメージで結びつけ，次にBとC，CとDといったぐあいに順次イメージでつないでいく。
物　語　法	項目を次つぎと組み込んで，全体として1つの物語や文章を構成する。
場　所　法	ふだんから自分がよく知っている場所を選び，その場所のなかの特定の部分に記憶すべき項目のイメージを配置していく。
数字ー子音法	数字をアルファベットの子音に変換し，適当に母音を挿入して単語に置き換えてしまう。
イメージ化	具体的なイメージをつくって覚える。奇抜で印象の強いイメージが有効であることが多い。

> **Q.8-3**
> あなたが実際に使ったことのある記憶術のなかで，最も効果的で印象の強いものをいくつかあげ，それらが表8-2のリストのなかのどの方法に当てはまるのか分析してみてください。

(2) はじめてのことを勉強するときには白紙のほうがよい？

　さて，おそらくここまで読まれた方のなかには，「なぜ有意味化すると，記憶の再生能力が高まるのだろうか？」と疑問をもたれた人がいらっしゃると思いますが，概念の精緻化がその答えになります。先述した維持リハーサルと対比させて，このような処理を精緻化リハーサルとよびます。

　精緻化リハーサルとは有意味化の処理を施すことに他なりませんが，具体的には，新たに記憶すべき概念と既存の概念を意味的に結びつける処理（符号化処理）となっています。たとえば，松見[*5]は，英語・日本語のバイリンガル児童と英語の初学者を被験者にして，次のような興味深い実験を行なっています。

　松見が行なった実験では，記憶すべき項目として，DOG，CATといった英単語を被験者に呈示して，それをあとから想起して正しい再生率を比較する課題が採用されました。このとき，単語の呈示を行なう際に次の4つの条件が設定されています。それぞれの条件では，記憶すべき概念と結びつける符号化の

数が操作されています。

条件1：英単語を書き写す
条件2：英単語を日本語に翻訳する
条件3：視覚的なイメージを浮かべながら，英単語として書き写す
条件4：視覚的なイメージを浮かべながら，日本語に翻訳する

　それぞれの条件を符号化の数に従って整理すると，条件1では英単語を英語として記憶するので結びつきは1つ，条件2では英単語を英語以外にも日本語として記憶するので結びつきは2つ，条件3では英単語を英語以外にも視覚的な情報として記憶するので結びつきは2つ，条件4では条件2の結びつきの効果にさらに視覚的な情報が加わるので結びつきは4つとなっています。
　ただし，このような結びつき（符号化）の数はバイリンガルにのみ成立している話であり，英語の初学者の場合には，英語をベースとした概念が存在しないために英単語が呈示されると日本語へいったん翻訳されると考えられます。たとえば，初学者の場合には，条件1も条件2も符号化という意味では同じ実験条件であったと考えられるわけです。
　以上のような実験操作を行なった結果，バイリンガルの被験者たちが記憶した単語の再生率は，符号化経路の数に対応してそれぞれ「1：2：2：3」となることが示されました。それに対して，初学者の単語再生率は，それぞれ「1：1：2：2」でした。つまり，概念に対してアクセスすることができる経路の数に応じて，記憶の再生率が変化するということです（図8-3）。

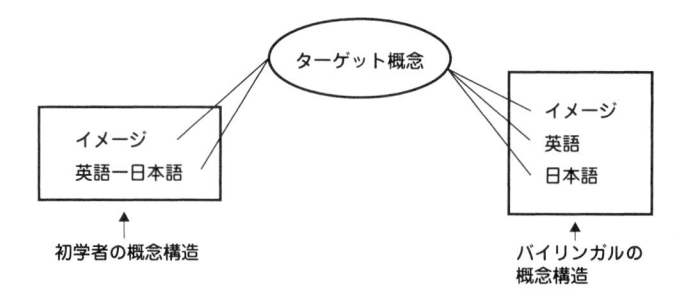

◇　**図8-3　条件4における符号化経路の模式図**

これまでの有意味化と精緻化処理の話をまとめると，①記憶すべきターゲット概念へたどり着く経路が意味的に密接で多いほど想起しやすい，②記憶を再生するときには，ターゲット概念の周辺知識も芋づる式に想起されやすい，③記憶術とは，記憶の効果的な符号化・有意味化と見なすことができる，となるでしょう（知識が芋づる式に想起される根拠として，意味ネットワークに関する研究成果があげられます。9章で解説されているので，そちらも参照してください）。

> **Q.8-4**
> 「知識を詰め込むとあふれてしまう」ということばは素朴な貯蔵庫モデルに基づいているといえますが，他にも日常的によく発せられる学習に関する言説を集め，有意味学習の観点から批判的に考察してみてください。

✤3．学び方の方略

(1) 急がば回れは正しいのか？

　前節で紹介した実験結果から，たとえどんなに単純な記憶課題であっても，人はかなり能動的に処理していることがわかりました。つまり，学習者を受動的で単純に教え込まれるだけの存在と見なすことはまちがいで，きわめて能動性に富んだ存在と見なすことができるということです。そして，学習者が一般的に示すこのような能動的な性行をできるだけ信じ，学習対象の選択なども学習者にゆだねてみようという進歩的な考えが出てきました。

　しかしながら，学習活動をどこまで生徒たちの自主性に任せてよいかという判断は，慎重に行なうべきです。たとえば，自律的な学習のむずかしさの1つとして，当該分野における相互の知識が関連性のない状態となっているため簡単には頭のなかに入りにくいことが考えられるでしょう。学習したことを有意味化して記憶するときには，すでに存在する知識と関連づけることが最も手っ

取り早いことを考えてみれば，当該領域に関する知識が不足していることを起因とした学習のむずかしさがわかると思います。

（2）勉強したことを忘れるのはあたりまえ？

　どのような学習方法をとったかと，その方法によって学習した内容がどれだけ残っているかには密接な関係があります。事実，学習者は学習する目的や動機づけに応じて学習方略を切り替えています。

　たとえば，平[*6)]は大学1年生を対象にセンター試験を用いて学力調査を行ないました。その結果，大学に入学して2か月後の時点で，センター試験の主要科目（英数国）を解く力が約半分近くまで目減りしていることが示されました。これは，論証する能力が重視される数学のような科目ですら，暗記科目ととらえられているためです。他の教科も，どう理解するかではなく，機械的な暗記に重点を置いていたことが示されています。そして，唯一，現代国語の読解問題だけが暗記を必要としない勉強方法をしていたため，入学後も学力低下が少なかったのです。

　短期的にみると，このような機械的な暗記は有意味化を必要としない点では低コストといえますが，長期的にみると，再生しにくくなるという欠点があります。一般に機械的な暗記をベースにした学習方法を採用した場合には，記憶した概念へのアクセス経路が限られているか，下手をすると存在しないため，学ぶのを止めると急速に忘れていく傾向があります。このように，学習方法と知識の残存状態とは密接な関係にあるのです。

　しかし，丸暗記をベースにした学習方法は，合否を目的とした勉強としてはきわめて理にかなっています。たとえば，前述のオーウェンズらの実験では，統制群よりも実験群のほうが再生可能な情報量が多かったわけですが，実験群の被験者は統制群の被験者よりも文章Bの分だけより多く記憶していました。つまり，当初は無意味な項目を有意味化して学習する場合には，関連した周辺知識を使って有意味化を施さなければなりません。しかし，試験に合格することだけが目的であるならば，関連した知識を覚えることはむだであり，これらをいっしょに覚えるくらいならば試験に出そうな項目だけを丸暗記することを

優先させたほうが，学習量が少なくて低コストであるということです。

だからこそ，受験勉強で学んだ内容をすっかり忘れてしまうという事実に対しても，学習者本人が疑問をいだいたり，不満を感じたりすることがほとんどありません。「受験勉強が終わったのだから，すっかり忘れてしまうのはあたりまえだ」という姿勢といえるでしょう。このような学力は「最大瞬間学力」ともよべます。これは極端にいえば，どのような内容をどのような方法で教えようとも，すべて丸暗記で切り抜ける可能性があることを意味するもので，教師には絶望的な話に聞こえてしまいます。また，それまでに費やした時間や努力に対するその後の残存学力を考えてみると，やはり随分ともったいない話ではないでしょうか。

> **Q.8-5**
> 自分が得意な活動分野（スポーツやアルバイトなど何でも構いません）での勉強やスキルアップと比べて，不得意な領域での勉強がどうなっているか，それぞれの特徴を比較検討してみてください。

（3）勉強は必要にさしせまられてからする？

情報化社会なのだから学んだ知識はすぐに陳腐化し，生涯学習社会なのだからいつでも学べる。だから，必要になったときに必要なだけ勉強すればそれでよいだろうという人がいるかもしれません。しかし，すでに指摘したとおり，周辺知識がまったくない状態から勉強することはたいへんで，やはり必要に応じて勉強するためにもある程度の知識がなければならないのです。

たとえば，すでに解説したとおり，新しく学習する概念を長期間正確に保持・再生できるように記憶するときには，熟知している領域の概念と関連づけて記憶する精緻化方略を選択することが望ましいといえます。理科の教科書などでも，原子核の構造を学習するときに太陽系の類推が使われているのはそのためです。また6歳ごろから，徐々にさまざまな思考の道具（精緻化方略，有

意味化方略など）を用いることができるようになることが知られています。

　しかし，自分の知識状態を的確に判断し，それに応じた方略をとることができるようになるのは，早くとも小学校の高学年に入ってからであると考えられています[*7]。もちろん，6歳の児童は，精緻化方略を思考の道具として十分に使いこなしていない可能性があるかもしれません。しかし，新たに学習する概念に対して関連づけるベースとなる知識が，そもそも存在しないのかもしれないのです。

　次に，インターネットの検索サイトを利用した調べ学習を例に，知識がない領域を手探りで学習する過程を考えてみましょう。小学校の高学年ぐらいから検索サイトを用いた調べ学習が本格的に行なわれていますし，今後の生涯学習のあり方や情報化社会の動向を考えると，検索サイトを効率よく利用するスキルはますます重要になってくると考えられています。しかし，これまでくり返し指摘したように，知識のとぼしい状況では，検索サイトを利用した学習の効果はそれほど期待できるものではありません。たとえば平[*8]は，大学生を被験者にして検索サイトを用いた実験を行ないました。実験では，通常の検索場面と同様に，与えられたテーマについて被験者が自由に検索サイトを使って調べるようになっていましたが，検索テーマは被験者の知識の多さに従って2種類用意されていました。

　検索テーマに関する知識がとぼしい状況では，①検索語を柔軟に言い換えたりすることがむずかしいうえに，検索結果が十分かどうかの評価がむずかしく，②結果のページからリンクをたどってさきに進むことができない検索者がいたこと，また，③インターネット全体のなかに占める情報量の多寡とは関係なく，検索者本人にとって最も身近でわかりやすいページ，問題として理解できるページから閲覧し始める傾向があったこと，そして，④その後の閲覧行動も類似の選択方針に従っていたことを報告しています。つまり，検索と閲覧行動は，既存の知識構造を広げるような方向ではなく，検索前に形成されていた興味関心に基づいて，既存の知識構造を強化・補完していくような方向に機能する可能性が高いということです。知識がとぼしい領域について調べるときには，浅くて狭い範囲のかなり限られた知識しか獲得できない可能性が示唆されます。

　先述の最大瞬間学力と，自律的な学習活動のむずかしさが組み合わされると，

生涯学習社会で生き抜くことのたいへんさが浮かび上がってきます。もちろん，すべての分野できちんとした知識を身につけることは困難ですが，同じ勉強するのであれば，アクセス経路が複数存在し，後々まで利用可能な知識状態になるような有意味化に基づいた学習をしたほうが，最終的には幸せになれると思われます。

> **Q.8-6**
> 「アクセス経路が複数存在し，後々まで利用可能な知識状態になるような有意味化に基づいた学習」とは，具体的にはどのような勉強方法になるのか分析してみてください。

◇　◆　補遺

　図8-1の正解はEと7のカードだけをめくること，図8-2の正解は女と黄のカードだけをめくることです。
　図8-1や図8-2に示したクイズの規則は「PならばQである」と一般化して表現することが可能であり，PとQの関係は以下のベン図のようになっています（図8-4）。論理学の言葉を使ってまとめると，「Pの事象はQの事象に包含される」とか，「PはQを含意する」となります。規則をこのようなベン図で表現可能なときには，それぞれの集合の包含関係を見ることによって，規則が正しく守られている状況とそうでない状況を正確に判断できます。
　しかし，文脈的な情報や既存の知識を利用できる場合には，ベン図を作成することも可能ですが，必ずしもそのような整合性のある推論をしているわけではありません。たとえば「1か月のなかで10回以上残業した者は，残業手当として給与の10％が支給される」という就業規則があったとします。この場合，規則をチェックする人間の立場によって，チェックしたくなる状況が大きく異なると思います。たとえば，被雇用者の立場であれば残業した人をチェックしたくなるはずですが，雇用者であれば給与が増えた人をチェックしたくなるは

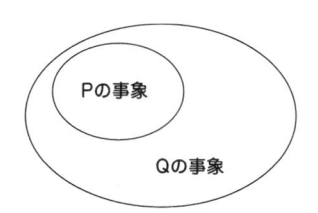

◇　**図8-4　ベン図を用いた論理判断**

ずです。つまり，ベン図を用いたような論理的な推論を行なっているならば，立場の違いによらず同じ事象を調べるはずですが，実際には必ずしもそうなっていないことがわかります。

◇ ◆ 引用文献

1) ピアジェ, J.・イネルデ, B. ／波多野完治・須賀哲夫・周郷 博(訳) 1969 新しい児童心理学 （文庫クセジュ） 白水社
2) エリクソン, E.H. ／仁科弥生(訳) 1977 幼児期と社会Ⅰ みすず書房
3) 佐伯 胖 1980 Empathyによる理解とその情報処理過程に関する一考察 日本心理学会第44回大会論文集, 155.
4) Owens, J., Bower, G. H., & Black, J. B. 1979 The "soap opera" effect in story recall. *Memory and Cognition*, **7**, 185-191.
5) 松見法男 1994 第2言語習得における単語の記憶過程 心理学研究, **64**, 460-468.
6) 平真木夫 2001 類推の思考における位置づけ 宮城教育大学紀要, **35**, 313-327.
7) 豊田弘司 1995 精緻化の発達 心理学評論, **41**, 1-14.
8) 平真木夫 2002 検索前の知識状態から推測される検索方略と知識の広がりについて 日本認知科学会第19回発表論文集, 24-25.

◇ ◆ さらに詳しく学ぶための参考図書

藤澤伸介 2002 ごまかし勉強(上・下) 新曜社
波多野誼余夫・稲垣佳世子 1989 人はいかに学ぶか （中公新書907） 中央公論社
西林克彦 1994 間違いだらけの学習論 新曜社

9章 よく考える

　この章では，人がどのように考えるのか（何を考えているのかではありません），考えるときの特徴はどのようなものがあるのかについて「考えて」みましょう。人は，日常生活のなかでいろいろなことを考えています。たとえば，今日はカサを持って出かけるかどうかとか，今先生が話している内容と似たような話をどこかで聞いたことがあるような気がするだとか，アルバイトのシフトをどうやって代わってもらおうかとか。しかし，自分がどのように考えているかを「考え」ることはなかなかありません。この章を読むときには，「自分が今どのように考えているのか」に注意を向けながら読んでみるとよいでしょう。

　読み終えたときには，自分が考えるときにどんな癖をもっているのか，よりよく考えるにはどういう点に注意すればよいのかについて，少し目を向けることができるようになるでしょう。

キーコンセプト　思考と知識，意味ネットワーク，思考の癖，メタ認知

✢ 1．思考と知識

（1）考えたり理解するときは，もっている知識を使う？

　むずかしいパズルなどを解くときには，もっている知識がじゃまをすることがたしかにあります（だからこそパズルなのですが）。その例を示しましょう。

> 　Aさんはある大病院の院長で，日本脳外科学会の会長でもあった。Aさんは，学生時代柔道部で活躍し，夏休みには単身海外に行き，働きながら語学留学をしたこともある。ある日，Aさんの病院に一人のけが人が運ばれてきた。頭にけがをしていたので，Aさんが治療することになった。Aさんは，そのけが人をみて驚いた。そのけが人はAさんの実の息子だったのだ。Aさんは緊急手術を行ない，なんとか手術は成功した。
> 　しかし，しばらくして意識を回復したAさんの息子は「Aさんは自分の父親ではない」と言ったのだ。いったい，これはどういうことなのだろうか。

　どうでしょうか。実は手術がうまくいっていなかったのだとか，Aさんの息子は別のところに引き取られたとかいろいろ考えなかったでしょうか。答えはそんなにむずかしくありません。Aさんは，その息子の母親だったのです。もう1度よく問題を読んでみてください。どこにも男性であるとは書いていません。たんに，学会の会長であるとか，柔道部とか，単身海外留学などなかなか女性ではここまではできないだろうということが書かれているだけです。これらの記述が勝手に男性であると思いこませたにすぎないことはわかると思います（10章参照）。このように，男性であると決めつけてしまうので「父親ではない」という発言にひっかかってしまうのです（院長が母親である場合「父親ではない」などという遠回しな表現は使わないだろうなどという指摘はここではしないでくださいね）。

だからといって,よく考えるときに知識は不要であるということではありません。もしみなさんが,「株式投資をする」とか「パソコンでコンピュータグラフィックスのアニメーションを作る」「心理学の実験をする」ということをしなければならなくなった場合,まずどのようなことをするでしょうか。おそらく,ほとんどの読者はこれまでにそのようなことをした経験はないでしょうから,まずはその分野について勉強する(あるいは何を勉強すればよいかを勉強する)でしょう。よく考えるためには,やはり知識が必要なのです。

 あたりまえだという人がいるかもしれませんね。では知識が理解や記憶においてどのようなはたらきをもっているのでしょうか。知識とはただあるだけではないのです。知識のはたらきを説明する前に,まず知識についてのモデルを示しておきます。大ざっぱにいって,知識は次のようなものであると考えられています[*1)]。一つひとつは意味概念で,それらをつなぐものは連想です。たとえば,果物という意味概念から,ミカンやリンゴ,スイカなどを連想します。スイカからウリやキュウリ(どれもウリ科の植物です)などに広がります。後者はふつう果物ではなく,野菜という分類をされます。

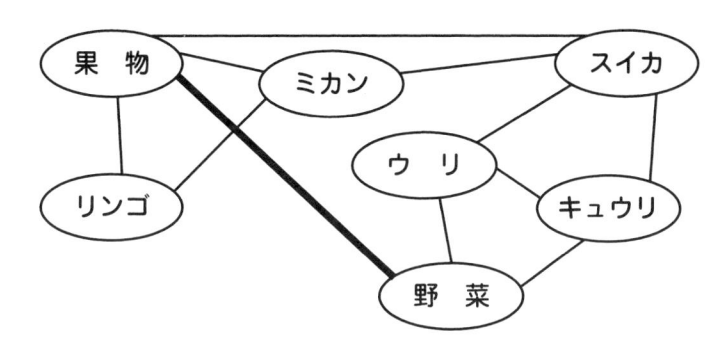

◇ **図9-1 意味ネットワークモデル**

 このように,知識は一つひとつの意味概念が網の目のようにつながっていることから,このモデルは意味ネットワークモデルとよばれています。このモデルを使うと,一つの意味を連想すると次つぎと連想が広がっていくことがわかります。ある意味概念から別の意味概念への直接のネットワークが切れていても,まわりまわってたどり着くことができます。また,新しい知識をつけ加え

るときには，このネットワークに次つぎ連想をつなげていけばよいのです。このように，知識とはネットワークのつながりであると考えられています。

では理解や記憶をするときに，知識はどのように使われているのでしょうか。まず，次の文章を読んでみましょう[*2)]。

> 　手順は実際のところきわめて簡単である。まず，ものをいくつかのグループに分ける。もちろん，しなければならない量によってはひと山でも十分かもしれない。もし設備がなくてどこかほかの場所に行かなければならないのなら，それが次の段階となるが，そうでなければ準備完了である。大切なのはやりすぎないことである。つまり，一度に多くやりすぎるよりは少なすぎるほうがましである。目先を考えればこのことは重要とは思えないかもしれないが，面倒なことになりかねないのである。失敗は高くつくことにもなる。最初は手順全体が複雑なものに思えるかもしれない。しかしすぐに生活の一部となるだろう。近い将来にこの仕事の必要性がなくなるということは予見しがたいが，それはだれにもわからない。手順が完了すると，ものをふたたびいくつかのグループに分けて整頓する。それからそれらは適当な場所に収められる。結局は，それらはすべてもう一度使われるだろうし，そうするとすべてのサイクルを繰り返さなくてはならない。しかしながらそれは生活の一部なのである。

　理解できたでしょうか。よく覚えられましたか？　では，もう一度読んでみましょう。ただし，2度目のほうがより理解がすすみ，よく覚えられるかもしれませんから，もう一度読むと自分の理解がどれだけ進むか予想してみてください。予想ができたら，この文章が何について書いてあったのかをみてから，読んでみてください。きっと予想よりはるかに理解しやすくなり，覚えやすくなるはずです。この文章は「衣類の洗濯」について書いてありました。さあ2度目をどうぞ。

　どうですか？　予想よりも理解できたのではないでしょうか。実はこの文章

は，ふつうに読むと何のことについて書いてあるのかわかりづらいようにつくられています。そのときには，適切な知識を用意できませんね。そのため，文章を一から頭のなかに整理しはじめなければいけません。これではなかなか理解できません。しかし，「衣類の洗濯」というキーワードが与えられることにより，洗濯に関する適切な知識をよび起こすことができれば，一つひとつの文章が洗濯の何について書かれているのか，意味ネットワークにすぐに結びつけることができるのです。そうすれば，整理が簡単になり，理解も記憶も進みます。このように，知識は気づかないうちに，理解や記憶の手助けをしているのです。

> **Q.9-1**
> 適切な意味ネットワークを用意できると，考えるということに関してほかにどのようなよいことがあるでしょうか。

（2）覚える量は少ないほど覚えやすい？

　もう一つ別の例を示します[*3]。今度は次の４人の男の文章を覚えてください。一通り読んだら，この部分を何かで隠してみましょう。

> ・眠い男が水差しを持っていた。
> ・背の低い男がはさみを持っていた。
> ・太った男が鍵を持っていた。
> ・力持ちの男がハケを持っていた。

　隠しましたか。では，思い出してください。はさみを持っていたのは？　鍵を持っていたのは？　水差しを持っていたのは？　ハケを持っていたのは？　全部正しく思い出せましたか？　なかなかむずかしいのではないでしょうか。では，次ならどうでしょう？　同じく一通り読んだら，この部分を何かで隠してみましょう。

> ・眠い男が，コーヒーを飲むために水差しをもっていた。
> ・背の低い男が，ズボンのすそを切るためにはさみをもっていた。
> ・太った男が，冷蔵庫に鍵をかけるために鍵をもっていた。
> ・力持ちの男が，バーベルに色をぬるためにハケをもっていた。

　隠しましたか。では，思い出してください。はさみを持っていたのは？　鍵を持っていたのは？　水差しを持っていたのは？　ハケを持っていたのは？　全部正しく思い出せましたか。

　今度はどうでしょう？　覚える情報量は増えたのですが，さっきより覚えやすかったのではないでしょうか。それは，たとえば眠い男と水差しの関係が，コーヒーを飲むためだといわれることで結びつくからです。こうなるとごちゃごちゃになることは少なくなります。ここで，コーヒーが眠気を抑える飲み物であるという知識があることが大事です。もしこのことを知らなければ，まったく眠い男と水差しの関係はつながりません。このように，覚えるときにも知識が利用されているのです。知識は，なにも株式投資のような特別なことをするときだけに使われるのではなく，日常のあちこちでさりげなく利用されているのです。もちろん，よく考えるときにも知識は必要であり，利用されています。

　以上のように，知識は，じゃまをするときもたしかにありますが，多くの場合，さりげなく役に立っています。さて，それでは次の文はどう考えればよいのでしょうか。

> 　（有名なものですが）ピザピザピザ…と10秒間くり返してください。では，手首よりも1つだけ胴体に近い関節（手でさすともっといいです）は何ですか？

　答えはひざ…ではなく，ひじですね。つい音が似ているほうを口に出してしまいます。これは，ピザという発音をくり返すことにより，口の筋肉がそれに習熟してしまうために，ついそれと似たような発音をしてしまうのです。思考においても同じことがいえます。ふだんは知識があまりにも自然に利用されて

いるために，冒頭の院長問題のようなものでも知識をつい利用して考えようとしてしまいます。このように，人はふだん自然に使える状態に習熟しているがゆえに，ときとして「誤ってしまう」ことがあります。使う必要がないときに知識を使ってしまったことによって「誤る」場合があるのです。つまり，これは思考の癖ということができます。癖とは気づかないうちに（必要もないのに）ついやってしまうものです。では，このほかに癖はないのでしょうか。

> Q.9-2
> ルールをよく知っているのに，うっかり誤ってしまう具体例をあげて分析してみましょう。

✢2. 確率判断

　日常の考えるという活動の一つに確率判断というものがあります。確率といっても数学ででてきたようなものではなく，現在や未来に起きることがらが本来どの程度の確率で起きるかの判断です。たとえば，今日カサを持って出かけるかどうか空のようすを見て決める場合，雨が降りそうな確率を考慮しているはずです。あるいは沖縄地方に雪が降ったという情報を聞いたとき驚くのは，沖縄はこれまで雪が降ったことがない（確率が低い）ということを知っているからです。このような，直観的な確率判断は日常生活のなかで数多く行なわれていますから，私たちは直観的な確率判断のエキスパートであるはずです。しかし，ここでもやはりいくつかの癖があります。

（1）虫の知らせという現象はたしかにある？

　「虫の知らせ」とはいわないまでも，ふつうではありえないと思われるような偶然の一致が起こることがあるかもしれません。たとえば，ある人の夢を見た翌日に，その人が偶然亡くなるという確率を考えてみましょう。まさに「虫

の知らせ」です。もちろんその人が以前から重い病気にかかっていて，ずっと心配していたという場合はここでは考えません。これを計算してみた研究者がいるのですが[*4]，たしかにきわめてまれにしか起きないことがわかりました。しかし，人はほぼ毎日寝ますので，長い人生のなかでそうした偶然が起きる確率は高くなってきます。さらに日本だけでも1億人以上の人がいますので，それを掛け合わせれば，かなりの人数がそうした「虫の知らせ」を経験してもおかしくない計算になります。また，夢で見るのではなく，ふと思い出したりした場合，期間を翌日ではなく1週間などに延ばす場合，亡くなるのではなくケガなどの場合，直接経験するのではなくそういう経験をした人を知っているという場合も含めるのであれば，こういう「経験をした」人は，かなりの人数になるのではないでしょうか。つまり，一つひとつのできごとだけを取り出せばごくまれにしか起きないと思われるものであっても，それと類似したできごとはまわりに膨大に起きており，それら全体をみれば，よくある偶然でしかないということはたくさんあるのです。宝くじは当たる確率はきわめて低いですが，必ずだれかが当たるのです。

（2）自分の予感はよく当たる？

　ここまで特殊なできごとでなくても，自分の予感はよく当たるという人もいるかもしれません。正確にいうと，自分の予感したことは当たる確率が高いということになります。はたしてこれは正しいのでしょうか。もちろん，統計学的には，本当にそういう人も少しはいるはずです。しかしここでは「確率が高い」と思う感覚自体を考えてみましょう。人は，頭の中をめぐらしてよく思い出せるものは確率が高いと考える傾向があります。このような確率の感じ方を「利用しやすさヒューリスティック」といいます。ヒューリスティックとは，勘のようなたまにうまくいかないけれど，ふだんはうまくいく手軽な思考法のことです。たしかによく起きることはよく思い出せるということはまちがいないと思うのですが，逆はどうでしょうか。ここで考えるべきは，当たったときとはずれたときの記憶のされ方です。予感が的中した場合は，うれしくなったり，周囲が驚いてくれたりして，記憶に残りやすくなっていないでしょうか。

それに対し，はずれたときは，別の理由をつけて忘れていないでしょうか。あるいは強引に当たっている部分を見つけてそれを「当たっている」として記憶していないでしょうか。このように，人の記憶のされ方には一定のかたよりがあります。たとえば「火事や事故があった夜，ふと見上げると満月だった，やっぱり関係があるんだ」というのもそういうときだけ気がついたり（新月のときは気づかないですね），記憶したりしていないでしょうか。ですから，思い出せるからといってよく起きているとは限らないのです。

（3）コインを投げて表が続くと，次は絶対に裏になる？

もちろん，ふつうのコインは一つ前に何を出したのかは記憶できませんから何回続けて表が出ようと，次もやはり同じ確率になります。しかし，表と裏が同じ程度出るだろうと考えてしまいます。

> 以下は，何回かのコイン投げの結果を示したものである。表を○，裏を●と表わすと，以下のどちらが起こりやすいだろうか。[*5)]
>
> A ○●●●●○○○○●○●
> B ○○○○○○○○○○○○

表と裏が適度に混ざり，入れ替わっているAのほうが起こりやすいと考えた人が多いかもしれませんが，確率的にはどちらも同じです。では，なぜAのほうが起こりやすいと考えるのでしょう？　一つの有名な説明は，人は，コインの表と裏の出方は偶然で，全体（無限回）としては半々になることを知っていて，それが毎回のコイン投げにも反映されると考えてしまうというものです。この説明によると，Aのほうが全体としてのでたらめさを代表しているので，そのほうが起こりやすいということになります。このように，標本が全体を代表している程度が高いほど確率が高いと考えるやり方を代表性ヒューリスティックといいます。そしてAのほうが起こりやすいという判断を「賭博者の錯誤」とよびます。もう一つ別の問題を考えてみましょう。[*5)]

> リンダは31歳の独身，ものをはっきり言うタイプで頭がよい。大学では哲学を専攻している。学生時代には，差別問題や社会正義の問題に強い関心をもっていた。また，反核デモにも参加していた。さて，次の2つのうち，どちらがより可能性があるでしょうか。
> (a)彼女は，現在銀行の出納係である。
> (b)彼女は，現在銀行の出納係であり，女性解放運動に熱心である。

　リンダが今どのような生活をしているかを想像してみると，(b)のほうがありそうに思えるかもしれません。しかし，可能性という点からだけ考えるならば，(a)は，女性解放運動に熱心な場合もそうでない場合も含みますので，(b)は(a)に含まれ，(a)のほうが確率は高くなります（正確には(b)以上になる）。図9-2をみてください。

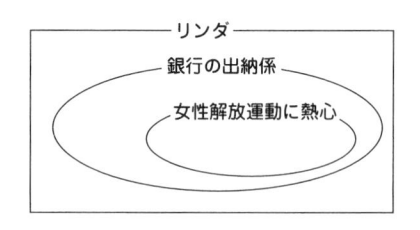

◇ 図9-2　リンダの人物像

　(a)のほうが大きいので，(a)のほうが確率が高くなるはずです。ですが，代表性ヒューリスティックを使うので，(b)のほうがリンダの記述文を代表しているように思えるため，人は(b)のほうが確率が高いと考えます。このような判断を「連言錯誤」とよびます。このように，人が直観的に確率を考えるときには，思い出しやすさや代表している程度が高いものほど確率が高くなるというやり方を使っていると考えられています。
　さて，確率の判断のしかたにはクセがあるのはわかったが，それがいったいどうだというのか？という人がいるかもしれません。たしかにコインの裏表や見知らぬリンダがどうであろうとみなさんの生活には直接は関係ないのかもしれません。ここで，もう一つ別の問題をみてみましょう。[*6]

> 次のような事実があります。このようなことになる理由を考えてみてください。
> 　ロードアイランド州では，1957年に起きた交差点における歩行者の死亡事故について調べたところ，信号を無視していた人よりも信号を守っていた人のほうがたくさん死んでいた。

　これはいっけん常識に反する結果です。信号は歩行者の安全のためにあるのに，信号を守っていた人のほうがたくさん死んでいるからです。ですが，少し考えれば，いくつかの理由を思いつくかもしれません。たとえば，信号を守っていた人がたくさん死ぬのは，青信号しか見ず，周囲の安全確認をおこたったからだとか，信号を無視した人で死ぬ人が少なかったのは，彼らは周囲の安全確認をしたからこそである，などです。

　しかし，本当にそうなのでしょうか。この説明はもっともらしく，矛盾をうまく解消できているようにみえます。が，本当に信号を守る人が不注意なのでしょうか。それよりも先に考えるべき説明があるのではないでしょうか。それは，「信号を守って交差点を渡る人の方が多いので，結果として事故に巻き込まれる人の数が多い」というものです。そもそも信号は多くの人が守るはずのものです。だとすると，信号を守る人と無視をする人の安全性が異なるという仮定をしなくても説明ができることになります。つまり，新たな理由は不要なのです。もしだれも信号無視をしないのであれば，信号無視をして死ぬ人はいないですよね。

　もう少し極端な例も出してみましょう。先述の交差点の問題と同じ構造の課題です。

> 　ある女子大の売店で，過去10年間の万引きの内訳を調べたところ，1人を除いてほかはすべて女性だった。
> 　この調査結果の理由を考えてみてください。

　もう気づいたと思いますが，「女性は〜だから」とか「男性は〜だから」な

どという説明をする前に考えるべきことは「女子大なのだから売店の客も女性が多い」ということです。そうなれば男性の万引き犯はこんなところで何をしてるのだ？ということですね。そう考えるほうが自然だと思います。

　では，どうして交差点の問題ではこのような説明を思いつきにくいのでしょうか。実はこれも確率判断のクセの一つなのです。さきほどは説明をしていませんでしたが，よく注意をして交差点問題を読んでみてください。課題文中に示されている結果は，たんなる人数であって，「信号を守る人が事故にあう」確率ではありません。しかし，その人数の大小を確率の大小として説明しようとしていなかったでしょうか。交差点の問題では「信号を守る人は〜だから危険なのだ」とか「信号無視をする人は〜だから安全なのだ」というふうに。安全だとか危険だとかといった確率は，もともと信号を守る人がどれだけいて，そのなかで何人が死んだのかという割合として考えないといけません。しかし，人は確率を考えるのに，もともとの比率（基礎比率）を無視して，標本（調査結果）の比率だけをもとにしてしまうこともあるのです。このような判断を「基礎比率の無視」とよびます。

　本題にもどりましょう。交差点の問題や女子大問題で，たんに確率の判断を誤るだけでなく，さらに別の問題を引き起こしかけています。それは，基礎比率を無視して，考えたために生じた矛盾を，根拠のない新たな仮定をもち出すことで，つじつまを合わせようとすることです。たとえば，「信号を守る人は不注意なのだ」とか「女性は盗み癖がある」などというものです。これらは説明のためにもち出された根拠のない仮定にすぎないのですが，それ以外に説明が思いつかないとなると，それがあたかも事実であるかのように語られていくことになります。これは思いこみ（10章参照）にすぎないのですが，そう決めつけられてしまうと，少々の矛盾はすべて新たな仮定で「説明」されていき，別の解釈や可能性を考えられなくなってしまいます。

> Q.9 − 3
> 女性ドライバーの運転は下手だというよくある説明に対して，人の確率判断の特性という観点から反論してみよう。

確率判断の誤りは，たんに予測のまちがいというだけではなく，対人認知（私たちは他者をどうとらえるのか）や世界の認識（私たちはまわりの世界をどうとらえるのか）という大きな問題につながっていきます。よく考えるということがいかに大事かということを理解してほしいと思います。

✤ 3．問題解決とメタ認知

（1）冷静であればふつう，人は論理的にものごとを考える？

日常生活は，問題解決の連続です。たとえば，登校途中に自転車がパンクした場合はどうするか，レポートはどう書くのか，待ち合わせに遅刻したときはどう謝ればよいのか，気になる異性にどう思いを伝えるかなど数え切れないくらいの問題を毎日解決しています。問題解決とは，基本的に，現在の状態からどのようにして目標の状態にたどりつくかということを考える過程です。

自転車のパンクで考えるならば，現在の状態は自転車がパンクしている状態，目標の状態の一つはパンクを修理することです。しかし，ほかにもむりやり乗っていく，自転車はあきらめて別の方法で登校するなどの目標もあるかもしれません。パンクを修理するという目標を決めたとすると，次はどこに行けば修理できるのか（自転車屋をさがす，修理用品を売っている店をさがす）という下位の問題を解決することになります。

このように，人はいろいろな問題解決を毎日行なっています。しかし，そのなかでもやはりクセがあります。

以下の9つの点を，一筆書きの4本の線分でつなげてください。[7)

　　　● ● ●
　　　● ● ●
　　　● ● ●

どうでしょうか，5本なら簡単ですが，4本となるとなかなかむずかしかったのではないでしょうか。答えの一例は以下のようなものです。

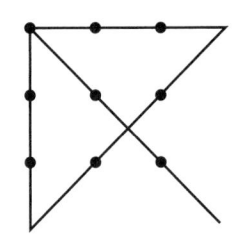

いかがですか？　たしかに，4本の線分で結んでいますね。「反則じゃないか」という人はよく問題を読んでみてください。どこにも9つの点の外側にはみだしてはいけないとは書いてありません。たしかに，9つの点の内側で考える限り，4本の線分で結ぶことはできません。しかし気づかないうちにそういった制約条件を設けて考えていなかったでしょうか。このように，ある制約条件に固執してしまうことを「機能的固着」とよびます。

人は，ものごとを効率よく考えるために，自分で制約条件をつけて問題を解決しようとすることがあります。たとえば，大雪のなか最寄りの駅でデートの待ち合わせをするというとき，どうやって行くのが一番よいでしょう。このとき，バスや自転車，徒歩などを考えることはあるでしょうが，飛行機やヘリコプターを考えることはありませんね（たぶんヨットも）。それはそんなことまでいちいち考えていたらきりがないからです。最寄りの駅に行くという問題を解決しようとするとき，空路や水路を考えないという制約条件をつけることで，むだに考えることがなく，効率よく考えることができます。

しかし，この9点問題では，その制約条件をつけるというふだんならうまくいっていた癖がかえってじゃまになってしまったのです。

（2）自分の能力には限界がある？

では，知識を使ってもよくない，使わなくてもよくない，確率判断や問題解決にもいろいろな癖があるなかで，私たちはいったいどうすればよいのでしょう。もちろんすべての問題解決に使える万能の解決策があるわけではないので，

答えそのものを教えることはできませんが，考える際に気をつける点を指摘することはできるかもしれません。それは，自分の能力をうまく使うことです。うまく考えることです。そんなのあたりまえじゃないかというかもしれませんが，案外これがうまく使えていないのです。

人の認知活動には，さらにそれを監視し，調整するという活動を行なう部分があります。これを「メタ認知」とよびます。メタとは，上位などという意味があります。具体的には，講義中に何か新しいことについての説明があったとき，メタ認知は認知活動の状態を監視し，「これは初めて聞く新しいことだぞ」という判断をします。そして「集中して聞くように」という指示を出して調整します。もしすでに知っていることであれば，「少し気を抜いてもいいぞ」という指示を出すかもしれません。ここで大事なことは，メタ認知がはたらくことで適切な労力の配分を調整できるということです。

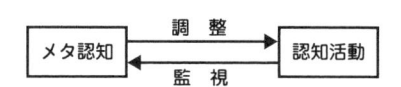

◇ 図9-3　認知活動とメタ認知

メタ認知は，活動と知識に分けることができます。メタ認知的活動とはさきに説明した，監視と調整の活動のことです。メタ認知的知識は，自分の能力や特性についての知識，課題に対する知識などが含まれます。たとえば，「ある先生のところにお願いに行くときには，ひいきの野球チームが勝った翌日がよい」というのがメタ認知的知識です。

> Q.9-4
> あなたが気になる異性をデートに誘うときにはどのようなことに配慮するでしょうか。思い浮かぶメタ認知的知識をあげてみましょう。

メタ認知を十分にはたらかせることができる人は，ある課題に対し，すでにもっている知識を使うべきか，あえて使わずにまっさらで考えるべきかを「考える」ことができるはずです。この判断を適切にできる場合，知識はあるほうがよいのか，ないほうがよいのかという問題は意味をなさなくなります。そう，必要があれば使えばよいのです。前述した問題解決や確率判断ではどうでしょう。そう，人が考えるときのクセをメタ認知的知識としてもっておき，そうしたクセを出していないかどうか（そうした考え方をしてはいけないときですが）をいつも監視できればよいのです。このように，考えるときにメタ認知をはたらかせることで，これまで能力の限界だと思っていたところを，よりうまく考えることができるようになるかもしれません。

　もちろん，これは言うほど簡単なことではありません。しかし，それはみなさんがみずからあみ出していくべきものです。それこそよく考えてみるとよいでしょう。

◇ ◆ 引用文献

1) Collins, A. M., & Loftus, E. F. 1975 A spreading-activation theory of semantic processing. *Psychological Review*, **82**, 407-428.
2) Bransford, J. D., & Johnson, M. K. 1972 Contextual prerequisites for understanding : Some investigations of comprehension and recall. *Journal of Verbal Learning and Verbal Behavior*, **11**, 717-726.
3) ブランスフォード, J.D.・ステイン, B.S./古田勝久・古田久美子（訳） 1990 頭の使い方がわかる本　HBJ出版局
4) Alvares, L.W. 1965 A pseudo experience in parapsychology. *Science*, **148**, 1541.
5) Kahneman, D., Slovic, P., & Tversky, A. 1982 *Judgment under Uncertainty: Heuristics and Biases*. New York : Cambridge University Press.
6) Bar-Hillel, M. 1980 The base-rate fallacy in probability judgments. *Acta Psychologica*, **44**, 211-233.
7) Scheerer, M. 1963 Problem solving. *Scientific American*, **208**, 118-128.

◇ ◆ さらに詳しく学ぶための参考図書

市川伸一（編）　1996　認知心理学4——思考　東京大学出版会
市川伸一　1997　考えることの科学——推論の認知心理学への招待　中央公論社
授業を考える教育心理学者の会　1999　いじめられた知識からのメッセージ——ホントは知識が「興味・関心・意欲」を生み出す　北大路書房

西林克彦　1994　間違いだらけの学習論——なぜ勉強が身につかないか　新曜社
森　敏昭(編著)　2001　おもしろ思考のラボラトリー　北大路書房
多鹿秀継(編著)　1994　認知と思考——思考心理学の最前線　サイエンス社
ゼックミスタ, E. B.・ジョンソン, J. E.／宮元博章・道田泰司・谷口高士・菊池　聡(訳)
　　　1996　クリティカルシンキング入門篇　北大路書房
ゼックミスタ, E. B.・ジョンソン, J. E.／宮元博章・道田泰司・谷口高士・菊池　聡(訳)
　　　1997　クリティカルシンキング実践篇　北大路書房

Supplement③

♣人から人間へ

　人が人間になるとはどういうことかを改めて考えてみましょう。それは孤立した個人ではなく，人と人の間で生きるから「人間」，すなわち社会的な人になるということです。社会的な人とは，別に人づきあいのうまい社交的な人という意味ではありません。そもそも私たちは，生まれたときから他者の世話にならなければ生きていけない存在です。また私たちの自己意識は他者のイメージを取り込むことによって成立するという研究結果もあります。人と人の間で生きられるように，社会的になることが，人が生きていくうえで絶対的に必要なことなのです。
　ここでは，認知と性という異なるテーマを取り上げ，それぞれのテーマに関して，社会的になるとはどういうことなのかを考えてみます。

（1）まなざし

a. 認知発達の段階と社会化

　子どもがものごとを見聞きし，それについて考え判断する能力，すなわち認知能力は，大人の認知能力と比較して何が異なっているのでしょうか。ピアジェ[*1)]は，子どもにさまざまな課題を与え，課題解決のプロセスを計画的に観察して，認知能力の発達過程を分析しました。その結果から，子どもの認知能力には限界があり，自分自身を他者の立場においたり，他者の視点に立ったりすることができないと述べています。ピアジェはこの子どもの認知的制約を自己中心性と称しています。そして他者の視点に気づかず，自己の視点からしかものごとをみることができない状態から，発達とともに，さまざまな見方があることに気づき，自己の視点からだけでなく，他者の視点からも対象を認知することができるようになると考え，実験の結果から詳細な認知発達の段階を示しました。またセルマンは，子どもの対人認知においても，ピアジェと同様に，自己中心性がみられ，他者理解の発達段階はピアジェの示した認知発達の段階に対応していることを指摘しています。
　セルマン[*2)]は，他者の気持ちや考えを理解する能力，すなわち子どもの役割取得（他者視点取得）の能力の発達について研究しました。研究では，子どもに短いお話を話して聞かせ，お話の登場人物がそれぞれ何を感じどう行動するかを尋ねました。それによって子どもが他者の立場に立ってものごとを理解し，お互いの立場を尊重して行動することができているかどうかを分析しました。その結果から，次のような役割取得の5つのレベルを考えました。

レベル0：自己中心的役割取得（4〜5歳ごろ）
　自分と他人の区別があいまいで未分化。表面的には他者の感情を理解するが，自分の感情と混同することが多い。自分の見方を単純に他人に当てはめる。
レベル1：主観的役割取得（6〜8歳ごろ）
　自分と他人が違う感情をもっていること，ものの見方が異なっていることに気づくが，他人の視点に立つことができない。
レベル2：自己内省的役割取得（8〜10歳ごろ）
　他人の視点に立って，自分の感情や考えを反省できる。
レベル3：相互的役割取得（9〜15歳ごろ）
　第三者の視点に立って，自分と他人を相互的にみることができる。他人も，自分の視点に立って自分の感情や考えをみようとしている，ということがわかる。
レベル4：体系的役割取得（青年期以降）
　自分と他人および多くの他者がもつさまざまな視点が，ネットワークあるいはシステムを形成することを考えられる。

　このような発達段階を，対人関係に当てはめてみるとどうなるでしょうか。セルマンは役割取得の5つのレベルに対応した，友人関係の発達段階を考えました。[*3]

ステージ0：一時的で物理的な遊び仲間
　友人とは，その時近くにいて一緒に遊んでいる人である。
ステージ1：一方向の援助
　助けてくれるのが友人である。あるいはその人の好きなことと嫌いなことを知っている。
ステージ2：都合のよいときだけの協同
　遊んでいるときに限り，互恵性と相互の調整という認識をもつようになる。
ステージ3：親密で相互に共有した関係
　友人関係の連続性を認識している。ステージ2と異なり，ネガティヴなできごと（ケンカなど）が生じても関係は終わらない。関係に排他的，独占的な傾向がある。
ステージ4：自律的で相互依存的な友情
　お互いの独立と依存の両感情を統合し，友情を発展させる。

　この5つのステージは年齢的にも役割取得の5つのレベルと対応すると考えられています。

b. 有能さの評価

　ピアジェもセルマンも，子どもになんらかの課題を与え，その反応から子どもの認知能力を評価するという方法をとっています。また研究はおもに実験室で個別に行なわれました。これは子どもの認知能力を正確に評価しようとして，科学的な研究をめざしたからです。

　それではここで自分の役割取得能力を駆使して，課題を与えられる子どもの立場に立ってみましょう。初めて訪れた見慣れない実験室で，よく知らない心理学者と名乗るおじさんやおばさんに，わけのわからない質問をされて困惑する，そういう状況が思い浮かぶのではないでしょうか。子どもが，とくに4，5歳の幼児がたった一人で，どうしていいかわからない課題解決場面に立ち向かうということは，現実世界においては考えにくいことです。おそらくお母さんや家族，友だちなどの身近な人々が助けてくれたり，解決のヒントをくれたりするのがふつうではないでしょうか。このような，現実には当然得られるはずの手助けをすべて取り除いたときの能力を，純粋な認知能力として研究しているのではないかという疑いが生じます。もちろん，よい結果が子どもの能力の高さを示していることは，疑う余地がありません。しかし悪い結果が子どもの能力の低さを示しているといえるのでしょうか？

　ヴィゴツキー[*4)]は認知発達の段階について，異なる2つの水準があると考えています。ひとつは研究の結果得られた発達段階，もうひとつは潜在的な発達段階です。潜在的な発達段階とは，大人や友だちの援助がある場合には，その課題が解決できるようになる段階であり，ピアジェやセルマンの研究方法では，この段階を明らかにすることはできません。同じ課題を与えたとしても，適切な援助を与えれば，先に述べた発達段階より低い年齢の子どもでも，解決が可能になることがあるのです。

　適切な援助とは，意図的な教育的指導に限りません。同じ課題を友だちといっしょに考える場合，一人の発言がもう一人の認知を変え，解決を導くこともあります。まさに人と人の間で潜在的な認知能力が開花するといえるでしょう。

（2）性の社会化

a. 男らしさと女らしさ

　「男は強く，女はおしとやかに」とか「男は度胸，女は愛嬌」などといわれていたのは，もうずいぶん昔のことで，今では時代遅れの古い価値観に聞こえるでしょう。今ではむしろ女性には自立した強さが，男性にはやさしさが求められているのかもしれません。しかしながら，どちらの考え方も男性と女性をある一定の価値観でとらえていることに変わりはありません。どちらがよいかは別として，今でも古風な強い男

性もいれば，おしとやかな大和撫子もいるはずです。にもかかわらず「男とは…」「女とは…」といったように，性別による違いをある一定の価値観によって言い表わした内容を性役割あるいは性役割期待と称します。

たしかに身体能力やもって生まれた気質という面では，それはたんなる価値観ではなく，生物学的な性の違いに基づいた性差であるといえるのかもしれません。事実，陸上や水泳あるいはウエイトリフティングの世界記録をみると，女性より男性のほうが優秀です。このことから男性は本来，女性より高い身体能力をもっていると主張することも可能かもしれません。ただしスポーツに無縁の生活をしている多くの男性は，一流の女子陸上選手と走る速さを競っても，とうていかなわないことも事実です。したがって生物学的な性の違いに基づいた性差というのは，その人がもっている可能性の問題であって，実際にその人の能力や個性を言い表わすものではありません。

それでも私たちは「男とは…」「女とは…」といった価値観をもち，そのような性役割観にしたがって人を判断したり評価したり，また性役割期待に基づいて自分自身の行動を規制したりします。価値観の内容は人それぞれというわけではなく，ある程度その文化に共通しています。たとえば「男性のほうが数学的能力に優れている」とか「女性のほうが感受性が豊かである」とか「男は理想主義者で，女は現実的である」といったものです。これらの内容はとくに科学的根拠のあるものではありません。しかし，みなさんもなんとなくそう思っていませんか。性役割観あるいは性役割期待は，根拠のあるなしにかかわらず，一般的にあたりまえのこととみなされ，私たちの行動の規準，すなわちステレオタイプとして機能しているのです。

文化人類学者のミード[*5]は南太平洋の未開社会の調査を行ない，男性と女性に関する価値観，すなわち性役割観が社会や種族によって異なっていることを示しています。たとえばある種族では「男性は温和で感受性に富み，女性は勇敢で力仕事に向いている」という，私たちの常識とは正反対の性役割観をもっていました。このことから，先に述べた「男性のほうが数学的能力に優れている」とか「女性のほうが感受性が豊かである」といった性役割観は，私たちの文化に特有のステレオタイプと考えることができます。

b. 性役割ステレオタイプの形成

当然のことながら，文化に固有の価値観とは，もって生まれてくるものではなく，生まれてから文化のなかで身につけるものです。それでは私たちは，いつごろから性役割観を身につけ，いつごろからステレオタイプとして機能し始めるのでしょうか。表1は，幼児に「男の子と女の子はどこが違うの？」と尋ねた結果をまとめたものです。

表1 「男の子と女の子の違い」自由回答例[*6)]

	年少	年中	年長
性器		男の子はおちんちんがついているが女の子にはない	男の子にはおちんちんがあるけど、女の子にはない
身体部位	男の子は髪の毛が短い、女の子は長い 女の子はやさしい声	女の子は髪が長い、男の子は短い 男の子は身体が大きい、女の子は背が低い	男の子は髪の毛が短い、女の子は長い 男の子のほうが背が高い 男の子のほうが胃袋が大きい
服装	男の子はズボン、女の子はスカート 男の子は青とか緑の服、女の子は赤とかピンク 男の子はリボンをしない	男の子はズボン、女の子はスカート 女の子はかわいい服、男の子はかっこいい服 靴下の色も違う	男の子はズボンをはく お出かけの時、男の子は黒い靴、女の子はリボンのついた靴をはく 女の子はワンピースを着る、男の子は着ない
運動能力			男の子の方が強い(強い女の子もいるけど) 男の子のほうが走るのが速い
行動形態	女の子はお人形遊び、男の子はロボット 女の子はご飯を作る、男の子はしない	男の子はサッカー、女の子はバレーボール 男の子は公園で通れないところを通れるようにする 男の子は外でボール投げ、女の子はしない 男の子はロボット、女の子は人形で遊ぶ	男の子はふざけるのが好き、女の子はやさしいことばを使う 男の子はケンカが好き 女の子は男の子みたいな変なマンガを見ない 男の子のほうが食いしん坊 男の子は外で遊ぶ
その他	男の子はかっこいい、女の子はやさしい	女の子は泣き虫、男の子は泣いたらダメ	女の子はやさしい 男の子は大きくなったらお父さん、女の子はお母さんになる 女の子は怖がり、男の子はへっちゃら

　各年齢で一貫してみられた反応は、髪の毛の長さに関するものと、ズボンとスカートに関するものでした。3～4歳の年少児から、4～5歳の年中児、5～6歳の年長児まで、「身体部位」とか「服装」に関する反応が多く、年齢とともに「運動能力」や「行動形態」に関する反応が増えていくのがわかります。年中児や年長児では、「お出かけの時に男の子は黒い靴、女の子はリボンのついた靴をはく」「男の子は公園で通れない所を通れるようにする」「男の子のほうが胃袋が大きい」など、出かける、遊ぶ、食べるといった子どもの日常的な生活や行動を反映した反応が増え、バラエティに富んだ内容になっていきます。
　ところで「男のほうの方が身体が大きい、背が高い、強い、走るのが速い、ケンカが好き」という反応も数多くみられました。しかし、このような反応は子どもの日常

的な生活や行動を反映した反応といえるでしょうか？　子どもの身体発育に関する統計資料によると，幼児期には身長と体重に関して男女差はほとんどありません。つまり「男の子のほうが大きい，背が高い」というのは事実ではないのです。

　また握力，ソフトボール投げ，50m走の平均記録によれば，一貫して男の子のほうが成績はよいのですが，その差が顕著になるのは11歳ごろから思春期にかけてであり，幼児期にはほとんど差はみられません。したがって「男の子のほうが強い，走るのが速い」というのも事実とはいえません。男女の違いを尋ねた同じ子どもたちの，自由遊び場面の行動を観察したデータでは，攻撃行動やケンカの発生率に男女差はみられませんでした。「男の子のほうがケンカが好き」というのも事実ではないことになります。つまり，これらの反応は，事実というよりは，子どもが生活し育つ文化に根ざしたステレオタイプとみることができます。親や家族，幼稚園の先生，さらにはテレビなどが伝える情報から，子どもは自分が属する文化に特有の性役割観・性役割期待を身につけ，それに基づいて自分自身の男らしさ・女らしさをつくり上げていこうとしていることがうかがえます。

c. 性に関する4つのレベル

　私たちが性に関してどのような価値観をもつにせよ，生物学的な性別は生まれたときから（胎児期から）決まっています。このような生物学的性別，つまり戸籍上の性別をセックスと称します。これに対し社会的な価値観，心理的社会的な価値観あるいは信念を総称してジェンダーと称します。

　実はセックスのレベルに関しても，男か女か，単純に決まっているとはいえません。性染色体や生殖器の形成に問題がある場合，出生時の状態によって性別が決められ，それに応じた医学的処置が行なわれる例もあるのです。ジェンダーに関してはさらに複雑ですが，ここではジェンダーを3つのレベルに分類して考えてみましょう。

　一つ目は，性自認とよばれるレベルです。たいていの場合，人は自分の生物学的性別に応じて，自分は男である，あるいは女であるという意識（信念）をもちます。bで紹介したデータでは，子どもたちは全員，自分の生物学的性別に一致した性自認をもっていました。性自認のレベルがセックスのレベルと食い違う場合，つまり体は男なのに，自分は女であるという性自認をもつ場合（あるいはその逆の場合），その人は性自認を優先し，生物学的事実としてのセックスを否認するようになります。このような状態を性同一性障害とよんでいます。

　二つ目は性役割のレベルです。先に述べたように，人はその文化に固有のステレオタイプを取り込みながら自分の性役割観をつくり上げていきます。

　三つ目は性的志向のレベルです。一般に同性愛は性同一性障害と混同されることが

多いようですが,現実にはセックスのレベルと性自認のレベルが一致しており(つまり性同一性障害ではなく),かつ性的対象として同性を選択するというケースが存在します。このような同性愛行動は,現在の精神医学的診断では異常あるいは病気とはみなされていません。

これら3つのレベルが一体となって,その人の性(セクシュアリティ)がつくられているといえます。そのプロセスについて,性役割のレベルに関してはbで紹介したとおりです。文化的なステレオタイプの取り込みは幼児期の早い段階から始まっています。その後思春期を経て,その人独自の性役割観と性的志向が形成され,性(セクシュアリティ)が個性化されていくと考えられます。

性役割ステレオタイプはいつ,いかにしてつくられ,どのようにして変わっていくのでしょうか。今の社会・文化のなかで,どの程度まで個性的な独自の性役割観がもてるのでしょうか。なぜ性的志向が同性に向かうことがあるのでしょうか。今のところ,これらはまだ何も解明されていません。

◇ ◆ 引用文献

1) ピアジェ,J./滝沢武久(訳) 1968 思考の心理学 みすず書房
2) Selman, R.L. 1971 The relation of role taking to the development of moral judgement in children. *Child Development*, **42**, 79-91.
3) Selman, R.L. 1981 The child as friendship philosopher. In S.R. Asher & J.M. Gottman (Eds.), *The development of children's friendships*. New York: Cambridge University Press.
4) 中村和夫 1998 ヴィゴツキーの発達論――文化・歴史的理論の形成と展開 東京大学出版会
5) Mead, M. 1953 *Sex and Temperament in Three Primitive Societies*. London: Routledge & Kegan Paul, Ltd.
6) 柴田利男 1990 幼児における身体の性的特徴の認知 同志社心理,**37**, 15-21.

10章 思いこむ心

　ある人が飼っていた犬は，警官には吠えるのに，なぜか泥棒には吠えなかったため，番犬の役を果たせなかったそうです。その犬は，郵便配達員などの制服を着た人にも吠えたそうです。飼い主の話によると，子犬のころに若い郵便配達員にじゃれついたら，ひどく蹴飛ばされ，それからは制服を着た人に激しく吠えるようになったそうです。この犬は人間の基準では，賢くないのかもしれません。しかし，昔のトラウマ経験から「制服を着た人は，全員敵だ」と一般化をし，そのように思いこみ続けたという点で，強い「信念」をもっていたのです。

　動物の行動を擬人化することの是非は別として，この例は思いこみの心理をよく表わしています。じゃれついてきた子犬を蹴飛ばす郵便配達員などめったにお目にかかれないのですが，そのめったにないことの被害にあった犬は，自分が被った強烈な体験の記憶から抜け出すことができず，敵についてのイメージを一般化し「制服を着た人はみんな敵なので攻撃する」という偏見と差別行動のパターンをかたくなにもち続けたのでした。人間の場合は，犬よりも認知能力が発達していますから，敵と味方の区別はもっとはっきりつきますし，なぜ他の人がある行動をするのかについて，もっと正確に認識できるはずです。しかし，第二次世界大戦下のユダヤ人大虐殺や，日本での同和問題，朝鮮人差別，障害者への偏見，血液型による人事配置，学歴・出身校や性別による差別などは，すべて思いこみと無関係ではありません。これらの例をみると，動物より人間の方が罪深いといえるでしょう。

　いっぽう，思いこみには悪い面と同様に，よい面もあります。自分や他者について，よい思いこみをもつことはたいせつです。スポーツや学問などですばらしい成果を収めるのも，夢をみるという思いこみの力のおかげです。この章では，人や自分に関する悪いほうの思いこみの心理（とくに誤解，過度の一般化，決めつけ，無理解など）について取り上げます。

キーコンセプト　ステレオタイプの形成と変容，偏見，差別，リスク認知，認知的バイアス，うわさの伝達，選択的接触，自己成就予言，幻相関

✤1．ものの見方しだいで行動も変わる

　この章のメッセージのひとつは，「事実と解釈と行動の区別をすると，世の中がいっそう整理されてみえてくる」ということです。もっとわかりやすくいうと「ものごとをすぐに決めつけないようにしよう」「ものごとをすぐにわかった気にならないようにしよう」ということです。

　ここでは「事実（自他の行動やできごと）→解釈（イメージ作り）→行動（自分が作る事実）」という図式が重要な意味をもちます。この図式をわかりやすくするために，少し誇張した仮想例をあげましょう。「大学のサークルで一緒の友だちのAさんが道の向こうから歩いてきたので，あなたはあいさつしました。しかしAさんはあなたをちらっと見ただけで無言で行ってしまった」としましょう。このAさんとあなたの行動は「事実」です。こんなとき，あなたはどう感じるでしょうか？　人によって感じ方はさまざまでしょう。このときのあなたは，たまたま機嫌が悪く，Aさんの行動を悪意にとってしまったと仮定しましょう。「無視された！　友だちと思っていたのに，私がきらいなのかもしれない」という思いが自動的に生じて，「なぜ私は無視されたのだろう？　何かAさんに悪いコトしたかな？　そういえばこの間，Aさんが好意をもっているB先輩から私がほめられたとき，なんだかAさんの私を見る目が冷たかったな。それできっと嫉妬しているんだ。友だちなら一緒に喜んでくれてもいいのに，なんて心の狭い人なんだろう！　そんな人とは思っていなかった。もうAさんなんて嫌いだ！」という思いが頭のなかで渦巻いてしまったとします（実際のあなたはそうではないでしょうが）。これらはすべて感情をともなった「解釈」です。さらに，あなたはAさんの行動に気を悪くして，他の友だちにAさんの悪口を言いふらしてしまい，それを他の人から聞かされたAさんが，今度はあなたの悪口を言っている，といううわさがあなたの耳に届きました。……ところが本当のところは，Aさんはすごく近視で，あなたとすれ違ったとき，その5分前にコンタクトを落としてしまって，ショックだったうえによく見えず，あなたに気づかなかっただけだったのでした。

　この例を，「事実→解釈→行動」の流れからふり返ってみましょう。まず，

できごととしての事実（Aさんがあなたにあいさつを返さなかった）はひとつです。一方，その事実に対する解釈（「Aさんは私を無視した」「Aさんは気づかなかったのかな」など）は人それぞれです。上の例の「あなた」が行なった解釈は，真実がわかるまで一つの可能性にすぎません。しかし，どんな解釈をするにせよ，通常，人は自分の解釈を「事実」と見なしてしまうのです。つまり「Aさんが私を嫉妬しているから無視した」という「事実」（本当は誤解）は，事実（真実）ではないこともあるのです。このとき，事実と解釈を区別していたら，このような悲劇は防げたはずです。たとえ誤解がきっかけでも，それが行動として事実になると，相手からも同じような行動を引き出してしまいがちです。「まかぬ種は生えない」のです。このように，相手に与えた好意や悪意が相手から返ってくる現象を，（非）好意の返報性（reciprocity）といいます。この例のように，人間関係のなかでは，一方が他方の行動に対してなんらかの解釈を自動的に行ない，その解釈に基づいて相手に対してイメージ（「Aさんは親友ではない」）をもって行動すると，お互いのコミュニケーションを通じて，相手からイメージ通りの行動（Aさんがあなたを傷つける）を引き出してしまうことがあります。解釈が事実をつくるのです。こうして，最初はひとりの頭のなかにしかなかった解釈が，他者を巻き込んで解釈通りの事実をつくり出してしまうことを予言の自己成就現象（self-fulfilling prophecy）とよびます。

> Q.10 – 1
> 自分や他人についてもっている思いこみの例をひとつあげて，その思い込みのもとになった事実と，事実の解釈とに分けてみましょう。

ここでは，わかりやすい例をあげましたが，世の中で人々が争い，不愉快な思いをするときの理由の一部は，このような行き違いによります。こうした行き違いは，事実と解釈を区別し，きちんと事実確認をするまでは「自分の解釈は事実ではないかもしれない」と解釈を保留することによって，防ぐことがで

きます。とくに人々の多様化した昨今は、あなたの解釈に当てはまらない人が増えているはずですから、他者についてすぐに判断する前に、まず結論を保留して、コミュニケーションをとる態度が重要です。私たちは他者のことをすぐにわかった気にならないと、居心地の悪い感じもします。それでも他者の未知の部分を認め、判断を留保しつつも他者と一緒にいること、そのような態度のとれる人は、対人関係における教養のある人といえるでしょう。

✢2．ステレオタイプ・偏見・差別

　ステレオタイプ・偏見・差別のいずれも、他者や自分に対する決めつけに基づく固定的な態度を含んでいます。ステレオタイプということばを初めて聞く人でも、偏見や差別ということばは聞いたことがあるでしょう。いずれも世間一般では「他人や自分、個人や集団に関して不当に不利益を与える悪いイメージ」で「人を不幸にするもの、世の中の幸福のためには、あってはならないもの」「なくさなければならないもの」というイメージがあります。エイズ患者差別、日本での同和問題やアメリカでの黒人差別など、なくさなければならない偏見や差別は多くあります。心理学でいう偏見は、ある集団や個人への悪い感情をともなう不当な評価のことです。偏見を表わす英語の prejudice は、pre（あらかじめ、事前に）と judgment（判断する）を組み合わせた語です。日本語だと「予断（あらかじめ判断すること）」がぴったりの訳ですが、予断という日本語は、人に対するよりもことがらについて使われること（予断を許さない、など）と、人に対する好き嫌いを表わさないことから、偏見という訳語が使われています。差別は偏見に基づいた具体的な排除行動のことです。英語の discrimination は元来「あるものを別のものから区別する」ことを意味します。ステレオタイプは良い悪いにかかわらず、ある集団や個人に対する固定的な先入観（イメージ）のことです。これらの用語を表10-1 に整理しました。認知・感情・行動を、肯定的と否定的とに分けています。表10-1 の中の○は、用語によく当てはまる特徴であることを意味し、△はやや当てはまり、×は当てはまらないことを意味します。なお差別の場合は否定的な行動のみに○がつ

き，否定的な感情や認知には×がついていますが，これは差別の背後に偏見がないという意味ではありません。通常，偏見や否定的ステレオタイプが差別の背後にありますが，その部分は偏見やステレオタイプの部分で定義され，差別は否定的排除行動をさすので，否定的行動のところだけに〇がついています。

◇ 表10-1　ステレオタイプ・偏見・差別の意味区分

	肯定的			否定的				
	認知	感情	行動	認知	感情	行動		
ステレオタイプ	〇	△	×	〇	△	×	〇	主要な特徴
偏見	×	×	×	△	〇	×	△	付随的な特徴
差別	×	×	×	×	×	〇	×	非該当

（1）心理学を学んだ人は，人の考えていることがわかる？

みなさんは心理学を学びはじめたとき，心理学者や心理学の勉強をした人に，なんらかのイメージ（ステレオタイプ）をもっていなかったでしょうか（多くの人は，心理学を学んだ人は「人の心がわかる」「自分や他人の悩みを解決するノウハウをもっている」「心理学者は文系の人だ」というステレオタイプをもって心理学を学びはじめます）。心理学を学ぶ前と今とでは心理学のイメージは変わりましたか？　どんなことがあって心理学のイメージが変わりましたか？　イメージが変われば，心理学を学ぶ行動も変わることでしょう。別の言い方をすれば，新たな「事実」にふれて「解釈」が変わるにつれて，はじめの心理学者ステレオタイプが変容し，それにともなって心理学を学ぶ「行動」も変化するのです。心理学者ステレオタイプは別として，通常はステレオタイプや偏見はなかなか変容しません。その理由として，ステレオタイプや偏見に合致しないできごとがあっても，例外として処理されてしまうことが考えられます[*1)]。

> Q.10-2
> あなたのもっているステレオタイプや偏見が変容した例をあげてみて，変容するのはどんな場合か考えてみましょう。

（2）偏見や差別はなくならない？

　ステレオタイプ，偏見，差別というキーワードについて少し学んだところで，確認をかねて簡単なクイズをしましょう。次にあげる記述はそれぞれ，主としてステレオタイプ，偏見，差別のどれに該当するか分類してみてください。

a) 日本人は勤勉だ。
b) 勤勉な人はまじめで融通が利かないからおもしろみがない。
c) 私は，おもしろみがない人とはつきあわない。
d) 高齢になると頭や体のはたらきが衰える。
e) 茶髪でピアスをした若者は（不真面目だから）バイトに雇用しない。
f) AB型の人はユニークな（変わった）人が多い。
g) 黒人はリズム感があり，スポーツも得意だ。

　答え：a) はステレオタイプです。b) は「勤勉な人はまじめで融通が利かない」というステレオタイプに基づき，「おもしろみがない」という否定的な評価・感情が中心になる点で偏見といえます。c) は偏見に基づき「つきあわない」という行動面での区別をしているので，差別といえます。d) は否定的ステレオタイプですし，否定的評価をともなうと偏見になります。e) は否定的ステレオタイプや偏見に基づく雇用差別です。f) はステレオタイプですが，否定的な感情が中心になると偏見となります。g) は肯定的なステレオタイプです。

　人は本当にたくさんのステレオタイプをつくっています。このクイズのa)「日本人は勤勉だ」は国民性ステレオタイプ（他に「イタリア人は陽気だ」など），b)「勤勉な人はまじめで融通が利かない」は性格類型ステレオタイプ，d)「高齢になると頭や体のはたらきが衰える」は加齢（高齢者）ステレオタイプ（他に「高齢者には知恵がある」など），e)「茶髪でピアスをした若者は不真面目だ」は外見ステレオタイプ（他に「容姿のよい人は能力がある」など），f)「AB型にはユニークな人が多い」は血液型ステレオタイプ，g)「黒人はリズム感があり，スポーツも得意だ」は人種ステレオタイプです。ほかにも民族ステレオタイプ，大学ステレオタイプ，職業ステレオタイプ，ジェンダー（性

役割）ステレオタイプ，外国人ステレオタイプ，精神疾患ステレオタイプなどがあります。

> Q.10 - 3
> なぜ人はステレオタイプや偏見をもち差別をするのか話し合ってみましょう。

（3）ステレオタイプはすべてまちがいで有害？

　ステレオタイプは，ある種の決めつけを含んでいますから，常に必ず正しいということはありません。厳密にいえば全員には当てはまらないので，すべてがまちがいでしょう。そこから，ステレオタイプはまちがいだというイメージも生まれます。またステレオタイプの対象になった人は，自分のことを決めつけられたようで不快に思うこともあります。多民族国家では，民族間の紛争とも深く関連します。このことから，ステレオタイプは差別や偏見とともに有害だというイメージも生まれてきます。しかし，ステレオタイプが有害でまちがったものばかりであるとすると，これだけ日常に入り込んでいるのは不思議です。ステレオタイプにしても，差別や偏見にしても，望ましくない側面があると同時に，それらが解消されないのは，ステレオタイプや差別や偏見があることでなんらかの恩恵があるからだとは考えられないでしょうか。

　ものごとにプラスとマイナスの側面があるように，ステレオタイプにもプラスとマイナスの両面があります。プラスの側面は，①対象となる個人や集団に関する手っ取り早いイメージをもつことができる（認知的節約），②自分たちのなかで，対象者・集団の存在に対するイメージを共有することができる，③自分たちにとり，対象者・集団の存在が安全か危険かを教えてくれる，などさまざまです。ここであげた3つの理由のうち，①は「人間はさまざまな情報処理で忙しいので，シンプルかつ的確な情報を求める認知的倹約家（cognitive miser）である」という認識に基づいています。ステレオタイプは，対象となる個人や集団のすべてに当てはまるわけではありませんが，それでもおおむね

正しければよく，当てはまらないときだけ個別に認識すればよいという二段構えの対処法です。たとえば，バスケットボールの選手は背が高い，というステレオタイプ（背の低い選手もいるが，おおむね平均以上に背が高い）がそうです。②は対象者・集団に対する認識が共有されることにより，一致した対応がとれることが望ましい場合に便利になりますが，逆に悪い偏見を流布させてしまう場合もあります。③は偏見のもたれた対象を回避するように人々を動機づけるもので，対象から及ぼされる潜在的な害から免れさせてくれるというプラス面がありますが，その反対に，対象者・集団は偏見に苦しめられるというマイナス面もあります。

> Q.10-4
> 自動車はリスクもあるけど便利なので人々に受容されています。このようにデメリットがあるのにメリットも大きくて受容されている物や人を考えましょう。

✲3．認知的バイアス

　ステレオタイプがおおむね正しい認知を提供する場合もあることを述べましたが，ステレオタイプが認識のゆがみ（認知的バイアス）に基づくことを示す研究も多く存在します。

（1）百聞は一見に如かず？

　自分のいる内集団や自分自身については，豊富な知識があるので画一的なイメージをつくりにくいのに，あまりよく知らない他者や集団については，少しの観察に基づいて画一的なイメージを形成しやすいことが知られています。知り合ってまもない人から「あなたって○○ですね」といわれたとき，「○○以外の自分もいるのに」と反発することもあるでしょう。反対に，知り合ったば

かりの人や集団について，第一印象で判断することもあるでしょう。

次の問題を考えてみましょう。表10-2をみてください。いくつかの形容詞が，①あなた，②友人というほどではない知人，③日本人全体，④アメリカ人全体にどれくらい当てはまるかを考えてみてください。そのとき，それぞれについてできるだけいろいろと思い出してから答えてください。どちらともいえない，と思う場合は0点になり，判断が極端になるほど値が大きくなります。当てはまる数値を考えたら，形容詞の右側にあるかっこのなかに数値を記入してください。そして最後に，あなたや知人，日本人やアメリカ人の評定値を合計してください。結果はどうでしょうか。個人差が大きいので，何人かの平均をとるとよいでしょう。以下の解説は，すべての評定後に読んでください。

◇ **表10-2 それぞれのイメージを考えてみよう**

									あなた	知人	日本人	アメリカ人
不道徳な	−3	−2	−1	±0	+1	+2	+3	道徳的な	( )	( )	( )	( )
冷たい	−3	−2	−1	±0	+1	+2	+3	やさしい	( )	( )	( )	( )
無謀な	−3	−2	−1	±0	+1	+2	+3	慎重な	( )	( )	( )	( )
暗い	−3	−2	−1	±0	+1	+2	+3	明るい	( )	( )	( )	( )
弱い	−3	−2	−1	±0	+1	+2	+3	強い	( )	( )	( )	( )
不安定な	−3	−2	−1	±0	+1	+2	+3	安定した	( )	( )	( )	( )
愚かな	−3	−2	−1	±0	+1	+2	+3	賢い	( )	( )	( )	( )
								評定値の合計	( )	( )	( )	( )

全体の評定は終わりましたか。どのような根拠で判断をしたでしょうか。合計値が大きいということは，それだけ極端なイメージがあるということです。知人よりあなた，アメリカ人より日本人のほうが，根拠が豊富に思い浮かんだことでしょう。本当に対象者が極端でない限り，豊富な根拠が思い浮かぶと，相矛盾する根拠も混在するので，極端な判断がしにくくなり，合計がゼロ（どちらとも言えない）に近づくはずです。

これまでの研究で，よく知らない人や集団については，限られた知識から極端な判断をする傾向が指摘されています。つまり，よく知らない対象に関してはかたよったステレオタイプが形成されやすいともいえます。実際に，自分が属する内集団についてはさまざまな人がいることを知っているため，ステレオ

タイプ化しにくいのに対して，よく知らない外集団については，ステレオタイプが形成されやすいことがわかっています。さらに，よく知らない人や集団について形成されたステレオタイプはなかなか変化せず，その人や集団が本当にステレオタイプ通りであると思いこんでしまう傾向（内部帰属）があるのです。また，外集団の人でも，ステレオタイプに不一致な言動をするほど，ステレオタイプを当てはめなくなります。内集団の人の場合は，個別情報を多く知っているので，ステレオタイプが適用されにくくなりますが，個別の情報がステレオタイプに合致する人であればあるほど，ステレオタイプで判断します。

このように私たちは，他者についてはその人がどんな集団に属し，どんな種類の人間かというカテゴリ情報とともに，その人の具体的な個性を表わす個別情報も利用してイメージを形成します。図10-1をみてください。この図には，他者を認知するときに，まずその人の属する集団などのカテゴリ情報だけに基づき，その人に「ラベル貼り」をする（たとえばその人の職業が「先生」や「銀行員」というカテゴリだったら，「頭がよい」とか「まじめ」というラベルを貼る）というカテゴリ準拠型から，個別の具体的情報だけに基づく具体情報準拠型までの，印象形成の連続体モデルを示しています。両極の中間には，カテゴリ情報のほうが有力な場合から，個別情報のほうが有力な場合まで，少しずつ微妙に変化する連続体があります。

（2）木を見て森を見ず？

かたよったイメージができるのは，かたよった部分的な情報に接しているからです。これを情報への選択的接触（selective exposure）といいます。ふだんから接する機会がない人や集団については，マスコミ報道などでかたよったイメージをもつこともめずらしくありません。たとえばニュースでは，世の中のできごとのおそらく99％以上を占める日常的な部分（実像）のことは，ごくふつうのありふれた，ニュースにならないこととして無視される反面，めずらしいこと，とても良いことや悪いことなどは，その程度が強いほど頻繁に報道します。そうすると，ニュースだけ見ている人々にとっては，その報道が強い印象を与えるために，誤ってかたよったイメージ（ステレオタイプや偏見）が，

初期のカテゴリ化	情報タイプの例
カテゴリラベルのみ（個別情報なし）	機械工学専攻の田中君
	アメリカ人一般

カテゴリ化しやすい個別情報　　　　　授業に必ず遅れ，授業単位が取れない学生
（ステレオタイプ化されやすい）　　　筋肉質で活発で競争的で知的でない人
↕

| 確認的カテゴリ化をうながす情報 |
（ステレオタイプの確認）
ラベル＋カテゴリに一致する個別情報　　押しが強く，力も強いレスラー
（カテゴリ化を修正する必要なし）　　　思いやりがなく，執念深い借金取り

ラベル＋一致度混在の情報　　　　　　運動や学業でしばしば傑出する障害者
　　　　　　　　　　　　　　　　　　押しが強いが，しばしば気弱なレスラー

強力なラベル＋不一致な情報　　　　　朝，髪型を整えるのに長時間かける男性
（強力なラベルだと不一致があっても維持）　まったく意味のない試験で高得点をとる女性
↕

| 再カテゴリ化を要する情報 |
（既存のステレオタイプでは理解できない人）
弱いラベル＋無関係な情報　　　　　　中背で髪が黒く仕事をもちTVをみる芸術家
　　　　　　　　　　　　　　　　　　自分の子どもを虐待している日用雑貨店主

ラベル＋不一致な情報　　　　　　　　子どもの主たる養育者となっている男性
（ラベルとの不一致が大きすぎ再考必要）　なんでも力にものをいわせようとする女性
　　　　　　　　　　　　　　　　　　無教養・無能・無気力で服従的な医師
↕

| 個別情報の統合 |（カテゴリラベル不使用）
カテゴリ化できない個別情報のみ　　　　勤勉で教養があり外向的な人
　　　　　　　　　　　　　　　　　　好奇心，感受性があり攻撃的で自由な人

◇ **図10-1　印象形成のカテゴリ準拠型から個別情報準拠型までの連続体モデル**
*2)より改変

あたかも全体像もそうであるかのように形成されます。たとえば，日本にあまり興味がないヨーロッパの人のなかには，今でも日本人の女性は芸者さんのような着物を着て，男性はまげを結って刀をさしているというステレオタイプをもつ人もいると聞きます。これは，どこかでそのような絵や映像をみて，印象が刷込まれているからでしょう。また，メジャーリーグで野茂投手やイチロー，松井選手などのように日本人選手が活躍しだすと，アメリカでは目立ちますか

ら，彼らが活躍する前に比べると，日本人はみんな野球がうまいと思うアメリカ人が増えてきたことでしょう。これも，アメリカでは野球のうまい日本人がマスコミで頻繁に報道されるために目立つからです。しかし実際に日本に住んでいる私たちにとっては，大リーグで活躍する日本人選手が増えたからといって，日本人が全体として野球がうまくなったとは思わないでしょう。また私自身も，アメリカ人はタバコと肥満が大嫌いであるというイメージをマスコミ報道やクチコミなどを通じてもっていたので，アメリカ人には喫煙者や肥満者はめったにいないだろうというステレオタイプを知らず知らずのうちにもっていたのですが，実際にアメリカに行ってみると，思ったより喫煙者やすごく太った人がいるのをみて，少し驚いたことがあります。そして，太った人も大勢いるからこそ，スマートな外見が重視されるのであろうと思い直したものです（ただし，学会などで接する研究者のなかには，喫煙者や肥満者はめったにいませんでした）。

　よく知らない人や集団に関するステレオタイプは，情報への選択的接触によるまちがいであることが多いということを述べてきました。その一方で，もしもよく知っているにもかかわらず，明確なステレオタイプがあるのならば，そのステレオタイプに当てはまる人が実際にも多い，したがってステレオタイプがかなり正しい可能性もあります。ただしこの場合も注意は必要です。たとえばバイト先でいつも会っている店長さんが，こわい人だったとします。いつもこわい人だから，家でもこわい人だろうと思うと，案外やさしいお父さんであったり，奥さんに頭が上がらない恐妻家ということもあります。こんな場合も，特定の役割関係（店長とバイト店員）が固定化していることで，店長としての顔しかみる機会がないという選択的接触に基づいていた可能性があるのです。

> Q.10-5
> 選択的接触によりステレオタイプや偏見をもつ例を考えましょう。

（3）目立つ特徴がステレオタイプになりやすい？

　実際の人間は複雑な存在ですが，人や集団のイメージは案外単純です。それだけ実像が単純化されているのです。その単純化されたイメージは，対象となる人や集団のもつ，目立つ特徴に基づくことが多くあります。さきほどあなた自身や知人，日本人，アメリカ人についてのイメージを答えたとき，まず浮かんだイメージを思い起こしてみてください。おそらく，なんらかの意味で目立った特徴がまず思い浮かび，それに基づいて判断したのではないでしょうか。目立った特徴はなんらかの目立ったできごとの観察に基づいています。たとえば，最近の印象深いできごと，悪いできごと，とても良いできごと，めったにないめずらしいこと，直接経験したこと，うわさで聞いたこと，などです。一言でいえば，ニュースになりやすいことです。

　さて，次の文字列を一回黙読し，文字列を見ずにノートに書いてみてください。

＜４９８３１Ｒ７４９３１３６５４Ｍ９９８２＞

　ノートに書いた文字列が，正確に元のとおりだった人はいたでしょうか。かなり記憶力のよい人でも，せいぜい13桁程度が上限ですから，それ以上できたら相当まれな記憶力のもち主といえるでしょう。しかし，途中に入っているアルファベットを，順番は違ったとしても再生できた人は多いのではないでしょうか。数字はたくさんあるから混同してしまいますが，アルファベットは数が少ないために目立ち，記憶されやすくなったのです。このように，全体のなかでも少数のものが目立つ現象を，孤立効果といいます。

　この例では，20字のうちアルファベットは2文字なので，アルファベットがいくつあったか，まちがえることはないでしょう。しかし，もっと全体の数が多くなると，少数項目の数が過大視されるようになります。その理由として，少数であるがために想起されやすく，想起されやすいものは「たくさんあったはずだ」という判断方略（利用可能性ヒューリスティック）が使われるからだという説明があります[*3)]。ハミルトンとジフォード[*4)]はこの点に着目して，アメリカ国内での黒人など少数者への否定的ステレオタイプも，黒人などが少数者で

あるうえに，そのなかの悪い人は少数であるから，白人も黒人も悪い人の比率は同じなら，少数者で悪い人が実際以上にたくさんいるように感じるのだという可能性を示しました。このように，ある変数（集団）とある変数（良い人か悪い人か）の関連（相関）を過大視する現象を，幻相関あるいは誤った関連づけ（illusory correlation）などといいます。

日本における後続研究では，19名程度までの小さい集団では好ましくない人が目立ちやすく，20人から45人くらいの集団サイズでは好ましさの違いはなく，46名程度以上のサイズでは好ましい人が目立つことや，大小2集団あると，大きいほうで好ましい人，小さいほうで好ましくない人が目立つことが見いだされています[*5]。

前述の幻相関は，集団成員ごとの情報（「集団Aの田中さんは優しい」「集団Bの山本さんは寂しがり」など）を成員人数分を与えてから，集団について判断を求めます。幻相関の効果は，集団を個人の寄せ集めと見なしたほうが出やすいという知見もあります。実際に集団主義的な傾向が強い人は，集団がかなりまとまっていないと集団とは見なさないという知見もあります。個人主義的な人は，自分は集団行動をとっているつもりでも勝手な行動をしていることが多いので，まとまりのない集団をみても集団でないとは思いにくいのかもしれません。こうした違いは，従来アメリカのように比較的個人主義的な傾向が強いとされる国で得られた幻相関の結果（小さい集団の少数者が目立つ）と，日本の結果（集団サイズによって異なる好ましさの人が目立つ）の違いを説明するのに有効です。日本のほうが，集団が集団らしくあることにこだわるのかもしれません。

> Q.10-6
> 集団サイズが大きいことや小さいことの，メリットとデメリットは何でしょう。

(4) 飛行機は自動車よりも危険？

　最近はリスクということばをよく聞くようになりました。リスクの定義は「人間の生命や活動にとって望ましくない事象が生じる不確実さの程度（確率）とその結果の大きさ（強度）の積」です。一方，通俗的な意味は「危険なこと，損失の可能性」です。ここでは通俗的な意味でリスクという語を用います。

　生存を脅かす危険なできごとは，避けるべきことです。生物は一般に，リスクを回避し，エサや安全などの利得を獲得するために進化してきたといえます。生物進化の頂点にある人間は，リスクを検出し回避する能力と，利得を検出して獲得する能力にたいへん優れています（だから進化の頂点に立てたのでしょう）。感情もリスクの認知と強く関連しています。不安はなんらかのリスクが潜んでいることを，恐怖は目前に大きなリスクがあることを，嫌悪感は対象がリスクをはらむことを，好きという感情は相手からなんらかの利得が得られることを，幸福感や喜びは利得の獲得が順調なことを知らせてくれると考えられます。したがって，否定的なステレオタイプや偏見も，その対象がリスクをもつという認知を利得の認知が上回らない限り，なくならないといえます。

　リスクの知覚は，未知性と恐ろしさに強く影響されます。たとえば携帯電話がめずらしいころには，携帯の電磁波が脳に悪影響を及ぼすリスクが真剣に議論されました。飛行機も普及していないときほど，自動車よりもはるかに危険だと見なされました。飛行機事故を題材にした実験では，死亡リスクや事故数が同じでも，一度の死者数が大きいほうが，よりリスクも事故数も大きいと判断されていました[6]。また，伝言ゲーム的に人づてに情報を伝える連鎖再生課題でも，麻薬中毒者のように本人だけが苦しむような場合はあまり偏見が広がらないのに対して，暴力的な人のように他者に危害を加える人への偏見は，たちまち増幅されて広まる可能性があります[7]。小学校のPTAでも，意外にも不登校児についてはあまり騒がれませんが，暴力をふるう児童は問題になりやすいことも，リスク認知と深く関連しています。

> Q.10 - 7
> 「坊主憎けりゃ袈裟まで憎い」というように，自分が嫌いになった人がする行動は，すべて悪くみえてしまうようになるのはなぜか考えてみよう。

（5）行列のできるラーメン店はおいしい？

　私たちの知識は，直接経験したこと（一次的情報）と，人から伝聞した情報（二次的情報）から成り立ち，大部分の知識は後者の二次的情報です。行列ができるラーメン店に並ぶのも，それだけ多くの人が認めているからよいはずだ，と思うからですし，みんなが悪くいう人は，それだけ悪い人に違いないと思うのです。私たちは二次的情報をうまく使うことで，よりよく生きることができますが，二次的情報を鵜呑みにすると，とんでもない偏見に荷担したり，とんでもない失敗をしでかすこともあります。それは第二次世界大戦におけるユダヤ人の虐殺や，日本における同和問題などについて考えるとわかるでしょう。

　みんなが共有しているステレオタイプのひとつに政治家ステレオタイプがあります。以前ある大学で300名の学生に政治家のイメージを尋ねたら，腹黒い，お金に汚い，ずるがしこいなどの悪いイメージがでてきました。そして，300名中299名が，政治家を自分の属していない外集団だと思っていたのです。これは日本の職業ステレオタイプにあっては，例外的に高い数字です。

> Q.10 - 8
> うわさがまちがっていたり大げさだったりすることがあるのはなぜでしょう。

✣ 4. まとめ

　私たちの住む世の中はとても複雑です。昔から人間は，こうした世の中の複雑さ，無常さと向き合ってきました。平家物語には「おごれるものは久しからず。ただ，春の夜の夢のごとし」と述べられています。さらに古くはお釈迦様でさえ，人生は思うままにならぬことが多く，若いままでいたいのに老いてしまったり，健康でいたいのに病気になったり，生きていたいのに人は必ず死ぬという「生老病死の苦」にずっと悩まされていました。その結果，よい方向にも悪い方向にも，すべてのものは変化し続けることをさして「諸行無常」が真理なのだと述べています。少し専門的に表現すると，このように世の中の「不確実性（uncertainty risk）」と，どのように向き合うかが，人類の普遍的な課題のひとつだといえるでしょう。他者のもつ不確実性と対応するための方略の一つとして，ステレオタイプや偏見，差別があるのだととらえ直してみれば，それらを解消するためのヒントも出てくるのではないでしょうか。

Q.10 - 9
以下の詩を読んでどんな教訓が得られるか考えてみましょう。[*8)]

Children Learn What They Live
　　If children live with criticism, they learn to condemn.
　　If children live with hostility, they learn to fight.
　　If children live with ridicule, they learn to be shy.
　　..........

◇ ◆ 引用文献

1 ）上瀬由美子　2002　ステレオタイプの社会心理学――偏見の解消に向けて　サイエンス社
2 ）Fiske, S.T., & Neuberg, S. L.　1990　A continuum of impression formation, from category-based to individuating processes : Influences of information and motivation on attention and interpretation. In M. P. Zanna（Ed.）, *Advances in Experimental Social Psychology*, vol.23, New York : Academic Press. Pp.1-74.
3 ）Tversky, A., & Kahneman, D.　1973　Availability : A heuristic for judging frequency and probability. *Cognitive Psychology*, **5**, 207-232.
4 ）Hamilton, D. L., & Gifford, R. K.　1976　Illusory correlation in interpersonal perception : A cognitive basis of stereotypic judgment. *Journal of Experimental Social Psychology*, **12**, 392-407.
5 ）杉森伸吉　1999　幻相関とステレオタイプ　岡　隆・佐藤達哉・池上知子（編著）　偏見とステレオタイプの心理学　現代のエスプリ384号　至文堂
6 ）杉森伸吉　1994　事故の規模がリスク認知に及ぼすリスク過大評価効果　心理学研究, **65**(4), 261-269.
7 ）杉森伸吉　1998　不確実状況下における認知と行動――人物情報と線画情報の伝承記憶(2)　東京家政大学研究紀要, **38**(1), 191-200.
8 ）ノルト，D. L.・ハリス，R./石井千春（訳）　1999　子どもが育つ魔法の言葉　PHP研究所

◇ ◆ さらに詳しく学ぶための参考図書

岡　隆・佐藤達哉・池上知子（編著）　1999　偏見とステレオタイプの心理学　現代のエスプリ384号　至文堂
山本眞理子・外山みどり　1998　社会的認知　誠信書房
吉田寿夫　2002　人についての思いこみⅠ・Ⅱ　心理学ジュニアライブラリ5・6　北大路書房

11章 関係とコミュニケーション

　「姉の1歳半になる赤ちゃんなのですが，やっとことばがわかる感じになってきました。私たちがその子に，たとえば暗い表情で『ごめんねぇ』などと言うと，すぐに泣いてしまいます。人の顔の表情や声の高さなどからも，赤ちゃんはわかるんだなぁと感心しています」

　この記述は筆者の心理学科目の受講生が授業の合間に話題提供してくれたものです。短い記述ながら，小さな乳児と好奇心いっぱいの大学生がやりとりしている風景に，人間関係のはじまりが象徴されているように思えます。

　親の養育が子どものその後の人生に大きな影響を与えるという可能性は，社会的な事件が起きるとマス・メディアで頻繁に取り上げられますが，一般の生活情報の表現では「その影響」について細かい領域やしくみが説明されることは多くありません。ここでは「子ども時代に受けた養育経験」がその後に与える影響やそれにかかわる要因，また「人間関係の親密さ」の重要性について考えてみます。

　次に，そういった人間関係の親密さを支える「対人的コミュニケーション」の手段として，まずことばがありますが，それ以外にも表情，視線，身ぶり，姿勢，パーソナル・スペース，接触，音声，化粧，匂い，服装など，ことばによらないコミュニケーションのなかからいくつかのトピックスを取り上げて考えてみましょう。

　また現在は，コミュニケーション手段が多様化し，コンピュータや携帯電話からインターネットを利用して，文字情報のほかに，画像や映像情報を通じてのコミュニケーションもできるようになっています。ここでは直接的，間接的に行なわれるさまざまなコミュニケーションの問題点も考えてみましょう。

キーコンセプト　親密さ，親子関係，非言語的コミュニケーション，表情，姿勢，パーソナル・スペース，身体接触，文字顔

✲1. 関係のはじまり・親密さ

(1)赤ちゃんは何にでも興味がある？

　進化論的に近縁といわれるサルの赤ちゃんに比べると，ヒトはたしかに未熟な状態で生まれてきます。サルの赤ちゃんは生まれた直後から自力で母親にしがみつくことができるのに対して，ヒトの乳児は，離乳食を食べる時期を栄養的な自力生存への移行と考えるなら，1年以上も養育者（親）からの全面的な世話に頼って生きなければなりません。

　日常生活の場面で「まだ目も見えないような赤ちゃん」などの表現を時どき耳にすることもありますが，これは正確ではありません。アトキンソンは巧妙な方法で赤ちゃんの視力を測定しました。赤ちゃんに単調な灰色の図形と変化に富んだ縞模様の図形を並べて呈示すれば，縞模様図形のほうを長く凝視します（図11-1）。しかし縞の細かさを増していくと，しだいに灰色と縞模様の区別はつかなくなります。縞模様と灰色の図形の位置はランダムに入れ替えて合

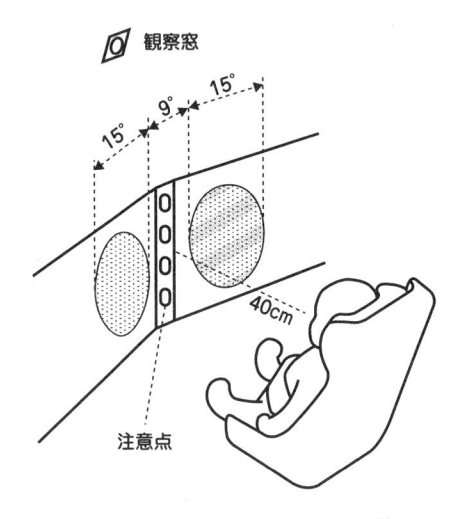

◇　**図11-1　赤ちゃんの視力測定法**[*1)]

計回数を同率に呈示するので，赤ちゃんが左右どちらか一方をかたよって見る癖があるのではないかという心配は排除できます。このようにして赤ちゃんが左右の図形を凝視する時間の長さを計測し，灰色図形と差が出ない縞模様の図形を割り出せば，赤ちゃんの視力を算出することができるというわけです。この測定法は赤ちゃんがいろいろな刺激に注意を向けるという行動特性を利用したすばらしいアイデアのお手本のような研究です。さて，このような実験室的な測定によって，赤ちゃんは，お母さんの胸に抱かれたときのお母さんの顔が一番よく見える距離に相当する視力を備えていることが確認されました。

　これ以前にはファンツが，図11-2のような図形を見せて，赤ちゃんが好んで一生懸命に見つめる対象はどのようなものか，凝視時間を観察・観測する実験を行なっています。それによると，赤ちゃんが最も長い時間，見つめていたのは人の顔の形をした図形で，次は文字が印刷されたものでした。赤ちゃんの目は，刺激に富んだ対象を見るように方向づけられていて，とくに人の顔に強くひきつけられるということでした。

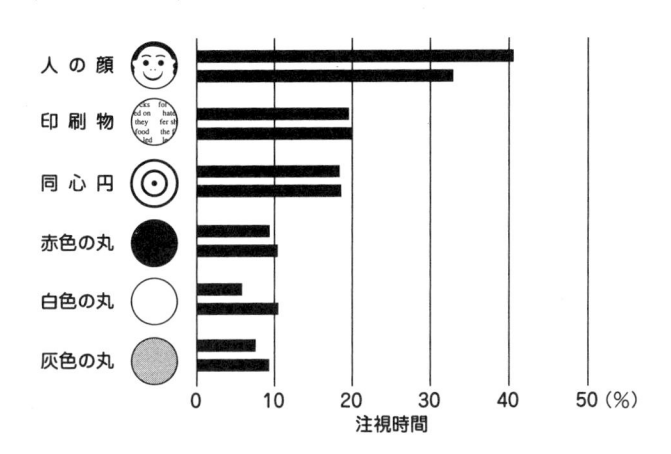

◇　図11-2　さまざまな対象に対する乳児の注視時間 *2)

Q.11-1
赤ちゃんがよく見ているものは顔のなかの何か考えてみましょう。

(2) 赤ちゃんはお母さんが大好き？

　赤ちゃんの能力は「見る」行動だけでなく，「聞く」ことにも顕われます。お母さんの声を聞いているときと知らない女の人の声を聞いているときとでは赤ちゃんの乳首を吸う頻度が変わることや，ふつうの授乳状況でも，お母さんからの応答を待つように，時どきお乳を吸うのを休む行動が観察されるという報告があります[3]。トレヴァーセンは図11-3のように，生後2か月の乳児と母親の相互交渉を分析しました。この図からは，相手が話している間は黙って聞く，相手からの反応をうながすクーイングとよばれる甘い発声や，相手を見つめる行動など，話し手と聞き手の役割交代というコミュニケーションの原型がすでに準備されていることがわかります。

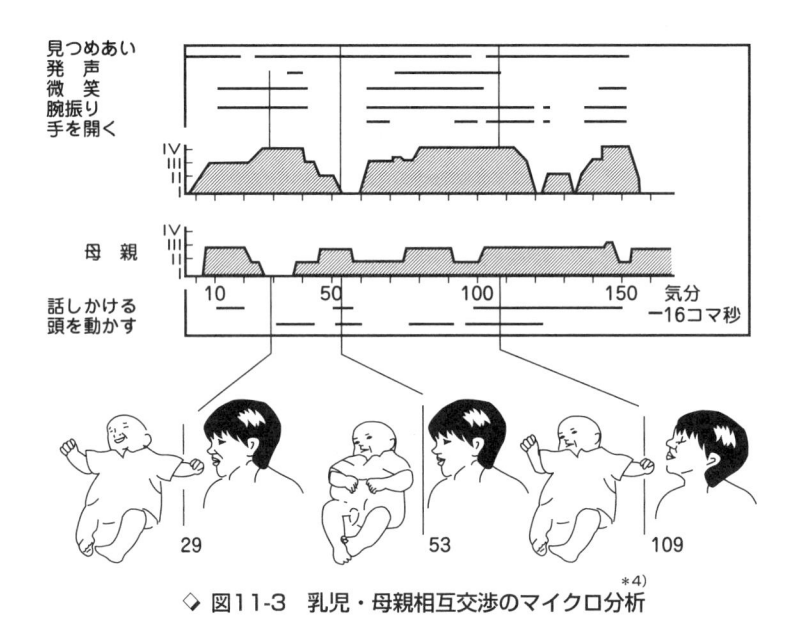

◇ **図11-3　乳児・母親相互交渉のマイクロ分析**[4]

　生後まもない新生児や乳児が示すこのような「相互同調性」は，養育者の養育行動を触発するための生存戦略として備えられた生得的な能力だと考えられますが，実際には赤ちゃんと養育者（母親や父親）との，生活場面で起こる「やりとり（相互交渉）」が相互強化関係によって深められ，コミュニケーショ

ン行動へ発展することが知られています。この相互強化は図11-4のような流れで示すこともできます。幼いころの思い出には，身近な大人から誉められたり叱られたりした日常場面が含まれています。私たちの行動の多くは，親などの養育者を含む周囲の他者の情動的反応という結果を手がかりとして学習されてきたものだといえるでしょう。

◇ **図11-4 赤ちゃんとお母さんの相互強化関係**

▷ ①赤ちゃんからお母さんへ，ケア行動を求める刺激が発信される。
　　（お母さんから自発的に初発される場合もある。赤ちゃんそのものが親のケア行動の手がかりとなる。）
　②お母さんから赤ちゃんに快い強化刺激としてのケア行動が与えられる。
　③お母さんからのケア刺激を手がかりとして，赤ちゃんがお母さんに笑顔や甘え声などの強化刺激を返す。
　　（お母さんにとっては，②に対する強化子であり，次のケア行動開始の手がかり刺激となる。）
　④お母さんから赤ちゃんの笑顔に対する強化刺激としてケア刺激が与えられる。
　⑤赤ちゃんから強化子として，お母さんに笑顔や甘え声が返される。

> **Q.11-2**
> いろいろな事情で，生まれたときからお母さんと一緒に暮らせない子どもがいますが，そのような子どもには何が最も必要なのか考えてみましょう。

　図11-5などは一般の育児書などでもよくみかけるタイプの図です。このような図を目にしたら，「お母さんの存在」の有無が赤ちゃんの行動を直接説明するわけではないことに留意したほうがよいでしょう。それはこの図が示す赤ちゃんの行動の差異は赤ちゃんの行動を強化する養育者からのケア刺激の差異の結果であり，母親の存在そのものの影響とは考えにくいからです。それよりも赤ちゃんの行動を適正に感知して，赤ちゃんの自発行動を強化するフィードバック刺激を返すことのできる養育者が定常的にかかわっていたか否かが，赤

ちゃんの反応性の差異を生む直接的な要因となります。赤ちゃんにとって，快く，生存に有利な結果が得られた行動は，次に類似の状況が生じたときに生起する確率が高くなりますから，お互いがお互いの「喜びの源泉」となり，お互いの行動を方向づけるような親密な交流や愛着関係が，相互強化によって発達するわけです。

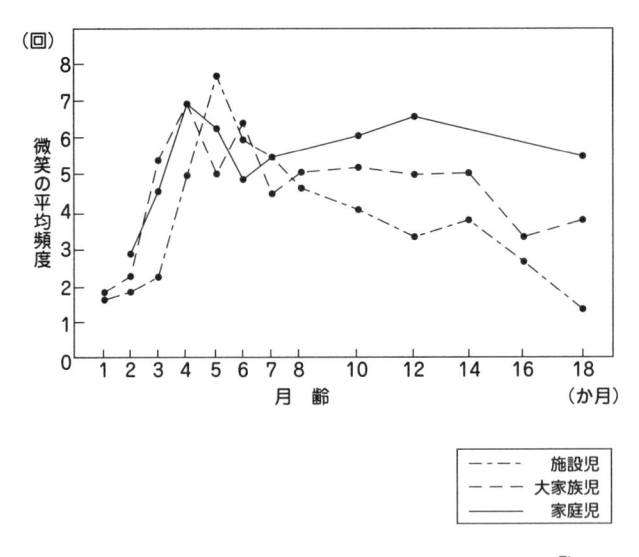

◇ 図11-5　異なる環境で育つ赤ちゃんの微笑反応 [*5]

（3）赤ちゃんに本当に必要なものはミルク？

人間の成長と発達には，ただ生理的・物質的な必要が満たされるだけでは十分ではないことを，ハーロウらのアカゲザルを用いた研究は示しています。ハーロウらは8頭の生後数時間の子ザルを母ザルから分離し，別々のケージに2種類の「代理母」といっしょに入れて飼育しました。代理母の一方は，ゴツゴツした筒型の針金で作られ，もう一方は針金の骨格を柔らかなタオル生地で包んだ手ざわりのよい温かいものでした。これらの「代理母」には哺乳瓶が着脱できる仕掛けがあり，4頭を「針金母親」の授乳で，残りの4頭を「タオル母親」からの授乳で飼育しました。

観察の結果，「針金母親」から授乳される条件であっても，子ザルは一日の

大半を「タオル母親」のところで過ごし，針金母親と接した時間は最低限でした。また，図11-7は，見慣れないゼンマイ仕掛けのクマの玩具を入れた場面ですが，見慣れないモノの侵入におびえた子ザルが駆け寄り抱きついたのは，温もりのある「タオル母親」でした。

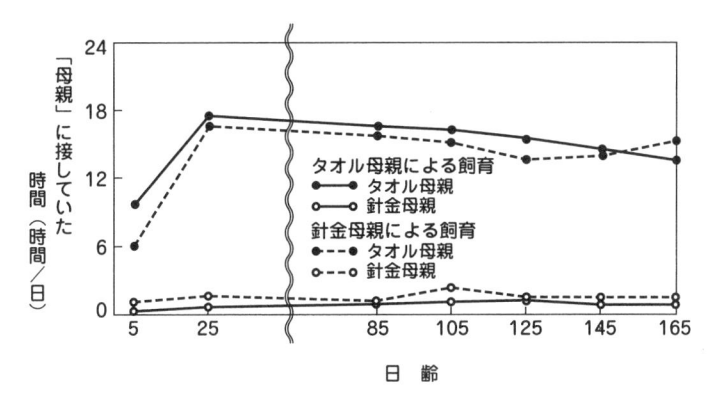

◆ 図11-6　授乳条件別に観測した子ザルの各母親への接触時間

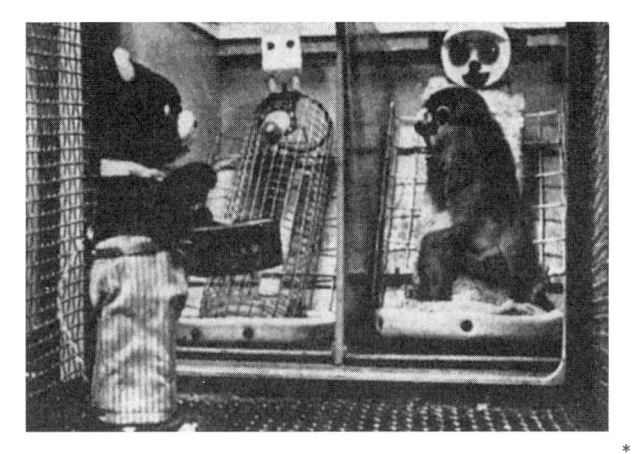

◆ 図11-7　クマの玩具におびえて「タオル母親」にしがみつく子ザル [*6]

人間の子どもは自分で立って自由に歩けるようになると，母親から少し離れて周囲の探索行動を始めます。しかし，そのように独り歩きしている子どもに見知らぬ大人が声をかけると，子どもは急いで母親のもとに保護を求めて戻ってきます。そして母親の陰に隠れて安全を確保したところで，ようやく自分に

声をかけた見知らぬ人のようすを観察します。このような動作を子ども特有の「人見知り」行動とよんでいますが，さきのクマの玩具の実験のように，子どもの行動は基本的には親や親しい大人の庇護を確保したうえで成り立つ外界の探索です。子どもにとって，好奇心や冒険的探索は知識・経験を豊かにし，行動レパートリーを拡大するために重要なことですが，その実現には親などの養育者による保護が万全に用意されていることを，子ども自身が確信することが前提なのです。

保育園や幼稚園に新しく入園する年齢の子どものなかには，激しく泣いて母親と離れることを拒否するケースがあります。実際は，このような子どもの場合でも，多くは何日かがまんして園の生活を経験すると他の子どもと安心して遊べるようになるので，それほど心配することはありません。慣れない環境に子どもだけで入っていかなければならないことを求められる幼稚園・保育園の入園時は，程度の強弱こそあれ多くの子どもが強いプレッシャーを感じているわけです。そのなかでもとくに反応が強い子どもは，未知の場面に対する不安を過敏に感じるタイプなのかもしれませんし，保護者のバックアップについて，いま一つ安心できていない子どもなのかもしれません。就学前の年齢は保護から自立に移行する発達段階なので，親からの保護も本当に必要とするときに，時宜にかなって適切に応えてもらえることが大切です。そのために養育者や保育者などは，平素から子どもの行動やようすをよくみる必要があります。

> Q.11 - 3
> 乳幼児や子どもが好む玩具にはどのようなものがあるでしょうか。その特徴を考えてみましょう。

（4）親子関係がその後の人生に影響する？

精神医学者のパーカー[*7)]は，青年期以降に発症するうつ病などの精神症状にかかわる要因として「幼少期に受けた養育の質」を調べた研究者の代表格です。パーカーは，青年期以降に心の悩みを訴えて彼のクリニックを受診する人たち

が共通して，幼少期に両親（とくに母親）の養育が「愛情欠損的統制」傾向であったことを訴えるのに気がつきました。そこでパーカーは，患者となった人たちが自分の受けた養育経験を質的・量的に評定する質問紙（PBI）を準備して，調査を実施しました。結果，状況因性抑うつ症のある患者の多くが，16歳になるまでに受けていた親の養育スタイルが，「愛情欠損的統制」すなわち「低い養護」と「過干渉」であったことが統計的に確認されたと報告しています。しかし，なぜ16歳以前に受けた愛情欠損的統制の養育が，その後の精神的健康を阻害したり，人生の選択に影響したりするのか，あるいは16歳以前とはどこから出てきた数値なのか，といろいろな疑問も生まれてきます。

「16歳以前」に関しては，テナント[*8)]が，幼少期の離別・死別などの喪失体験が，統計的には青年・成人期の心の悩み発症率を峻別する発達的な臨界期であるということを指摘しています。すなわち人がうつ病などの心の悩みに陥る危険因子として，それまで考えられてきた幼少期の「離・死別」経験は，そのことによって引き起こされる養育環境や生活の質的変化，その後にその人が受けた「代替的養育の質の低下」を含んでいると説明しています。

> **Q.11 − 4**
> 幼少期の親子関係に影響すると思われる要因を整理してみましょう。

（5）親子間の「ふれあい」が不足すると問題が起こる？

16歳以前の養育の質・量的貧困（愛情欠損的統制）と，青年期以降の心の悩みの発症までには少し時間差があります。その間にどのような影響関係が想定されるでしょうか。子どもが自分の親（養育者）を「受け入れてくれる」「理解してくれる」「愛してくれる」「好き」「尊敬できる」「必要なときにアドバイスしてくれて守ってくれる」と認識するようになる手がかりは，日常の親（養育者）と子どもとの間に起こる具体的な「やりとり」のなかにあります。つまり一つひとつはきわめてふつうのこととして，見過ごされてしまうようなこと

です。そこにはことばにならない表現も含まれているはずです。このような非言語的コミュニケーションの効果の一例として，身体接触（「タッチ」つまりお互いに「触れる」こと）と親子関係についての研究を紹介しましょう。

　ピアースら[*9)]は，身体的接触経験の質・量と養育に対する認知，そして心理的にうまくいっている感じ（心理的適応感）や心の深い悩みの有無などの関係がどのようなものか，米国州立高校の男女生徒を対象に調査を行ないました。身体的接触経験には性差もありますが，親から受けた養育の認知，心理的適応感，精神的健康度に相関が認められました。つまり養育行動のなかで親から肯定的に触られた経験をもつ人とそうではない人では，青年期の心の問題を抱える率に差が出る可能性があるということです。わが国の大学生については竹内ら[*10)]が，父親・母親の養育態度と感情的イメージ，親に対する親密感・尊敬・共感などと，身体接触経験の関係を調べています。その結果，身体接触の経験は男女ともに，思春期で大幅に減少しますが，両親それぞれの養育態度や感情的イメージと高い相関を示すユニークな指標であることが示されました。コミュニケーションとしての「触れる」「愛撫する」「手当てする」「身体境界にふみ込む↔拒否・防御する」などは，単純ですが多様な意味を含んでいます。そして，行動の主体者（触る人）と相手（触られる人）に，それぞれ特定の意味を伝達し，感情や行動を喚起します。親（養育者）と子どもの相互作用を検討する際には，伝える手段としての「触れる」行動の意味や効果もこれから見直されるのではないでしょうか。

> Q.11 - 5
> 幼少期，学齢期，思春期，現在という時間の経過をふり返り，あなた自身とご両親（養育者）との接触の頻度，接触の身体部位についてふり返ってみましょう。

2. ことばと非言語的コミュニケーション

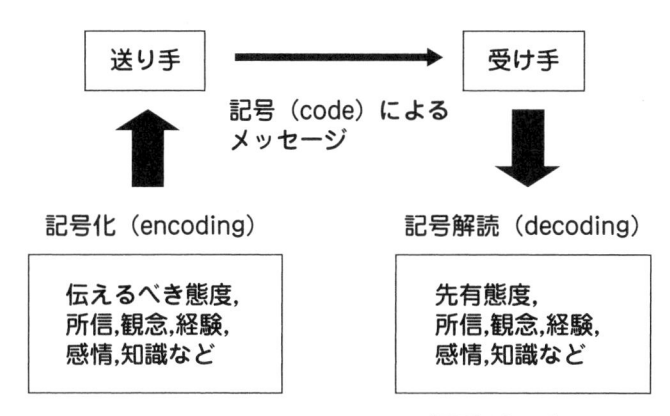

```
送り手 ──────────────→ 受け手
  ↑      記号（code）による      ↓
         メッセージ
記号化（encoding）        記号解読（decoding）
┌──────────┐          ┌──────────┐
│伝えるべき態度，│          │先有態度，     │
│所信,観念,経験,│          │所信,観念,経験,│
│感情,知識など │          │感情,知識など │
└──────────┘          └──────────┘
```

◇ 図11-8　コミュニケーションの信号伝達モデル

（1）ことば以外から感情を読み取ることができる？

　表情や視線行動については「目は心の鏡」「顔色をうかがう」「目は口ほどにものを言い」など，洋の東西を問わず語られてきました。これらの表現にもあるように，表情や視線はさまざまな情報を表出し，そこから情報を解読することもできます。これら非言語的なコミュニケーションについては，表情認知の正確さや表情判断の手がかり，表情認知の発達，表情表出のカテゴリ，表情刺激の尺度化，表情の解読テストの作成，感情表出に関する社会的スキル，文化比較などを基本的なテーマとして数多くの研究が行なわれてきています。

　表情と情動カテゴリの研究における典型的な研究方法は，表出された感情をみている人にどのような感情なのかを判断してもらうことです。ウッドワース[11]は，1人の演じる10種類の表情写真を用いて，モデルの意図した表現と観察者の判断との関係を検討しました。100人の観察者が用意された10種類の感情に関することばを使って写真を評定した結果，カテゴリを以下のように提唱しました。すなわち，①：愛情，楽しみ，幸福，②：驚き，③：恐怖，苦しみ，

④：怒り，決意，⑤：嫌悪，⑥：軽蔑の6つです。この直線的尺度に修正を加えたのが，シュロスバーグ[*12]です。彼は，各カテゴリの配列は直線的ではなく，むしろ円環的であると指摘しました。また，各表情表出は互いに直交する快―不快の軸，注意―拒否の軸で表現される2次元的配置を考えました。さらに妥当性を検討し，3次元的空間の構想を展開しています[*13),14)]。その後，表情に関して体系的な研究を続けているエクマンら[*15)]は「この種の研究の時間的幅や研究者のいろいろな理論的観点にもかかわらず，結果がおおむね一致しているのは，この現象の頑強さによる」と主張し，以下の7つの主要な感情カテゴリ，すなわち，幸福，驚き，恐怖，悲しみ，怒り，嫌悪・軽蔑，関心を指摘しています。

　表情認知の正確性の研究では，判断課題にいろいろな刺激を用いています。そのなかには，隠し撮り写真，俳優や特別に訓練を受けた人あるいは何も訓練を受けていない人が演技をした表情写真，自然な現実場面での写真やビデオなどがあります。ポーズをとったり，演技をしたりした表情の使用は，自然な表情ではないという理由から，とかく批判されがちです。逆に，写真のモデルとして俳優が使わない場合には，どの程度うまく表現できたかわからないという指摘をされることもあります。

　ふつう，人は俳優が演じるように表情を作っているわけではなく，また日常場面で表情をかなり正確に読み取れるのは，周囲の状況から情報が与えられているからだとも考えられます。演技された感情表出の研究に比較して，この種の実験は細かな感情カテゴリよりもむしろ快―不快などの感情状態の判断に限定されているようです。これは，特殊な感情を表出することのできる状況を工夫することが困難だからです。また，被験者の反応が実験者の意図していたものなのかどうかを保証することができないという弱点もあります。なお，これらの研究は静止した写真を中心にした研究ですが，最近ではコンピュータCRT画面上に，エクマンのFACSという表情符号化システム[*16)]を利用し，顔画像を合成して表情を動きとして表示できるようになってきています[*17)]。

> **Q.11－6**
> 自分の表情は何種類あるでしょうか。感情カテゴリに加えてどのようなコミュニケーションのメッセージがあるかも考えてみましょう。

（2）面と向かわなくても感情は伝わる？

　携帯メールやパソコン通信で交わされる文章のやりとりに，文章以外の非言語的な情報をもり込むための手段として文字顔（表情文字）があります。これは文の間や末尾に置かれ，文字や記号を組み合わせることによって作られます。もちろん，感情を表現する文字顔だけでなく，蛇【>﹤﹥﹥﹥】，魚【<﹤)))彡，<+))><<，>﹤))))彡】，タコ【C:｡ミ】，イカ【くコ:彡】などの表現もあるようです。

　文字顔は自然発生的に各種のネットワークで生まれました。USENETで用いられたのが最初という説もありますが，1980年ごろ，カーネギーメロン大学の電子掲示板でスコット・ファールマンという人物が使ったのが最初のようです[18]。通信ネットワークで使われている文字顔は，(^_^)(・_・)(^ム^)(^レ^;)(@_@)(~o~)のような「正立型」と，:-) :-< :-> :-O :-Pのような横向き（首を横にしてみると顔にみえる「転倒型」）があります。海外ネットワークで使われている文字顔は転倒型のものが多いのに対して，日本国内の携帯メールやパソコン通信などで使われているものには正立型のものが多いようです。正立型のものは海外ネットワークではあまりみられません。

```
(>_<)     (-｡-)y゜゜゜  (゜_゜)    (゜レ゜)   (^_-)      (^o^)/    (*_*)    (~_~)
(+_+)     (-.-)        (-_-)     (-_-;)    (;_;)       (^o^)     (~o~)    (*^｡^*)
(~_~;)    (・o・)       (・_・)    )^o^(     >^_^<      §^｡^§    (-o-;)
(=_=;)    (¥_¥;)       (゜.゜;   (゜o゜;    (;.;)       (._.)     (?_?)
(^J^)     (^ム^)       (^!^)     (-_-)zzz  (^_^)/~     (・o・)    \(^o^)/
(+_+)     (@_@)        (^^ゞ     (p_-)     (・_・;)                (^)o(^)
(^◇^)    (^u^)        (^v^)     (●^o^●)
```

◇ 図11-9　いろいろな文字顔

文字顔で送り手が意図した感情が相手に正しく伝わっているのかという問題があります。これは非言語的コミュニケーションの表出と解読の問題でもあります。野島[*19]によれば，(^_^)や：-）など文字顔を含む文章のほうが一般的に好意的に受け取られるものの，解釈が多義的なため，かえって誤解されることもあるということです。典型的なトラブルとして，ＡさんはＢさんに対して少し辛口に受け取られるかもしれないコメントをしたとします。それを和らげようとＡさんは，(^_^)をメッセージのうしろにつけ加えますが，Ｂさんはその(^_^)をＡさんの皮肉（Ｂさんには微笑みではなく冷笑に見える）として受け取ってしまい，感情を害する結果になるといった具合です。本来はネットワーク・コミュニケーションを円滑に進めるための道具としてつくられたものが，コミュニケーションの障害になるという事態です。マルチメディアやインターネットの普及などにより，コミュニケーション手段が多様化してきましたが，それに応じて人のコミュニケーション行動や感受性が発達してきているわけではないということに留意しなければなりません。

> Q.11 - 7
> 文字顔の種類の違いによって，どのような感情表出として判断されるでしょうか。さらに自分で工夫してつくった文字顔が，どのように受け取られるか確かめてみましょう。

（3）視線や姿勢からでも感情を読み取ることができる？

　視線や目の形状も，対人的コミュニケーションでの相互作用にいろいろな役割を果たしています。蝶の羽やその幼虫である毛虫などにみられる目玉のマーク，すなわち眼状紋（アイ・スポット）は，それを捕食する動物に対しての威嚇の機能をもっているといわれます。対人コミュニケーション場面でも，実際に眼と眼が合うと「ガンをつけた」などと攻撃の意味にとられたり，逆に，母子や恋人どうしの見つめ合いのように，慈愛や親愛の意味があったりします。また，スポーツでも，アイ・コンタクトなどといわれ，パスを出すタイミング

情報のやりとりとしても利用されたりしています。

　このように視線行動は，視線により好意などを伝えたり，受け取ったりする対人態度の表出機能や情報伝達機能，会話をスムーズにする調節機能をもっています。また，説得をしたり，だましたりする場面で意図的に視線を使い，相手をコントロールしようとする場合もあります。

　さて次に姿勢による感情表出についてみてみましょう。私たちは日常生活のなかでも，緊張すると肩や手に力が入り，硬直した姿勢になることがあります。対人的態度として，姿勢には「注意を引きつけられた接近の姿勢」「否定的で拒絶的な姿勢」「自信の姿勢」「落胆した姿勢」という4つの基本型があります[20]。このように姿勢がコミュニケーションの手段として有効なのは，ある精神状態（情動）が，ある一定の姿勢パターンをつくるからです。姿勢がもつコミュニケーションの機能は，他者に情報を与えます。姿勢は対人的態度を伝える重要な手段であると指摘している人もいます[21]。

　これに対して，ある姿勢がその行動をとっている本人の気分に影響を与えるということも考えられます。ある環境状況である姿勢をとると，その人の気分がそれぞれの姿勢に応じて特徴的なパターンになることが示されています[22]。このような姿勢についての対自的なアプローチは，臨床場面で関心が高まっています。たとえばニューカウンセリングの考え方では，体の動きの感覚に「気づく」ことが大切です。また「患者の身になる技法」というものも提唱されています[23]。それは患者をより深く理解するためにクライエントが去った後，セラピストみずからがクライエントと同じ場所に座り，同じ動作や姿勢なりをとってみるというものです。このような体験をしてみると，患者への理解がさらに深くなるということです。これは姿勢の対自的アプローチを臨床場面で実践しているものといえるでしょう[22]。

　ところで，「姿勢を正す」ということばは，たんに背筋を伸ばし，正しい姿勢を保つことだけを意味するのではなく，そのような姿勢をすることによって，正しい精神的状況をつくることも意味しています。つまり，姿勢は外見的な側面だけでなく，精神的な側面をも含めていて，行動（動作）と精神とは不即不離の関係にあるということです。

> Q.11 - 8
> うしろ姿からその人の感情状態を判断するには,どのような特徴に注目すればよいか考えてみましょう。

(4)物理的な距離は心理的な距離を表わす?

　非言語的コミュニケーションの一つであるパーソナル・スペースは,人間関係において重要な役割を果たしています。空間研究の多くは,なわばり(territory)とパーソナル・スペースという概念を中心に発展してきました。なわばりという概念は,動物行動の研究で用いられ,比較的固定された地理的領域として定義されています。パーソナル・スペースは,他者と社会的相互作用をする場合に,個人がとる限定された距離を説明する場合に用いられます。その距離が近づいた場合に,社会的相互作用の結果として身体接触(タッチ)という行動にいたるように,コミュニケーション行動のさまざまな機能を担っています。

　ホールは[24],「個人空間とは,有機個体がそれ自身と他のものとの間に維持する小さな保護的球体,または泡である。これは個体間で適切な空間を維持するのに役立つ」と定義しました。またソマーは[25]「個人空間とは,他者が侵入することができない領域であり,個人を取り巻く目にはみえない境界線で取り囲まれた空間である。これは,ある大きさで,不規則な形をもち,状況に応じて大きくなったり,小さくなったりする。これは人間がどこに移動しても,その周囲に設定され,占有されるなわばりの一種である。もしもその範囲内に侵入しようとする者があれば,強い反応を引き起こす情動的意味の込められた空間であり,あたかも個人を囲む目にみえない気泡のようなものである」としています。この個人空間に侵入すると,その相手に不快感や不安感を引き起こすことになります。ホールは文化によってこの空間の取り方が異なることから,この空間についての学際的研究の必要性を提唱し,それを近接学(プロクセミックス)と名づけ,観察と面接によって以下の4つの距離とそのおのおのに近接と遠方の相(aspect)を考えました。

①親密距離：他者との身体と密接に関係した距離
　　a. 近接相（0-15cm）　　b. 遠方相（15-45cm）
②個体距離：自分と他者との間に保つふつうの距離
　　a. 近接相（45-75cm）　　b. 遠方相（75-120cm）
③社会的距離：社会的活動の場でみられる距離
　　a. 近接相（120-210cm）　　b. 遠方相（210-360cm）
④公衆的距離：演説や劇場公演，聴衆への発表のような場で用いられる距離
　　a. 近接相（360-750cm）　　b. 遠方相（750cm以上）

　この4つの距離は，すべての民族に共通にあてはまるものではなく，年齢，性別，社会階層，地域，文化などによって異なっています。このように，人は自分のまわりに精神・身体的な空間をもっています。しかし，それはいろいろな状況との関係で変化します。他者との間にとられる距離が人間関係を表現していることは，「三尺下がって師の影を踏まず」という諺などにみられるように，わが国でも昔からいわれきたことです。

> Q.11 - 9
> 個人空間に影響する要因として，どのようなものがあるか考えてみましょう。また，なわばりと同じような機能を果たしている行動にはどのようなものがあるでしょうか。

（5）安心できる座席がある？

　クックはソマーの研究を検証するため，①会話，②協力，③共行為，④競争のそれぞれの状況で人が最も好んで選ぶ位置関係を調べました。クックの実験に協力したのは大学生，市職員や教師や秘書などの一般市民でした。それぞれの被験者が対話の「相手」として考えるのは，その人と同じ性別の人という設定で実験が行なわれました。結果は次のとおりでした。①座席の選好のしかたに男女差はありませんでしたが，②大学生と一般市民との間には有意差があり，③とくに協力場面（同じ試験の勉強やクロスワードパズルを解くなど）で差がはっきりしていました。一般市民では協力作業では直角か，隣り合わせの位置

が選好されているのに対し，大学生ではそれよりも距離をおいた座席位置を好み，協力場面では隣り合わせの座席，共行為（各自が別の勉強をする）では距離のある斜めの位置，競争場面では正面で対面する座席を選好する傾向が示されました（図11-10）。

会話場面						
アメリカ人	42	46	11	0	1	0
イギリス人の大学生	51	21	15	0	6	7
イギリス人の一般市民	42	42	9	2	5	0
協力作業場面						
アメリカ人	19	25	51	0	5	0
イギリス人の大学生	11	11	23	20	22	13
イギリス人の一般市民	40	2	50	5	2	0
共行為場面						
アメリカ人	3	3	7	13	43	33
イギリス人の大学生	9	8	10	31	28	14
イギリス人の一般市民	12	14	12	19	31	12
競争場面						
アメリカ人	7	41	8	18	20	5
イギリス人の大学生	7	10	10	50	16	7
イギリス人の一般市民	4	13	3	53	20	7

◆ **図11-10　角テーブルにおける状況別の座席位置選択（％）** [26]

　正対する座席は相手から多くの情報を得られる一方，攻撃や観察もストレートに受ける位置でもあるわけです。一方，直角の位置や隣り合った位置は視線的なぶつかり合いは少なく，お互いに同じ視界を共有する可能性があります。相手との交流の種類や場面によって，私たちは暗黙のうちに自分のポジションを選んでいるようです。ふだんの生活で位置や視界など意識したことはないかもしれませんが，ときには思い出して試してみる価値がありそうです。

> Q.11-10
> あなた自身が教室に座るとき，どのような場所に座り，他の人は毎回の授業でどのような位置に座っていますか。また，座席選択には，どのような要因が関係しているか考えてみましょう。

◇ ◆ 引用文献

1) Atkinson, J., Braddick, O., & Moar, K. 1977 Development of contrast sensitivity over the first 3 months of life in the human infant. *Vision Research*, **17**, 1037-1044.
2) Fantz, R. L. 1961 The origin of form perception. *Scientific-American*, **204**, 66-72.
3) 正高信男 1993 0歳児がことばを獲得するとき――行動学からのアプローチ（中公新書1136） 中央公論社
4) Trevarthen, C. 1979 Communication and cooperation in early infancy: A description on primary inter-subjectivity. In M.Bullowa(Ed.), *Before Speech*. London: Cambridge University Press. Pp.321-348.
5) マッセン, P. H.・コンガー, J. J.・ケイガン, J.／三宅和夫・若井邦夫（監訳）1984 発達心理学概論1 誠信書房
6) Harlow, H. F. 1959 Love in infant monkeys. *Scientific American*, 68-74.
7) Parker, G. 1983 *Parental Over protection: A Risk Factor in Psychosocial Development*. New York: Grune & Stratton
8) Tennant, C. 1988 Parental loss in childhood: its effect in adult life. *Archives of General Psychiatry*, **45**, 1045-1050.
9) Pearce, C. M., Martin, G., & Wood, K. 1995 Significance of Touch for Perceptions of Parenting and Psychological Adjustment among Adolescents. *Journal of American Academy of Child and Adolescent Psychiatry*, **34**, 160-167.
10) 竹内美香・鈴木晶夫 2000 親の養育態度と幼時接触経験 産能短期大学紀要, 創立50周年記念特別号, 171-184.
11) Woodworth, R. S. 1938 *Experimental Psychology*. New York: Henry Holt.
12) Schlosberg, H. 1941 A scale for the judgement of facial expressions. *Journal of Experimental Psychology*, **29**, 497-510.
13) Schlosberg, H. 1952 The description of facial expressions in terms of two dimensions. *Journal of Experimental Psychology*, **44**, 229-237.
14) Schlosberg, H. 1954 Three dimensions of emotion. *Psychological Review*, **61**, 81-88.
15) Ekman, P., Friesen, W.V., & Ellsworth, P. 1972 *Emotion in the Human Face: Guidelines for Research and an Integration of the Findings*. New York: Pergamon Press.
16) エクマン, P.・フリーセン, W.V.／工藤 力（編訳） 1987 表情分析入門 誠信書房
17) 原島 博 1988 知的画像符号化と知的通信 テレビジョン学会誌, **42**, 519-525.
18) 川上善郎・川浦康至・池田謙一・古川良治 1993 電子ネットワーキングの社会心理 誠信書房
19) 野島久雄 1993 絵文字の心理的効果 川浦康至（編） 現代のエスプリ No.306. メディアコミュニケーション 至文堂 Pp.136-142.
20) James, W.T. 1932 A study of the expression of bodily posture. *Journal of General Psychology*, **7**, 405-437.
21) Argyle, M. 1988 *Bodily Communication*. (2nd Ed). London: Methuen & Co. Ltd.
22) 鈴木晶夫 1984 姿勢と意識性との関係の検討 早稲田大学大学院文学研究科紀要別冊第11集 哲学・史学編, 9-21.
23) 神田橋條治 1984 精神科診断面接のコツ 岩崎学術出版社
24) ホール, E. T.／日高敏隆・佐藤信行(訳) 1970 かくれた次元 みすず書房

25) Sommer, R. 1969 *Personal Space: The Behavioral Basis of Design*. Englewood Cliffs, NJ:Prentice-Hll.
26) Cook, M. 1970 Experiments on orientation and proxemics. *Human Relations*, **23**, 61-76.

◇ ◆ さらに詳しく学ぶための参考図書

ブル, P. E.／高橋　超(編訳)　1986　しぐさの社会心理学　北大路書房
大坊郁夫　1998　しぐさのコミュニケーション　人は親しみをどう伝えあうか　サイエンス社
アイブル=アイベスフェルト, I.／伊谷 純一郎・美濃口 坦(訳)　1978　比較行動学　みすず書房
春木　豊　1987　心理臨床のノンバーバル・コミュニケーション——ことばでないことばへのアプローチ　川島書店
ハインド, R. A.／桑原万寿太郎・平井　久(監訳)　1977　行動生物学　講談社
異常行動研究会(編)　1993　ノンバーバル行動の実験的研究——ダーウィンからアーガイルまで　川島書店
伊東　博　1983　ニューカウンセリング　誠信書房
ナップ, M. L.／牧野成一・牧野泰子(訳)　1979　人間関係における非言語情報伝達　東海大学出版会
齊藤　勇　1990　対人感情の心理学　誠信書房
齊藤　勇(編著)　1986　感情と人間関係の心理——その25のアプローチ　川島書店
シャファー, H. R.／無藤　隆・佐藤恵理子　2001　子どもの養育に心理学がいえること——発達と家族環境　新曜社
荘厳舜哉　1986　ヒトの行動とコミュニケーション——心理生物学的アプローチ　福村出版
多田道太郎　1994　しぐさの日本文化　筑摩書房
対人行動研究会(編)　1986　対人行動の心理学　誠信書房
吉川左紀子・益谷　眞・中村　真(編)　1993　顔と心——顔の心理学入門　サイエンス社

12章 集団での行動

　私たちのまわりには，たくさんの人たちや人の集まりである集団があり，私たちは，そのような社会のなかで生きています。そして，さまざまな環境のなかで，私たちは日々自分で考え，行動しているといえますが，実はこのとき私たちはまわりの人たちや集団の影響を強く受けているのです。

　この章では，集団における個人の行動に注目し，実際に行なわれてきた心理学の実験を解説しながら，人間の心理や行動について考えていきたいと思います。とくに，集団によって受ける影響として，同調や服従，集団内における意思決定と課題遂行，没個性化といった現象に焦点をあてて紹介します。個人の考えや行動がいかに集団の影響を受けているのかということを日常的なできごとを例にあげて考えていきます。たとえば，まわりの意見によって自分の意見が変わってしまう，つい，まわりに合わせてしまうのはどうしてなのかということや，「三人よれば文殊の知恵」と「船頭多くして，船，山に登る」というのはどちらが本当なのか，さらに「赤信号，みんなで渡れば怖くない」というのはどのような心理なのかなど，ひとりでいるときと集団でいるときで私たちの考えや行動に違いがみられるということについて考えます。そしてこれらの現象や人間の行動のしくみについて考え，理解することをめざします。

　この章を学び終わったころには，自分ひとりで考えている，あるいは，行動していると思っていることも，実は周囲の力によって変化していたのだということに気づき，いかに人間の行動が集団によって規定されているかを知ることができるでしょう。

キーコンセプト　同調，集団圧力，少数者影響，権威への服従，リスキー・シフト，社会的促進と抑制，社会的手抜き，認知的不協和，没個性化，合理的行為

✤1. 他者から影響を受ける

（1）自分が正しいと思うことは，反対されても最後まで通せる？

　私たちはふだん，自分の意見を主張したり，何かしようと行動することがありますが，その際，まわりの人たちや集団，あるいは社会などからさまざまな影響を受けています。そのことを，私たちはいつも意識しているというわけではないかもしれませんが，自分の考えや行動がまわりによって変化するという現象はよくみられます。

　たとえば，あなたが3人の友だちと一緒に喫茶店に行ったとします。そして，あなたはメニューを見ながら，「コーヒーとケーキを注文しようかなぁ」と考えていたとします。そこにお店の人が注文をとりに来ました。すると，あなた以外の3人の友だちはどちらも紅茶のみを注文し，だれもケーキをたのまないということがわかりました。そこで，最後にあなたが注文する番になりました。あなたならどうしますか。最初に考えていたとおりに，コーヒーとケーキを注文しますか。おそらく多くの人は，当初考えていたコーヒーとケーキではなく，コーヒーのみを注文する，あるいは，コーヒーをやめて3人の友だちと同じ紅茶を注文するかもしれません。

　このような行動は，まさに集団による影響を示しており，この現象を「同調」といいます。つまり同調とは，まわりに合わせて自分の行動を変化させること，ということができます。この同調に関する代表的な研究として，アッシュの研究があります。以下に，アッシュの実験手続きについて紹介します。

　図12-1には，アッシュが実験に用いた課題（刺激カード）の例が示されています。まず被験者は，図に示されている2枚のカードを見て，左のカードにある線と同じ長さの線を，右のカードの3つの番号のうちから選ぶように指示されます。この実験では，図12-1をみてもわかるように，すぐに正解がわかる線が示されているカードを使っています。被験者一人ひとりにこの課題をさせたところ，正解率は99％以上でした。

　そこで次に，同調が起こるかどうかを検討するための実験です。前回の実験

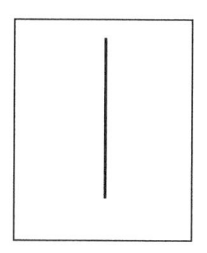

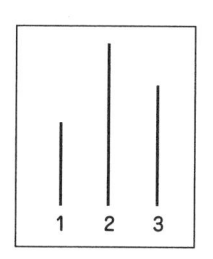

◇ **図12-1　アッシュが実験に用いた課題（刺激カード）の例**[*1)]

ではひとりで課題を行ないましたが，今回は，男子学生8人（前後）の集団で課題を行なうという設定にしました。実験課題は前回とまったく同じでしたが，違ったのは，被験者8人が順に正解を答えていくというものでした。しかし実は，この8人のうち本当の被験者はひとりだけで，残りの7人は実験に協力するためのサクラ（実験の協力者）でした。そして，本当の被験者が正解を答える順番は7番目，と設定されていました。サクラの7人は最初の2試行は正解を答えましたが，次の3試行目からは，サクラ全員がまちがった正解ではない回答をする，つまり，この3試行以降に，本当の被験者が正解を答え続けるか，ということが実験の目的であり，同調という現象が起こるかどうかを調べるというわけです。

　もし，あなたがこの実験の被験者だったとしたら，どうしますか。正しい答えを言い続けることができるでしょうか。実験の結果から，約75％の被験者がサクラの7人に同調して，まちがった回答をするということが明らかにされました。一度も同調をしなかった被験者は，わずか25％でした。つまり，通常ならひとりで行なえば正解率は99％以上という課題にもかかわらず，まわりの人たちの回答反応に影響され，被験者の行動が変化したのです。このように，集団の力によって自分の意見が変化し，人に合わせるといった行動は，私たちに十分実感があることではないでしょうか。

　ところで，このような同調はどんな条件でも起こるのでしょうか。先に紹介したアッシュの実験では，本当の被験者はひとりだけで，集団は8名で構成されていました。そこで次にアッシュは，実験の課題はまったく同じで，集団の

◇ 図12-2　ペンシルバニア大学(アメリカ)にあるソロモン・アッシュ・センター

数，すなわち，サクラの数を変えて実験を行ないました。つまり，ここでの実験目的は，同調が引き起こされる原因として，集団を構成する人数が関係しているかどうかを検討することでした。その結果，サクラひとりと本当の被験者ひとりであれば，サクラがまちがった回答をしても，被験者はその意見にまどわされることなく，ほとんど同調が起こらないということが示されました。そして，サクラの数が2人，3人と増えていくにしたがって，被験者の正解率が急激に減ることがわかりました。また，サクラが3人以上になると，それ以上サクラの人数が増えても，あまり同調する割合に変化はみられない，ということが明らかにされました。このことから，同調は3人以上であれば引き起こされやすいといえそうです。

さらに，アッシュは同じ実験課題を用いて，さまざまな状況下で同調に関する実験を行なっています。たとえば，8人の集団内に，本当の被験者のほかに，いつも正しい回答をするサクラを1人入れて実験を行ないました。先に紹介した実験では，本当の被験者以外はすべてまちがった回答をするサクラでしたが，今回は，常に正しい回答を述べるサクラ，すなわち「仲間（味方）」がいるという状況でした。もし，あなたがこの実験の被験者だったら，どのように行動するでしょうか。実験の結果では「仲間」がいるときの正解率は「仲間」がいないときの正解率に比べて，約4倍高くなっていることが明らかにされました。つまり，たった1人でも，自分と同じ「仲間」という存在があることで，同調が起こりにくくなるということがわかったのです。

さらに，アッシュはこの「仲間」がいるという実験をアレンジして「仲間」が途中からいなくなる場合と「仲間」が途中から他のサクラである多数者のほうに寝返ってしまう場合の2つの条件を設定し，同様の実験を行ないました。具体的に説明すると，実験の全12試行のうち前半の6試行はどちらの条件も同じで，1人のサクラは被験者と同じ正しい回答をします。しかし，後半の7試行目から，「仲間」が途中からいなくなる条件ではサクラが退出し，一方「仲間」が寝返ってしまう条件では被験者とは異なった（他のサクラと同じ）まちがった回答をするというわけです。このような2つの条件で，7試行以降の被験者の同調傾向を検討しました。その結果「仲間」が寝返った条件では間違った回答をする割合が急激に増加し，その誤答の割合は「仲間」がまったくいない実験条件とほとんど同じでした。つまり「仲間」が寝返ることによって，「仲間」がいないときと同じくらいまで，同調の割合が増加したのです。一方「仲間」が途中で退出した条件では，7試行以降に間違った回答をするという割合はそれほど高くはなりませんでした。これらの結果から，今まで自分を支持してくれていた「仲間」が途中から自分を支持しなくなることによっても，同調行動が引き起こされるということが明らかになりました。

> **Q.12-1**
> 先に紹介したアッシュの実験からは，同調を左右する要因として，集団の数や「仲間」の存在やその条件が明らかにされていますが，このほかにも，同調にはさまざまな要因が影響すると考えられます。
> 同調を左右すると思われる要因をひとつ考え，その要因が同調に影響することを実証するためには，どのような実験を行なえばよいかを考えてみましょう。実験の目的(仮説)や被験者，実験条件，手続きなど，具体的に設定し，どのような結果が示されれば，その要因が同調に影響することを証明できるかを考えてみましょう。

　ここでは，集団の影響として同調が起こることを紹介しましたが，このよう

な同調は，あなたの身の回りや日常生活においても，よくみられる現象だといえます。その時代のファッションや流行なども，同調という観点から考えてみるとおもしろいでしょう。

（2）自分の意に反する命令には逆らえる？

先に紹介した同調に関連して，権威をもった人からの命令や指示にやみくもに従ってしまうことがあります。あなたは，自分の意に反する命令や指示に逆らうことが本当にできるでしょうか。

人は権威に対して，どのくらい服従してしまうのかを綿密に検討した実験として，ミルグラムの研究があります[*2)]。この実験では，罰を与えられることが記憶にどのような効果をもたらすか，という嘘の説明のもとに被験者が新聞広告で一般に広く集められました。そして被験者は，もうひとりの参加者とペアになり，くじ引きをして教師役と学習者の役のどちらかを決めるという設定になっていました。しかし実は，このもうひとりの参加者というのはサクラで，くじ引きの際にも常に被験者が教師役になるように設定されていました。学習者の役であるサクラは，隣の部屋にある電気ショックが流れるイスに座らされます。そして，教師役である被験者は，学習者に単語組み合わせリストを学習させ，もし，学習者が記憶テストでまちがえば，実験者の指示に従って，罰として電気ショックを与えるように教示されました。教師役の被験者は，電気ショックを与えるスイッチの前に座らされました。このスイッチは全部で30個あり，15ボルトから450ボルトまで，順に15ボルト間隔のものでした。スイッチにはボルト数に応じてショックの強度表示があり，15ボルトから60ボルトは「かすかなショック」，375ボルトから420ボルトには「危険－すごいショック」，さらに435ボルト以上には「×××」という表示がついていました。また，被験者は，学習者がまちがうたびに電気ショックの強度を上げていかなくてはいけないと教示されており，もし，被験者がスイッチを押すことをためらっても，実験者はスイッチを押すように指示しました。なお，この実験では，学習者であるサクラは実際には電気ショックを受けておらず，被験者によって押されるスイッチの強度に応じて声をあげたり壁をたたくなどの演技をしていたのです。

このような実験において，もしあなたが被験者だったら，どのレベルまでスイッチを押すことができますか。最後までスイッチを押すことができますか。おそらく多くの人が最後の450ボルトまでスイッチを押すことはできない，あるいは途中でスイッチを押すことを拒否するだろうと考えるでしょう。しかしながら，実際の実験結果はそうではありませんでした。最後の450ボルトまでスイッチを押した被験者は40人中26人と，実に全体の65％に達していました。また，285ボルト以下でスイッチを押すことを拒否した被験者はひとりもいませんでした。

　この実験結果は，人がいかに命令に服従するかということを示しています。このような結果を，あなたは意外に感じるかもしれませんが，これらの被験者は決して電気ショックの痛みや危険性を認識していなかったわけではありません。むしろ，多くの被験者はスイッチを押すことに対して震えたり，汗をかいたり，さまざまな緊張状態を示し，ひきつけを起こした人もいたほどです。しかしそれでも，被験者は実験者の指示に従い，スイッチを押し続けたのです。このように，この実験から，人がいかに命令に弱く逆らえないかということが示されたといえます。

> **Q.12－2**
> 先に紹介したミルグラムの実験を基に服従を高める要因について考え，それを検証するための実験を考えてみましょう。また，なぜ同調や服従が起こるのか，その理由についても考えてみましょう。

✲2．集団での意思決定と課題遂行

(1) 船頭多くして，船，山に登る？

　「三人よれば文殊の知恵」ということばがありますが，この意味は，凡人で

も3人集まれば優れた考えが生まれる，つまり，ひとりでものごとを考えるよりも，複数で集まって相談して考えた方がよい考えが浮かぶということです。この反対として「船頭多くして，船，山に登る」ということわざもあります。これは，あれこれ指図する人が多すぎると，かえって統制がとれずに思いもよらない方向にものごとが進んでしまうという意味です。一見どちらも「なるほど」と納得することばです。しかし，これらは，どちらが本当なのでしょうか。

　独創的なアイデアを提案しようとする場合，集団で考えるよりもひとりで考えた方がアイデアが優れており，かつ提案されるアイデアの数も多いということが明らかにされています[*3]。また会議など，なんらかの意思決定をしなければならない場合においても，集団での決定が必ずしも優れているとは限らないことも指摘されています。

　たとえば，歴史的にも有名な話として，1961年にアメリカがキューバのピッグズ湾に侵攻したという外交政策の失敗やルーズベルト政権の真珠湾攻撃に対する準備の誤りなどがあり，これらの政策の失敗は，おろかな集団による意思決定が原因だと指摘されています[*4]。集団内では，効率的な意見や独創的な考えが抑制され，集団から逸脱しないような力がはたらくため，その結果として，おろかな意思決定をしてしまうようです。たとえば，企業の経営や方針などの決定や重要な意思決定をしなければならない会議など，必ずしも複数で集まって相談をするということがよい効果をもたらすというわけではないようです。

　このように，集団が私たちの思考や行動を，極端な方向に導いてしまう傾向を「集団極性化」とよびます。またとくに集団によって危険な方向に意思決定が傾く現象のことを「リスキー・シフト」といいます。リスキー・シフトの代表的な研究として，ウォラックらの実験があるので，以下でみてみましょう[*5]。

　この実験の目的は，集団のほうが個人による決定よりも，より危険な方向にシフトするかどうかを検討することです。実験課題は，ある状況を提示してどのような選択をするかを意思決定するというものでした。課題の例を以下に示していますが，どのくらい成功の可能性・見込みがあれば，危険をともなう行動をとるかをパーセントで答えるようになっていて，課題は全部で12ありました。実験の参加者は，実験群か統制群のどちらかに分けられました。そして，実験群では，被験者はまず一人ひとりが個別に12の課題に回答し，その後，男

女6人ずつの集団になり，同じ12の課題について集団でひとつ意見を出すように意思決定が求められました。そして，集団での討議終了後，再びひとりずつ同じ12課題について回答2週間から6週間後に，同じ12の課題について個別に回答が求められました。一方，統制群では集団による討議はなく，一人ひとりの回答のみが求められました。

ウォラックらの課題の例[*5]

課題1：ある電気技師がいます。彼は，そこそこの給料をもらっています。今現在の会社にとどまったほうがいいか，あるいは，給料はかなり高いが何年勤めることができるか長期的な安定の見込みのわからない会社に変わったほうがいいのか，悩んでいます。あなたなら，何パーセント成功する可能性があれば，新しい会社に移動しますか？

課題2：重い心臓病にかかっている人がいます。彼は，大きな手術をしなければ，制約の多い生活を送らなければならないという状況にいます。しかしその手術は，成功すれば完治しますが，もし失敗すれば命を失う危険性があります。あなたなら，何パーセント成功する可能性があれば，その手術を行ないますか？

その結果，集団による意思決定を行なった実験群では，最初に一人ひとりが回答した値に比べて，集団による討議を行なったあとのほうが，たとえ成功する可能性が低くても，より危険性の高い選択をしようとする傾向が強くなることが示されました。そして，このような集団による意思決定は，集団の討議後に一人ひとりに回答させた個人の意見にも影響を与えており，よりリスクの高い意思決定を個人になっても行なうことが示されました。一方，統制群についてみてみると，最初の個人の意思決定については実験群と統制群に違いはみられず，統制群では，最初の個別に行なった意思決定と時間が経過したあとの意思決定にも，違いがみられないことがわかりました。このように，個人に比べて集団での意思決定は，より危険性が高い方向にシフトするようです。

> Q.12-3
> 「リスキー・シフト」と「同調」という現象は，どちらも集団の影響によって引き起こされますが，何がどのように違うのでしょうか。「リスキー・シフト」と「同調」が起こる理由の違いについても考えてみましょう。

（2）ひとりよりもみんなですると仕事がはかどる？

　学校や図書館などで，ひとりで勉強をしているよりは，知らない友だちでもだれかがいることによって，遅くまで残ってがんばることができるという経験をしたことがある人がいるかもしれません。ある課題を行なう場合，ひとりでするときと，だれかといっしょに行なうときでは，どちらがよい結果をもたらすのでしょうか。

　個人あるいは集団という，課題を行なう状況によって，課題の成績が違ってくることは容易に想像できますが，それは課題の内容による影響で，単純で簡単な課題を行なうときには，ひとりよりも集団で実施する方が課題成績がよくなることがわかっています。このように，集団の影響によって個人の課題成績が促進されることを「社会的促進」といいます。一方，複雑で困難な課題の場合には，集団で行なうよりも個人で行なった方が成績がよいことがわかっており，集団によって個人の成績が低下してしまう現象のことを「社会的抑制」といいます。このような社会的促進や社会的抑制という現象が生じる理由について，ザイアンスは，自分以外の人の存在によって覚醒水準が高くなるため，簡単でわかりやすい課題の場合は成績が上がるという正反応が生じ，一方，むずかしく複雑な課題の場合には逆に成績が下がるという誤反応が引き起こされると説明しています[*6]。

　このほか，集団の存在によって，課題を達成しようとする動機づけが影響を受けることがあります。たとえば，ひとりよりも集団でものごとを進めた方が，より大きな成果が生まれると考えることができますが，これは本当でしょうか。ひとりの力を「1」とすると，10人集まればその力は「10」つまり10倍になる

はずです。しかし本当に常にその集団を構成する人数分だけ、その集団の力は大きくなるのでしょうか。

実は集団ではひとりで何かをしようとするときよりも、達成意欲が低下する、つまり力を発揮しないという現象が起こります。たとえば、運動会での綱引きや重い荷物を運んだり、おみこしをかつぐといった状況を考えてみるとよくわかりますが、集団になると、ひとりで行なうときにがんばる量に比べて、その力は減ってしまうのです。つまり、手を抜いてしまうというわけです。本来一人ひとりが出せる力が、集団になると100パーセント発揮されるわけではなくなってしまうのです。このような集団によって引き起こされる現象を「社会的手抜き」とよんでいます。

社会的手抜きに関する研究として、ラタネらの実験があります。彼らは、声をあげたり拍手をして、大きな音を出すという課題で、どのくらい社会的手抜きが生まれるかを検討しています。対象者は6人の男子大学生で、6人をひとつの集団として防音室に入ってもらい大きな音を出すように教示されました。また、集団を構成する人数として、1人、2人、4人、6人という4つの条件を設定し、それぞれの条件ごとに大声や拍手の音量に違いがみられるかを調べ

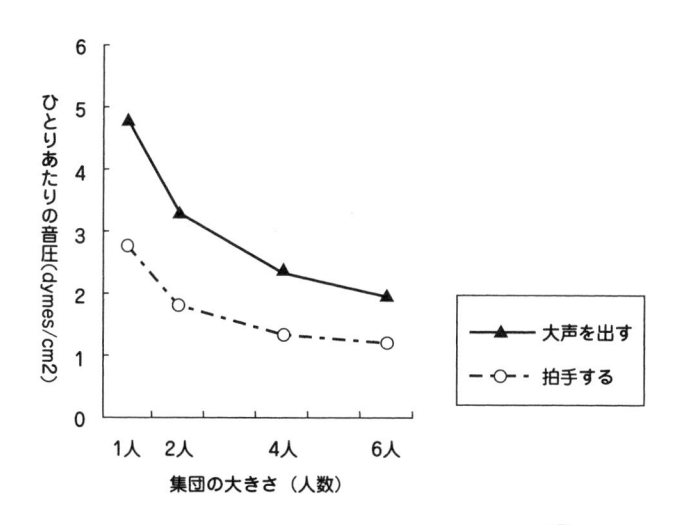

◇ **図12-3 集団の大きさと社会的手抜きの関係**[7]

ました。その結果，図12-3に示しているように，集団が大きくなればなるほど，大声をだす，拍手する，というどちらの課題においても，1人あたりの音量が減少することが明らかにされました。

> Q.12-4
> どうして社会的手抜きという現象が起こるのか，その理由について考えてみましょう

3．集団における個人の心と行動

（1）自分のなかで矛盾があると，考え方が変わる？

これまで，同調や服従，集団内における意思決定や課題遂行など，個人の行動や態度が集団によってさまざまな影響を受けることをみてきましたが，このような場合，私たちの心のなかには，葛藤する考え（認知）が生まれることになります。つまり，当初考えていたことや最初に示していた態度が，集団の影響によって最初とは異なったものに変化し，そのことで矛盾を感じてしまうわけです。たとえば「コーヒーとケーキを注文しよう」と考えていた最初の認知が，結局周囲の影響を受けて「紅茶だけを注文した」という認知と不協和を起こし，心理的な不快感や緊張が生じます。

そこで私たちは比較的変えやすいどちらかの認知を変えて，これらの不協和を低減するのです。「紅茶だけを注文した」という事実は変えることができないため「コーヒーとケーキを注文しよう」と考えていた最初の認知を変えようとします。たとえば「どうしてもコーヒーとケーキを注文したかったわけではない」あるいは「コーヒーよりも紅茶のほうがおいしい」というように，新たな説明や解釈を追加して，矛盾であった不協和を低減するのです。

このような心のはたらきを説明したのが，フェスティンガーの提案した認知的不協和理論です[8]。この理論では，2つの認知間に矛盾があることによって認

知的に調和のとれない不快な状態に陥り，それによって人はそのような状態を回避するように動機づけられると説明されます。

> Q.12-5
> 喫煙について考えてみると，喫煙者は「タバコが好き」ということと，「タバコは身体に悪い」という2つの認知があり，これらは不協和を起こしています。このような事態を解消させようとして，どのような行動が新たに生じるか考えてみましょう。また，喫煙をやめさせようとするなら，どのようなはたらきかけが効果的かを考えてみましょう。

（2）赤信号みんなで渡れば怖くない？

　集団の心理には凝集性や集団間の葛藤など，さまざまな力が働きますが，個人が集団に埋没することで不合理な行動を正当化するという，「没個性化」とよばれる現象が引き起こされることがあります。

　この没個性化は，多くの人のなかや集団の内にいることで自分自身に注意が向かなくなり，一人ひとりの個性やアイデンティティが失われる状態なのです。このような没個性化という状態では，人は自分自身の行動を監視したり評価することがなくなり，他者からの評価についても気にしなくなります。その結果，非難されて生じる罪や恥の意識や，罰や制裁などの恐怖感も弱まり，ふだんであれば抑制している行動を起こしやすくなります。たとえば，ひとりでは暴力をふるわない人でも仲間といっしょだといじめやリンチに加わったり，暴走行為をするなど，衝動的で反社会的な行動は，没個性化の代表例であり，そのとき人は我を忘れ，理性を失っている状態だといえるでしょう。

　ジンバルドーが行なった没個性化に関する実験をみてみましょう[9]。彼は，女子大学生4人を一つのグループにして，グループのメンバーとは別の2人の女性に対して，その人が課題をこなすたびに電気ショックを与えるという実験を行ないました。その際，4人の被験者全員に大きめのコートとフードを着せ，

その被験者がだれなのかを相互にわからないようにする「匿名」条件と，被験者はふつうの服のまま名札をつけてお互いの顔や名前がわかるようにする「識別可能」条件という2つの条件を設定し，被験者をランダムにどちらかの条件に分けました。被験者たちには，電気ショックは条件づけの実験のために行なうという名目が教示されました。そして，4人のうち2人が電気ショックのボタンを押す人としてくじ引きによって選ばれ，「だれが電気ショックを与えているかはまったくわからないようになっている」という説明を受けました。しかし実はこれにはしかけがあり，4人のうち2人が電気ショックのボタンを押すのではなく，本当は4人全員がボタンを押すように設定されていたのです。

　また，この被験者たちは，電気ショックを与えるという実験に入る前に，電気ショックを与えられる2人の女性に関する面接ビデオを見せられました。ひとりの女性は，やさしく暖かい感じの「よい印象」を与える女性としてビデオに登場し，もうひとりの女性は，偏見をもったあまり感じのよくない「悪い印象」を与える女性としてビデオに映っていました。このようにこの実験では，被験者は「よい印象」と「悪い印象」を与えるそれぞれの女性に対して，電気ショックを与えるという課題を行ないました。

　実験の結果，コートとフードを着せてお互いの被験者がだれなのかをわからないようにした「匿名」条件のほうが，名札をつけて相互の顔や名前がわかるようにした「識別可能」条件に比べて電気ショックを与える時間が長いことが明らかになりました。さらに「匿名」条件の被験者は，電気ショックを与えられる女性の特徴（「よい印象」を与える女性か，あるいは「悪い印象」を与える女性かという2つの条件）に関係なく電気ショックを与えており，時間がたつにつれてますます多くの電気ショックを与えていました。一方「識別可能」条件の被験者は，電気ショックを与えられる女性が「いい印象」の場合は，電気ショックを与える回数が減少しており，逆に「悪い印象」の場合には，その回数が増加していました。このように，匿名性が保証されることによって，電気ショックを与えるという攻撃が増加する，つまり没個性化が促進されるということがわかりました。この匿名性のほかにも，没個性化を促進する要因として，たとえば責任がない，あるいは責任が分散しているという場合や，興奮した状態にあるといった条件があげられます。

このように，没個性化とは，個人が集団に埋没することで不合理な行動を正当化するという現象ですが，人間の合理的な行動に関する理論として，フィッシュバインとエイゼンの「合理的行為の理論」があります。この理論は，図12-4 に示すように，合理的な行為である「行動」の規定要因として，実際に行動しようと意図する「行動意図」があり，この「行動意図」は「態度」と「主観的規範」という2つの要因から予測されると考えます。「態度」とはある行動がもたらす結果に対する自己の信念と，その結果に対して個人が好ましいあるいは好ましくないと考える評価によって規定される個人的要因です。一方「主観的規範」とは自分のある行動に対する他者からの期待についての認知と，他者の期待に沿おうとする動機づけの強さによって規定される社会的要因です。これら2つの要因の強さによって「行動意図」が規定され，実際の「行動」が決まるとされます。この理論はのちにエイゼン自身によって行動のコントロール感という要因が追加され，「計画的行動の理論」として拡張され，行動変容に関する包括的なモデルとして健康心理学の領域において非常に多く活用されています。

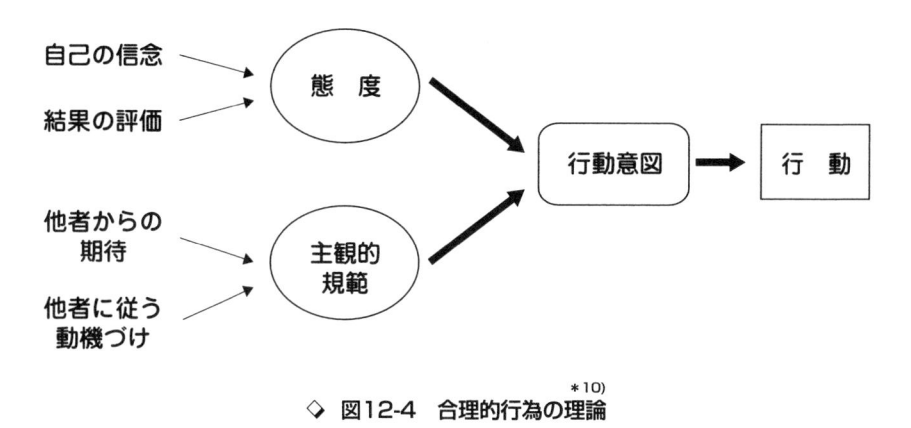

◇ 図12-4　合理的行為の理論 [10]

Q.12-6
図12-4 に示した「合理的行為の理論」を手がかりにして「赤信号，みんなで渡れば怖くない」という心理を分析してみましょう。

◇ ◆ 引用文献

1) Asch, S. E. 1955 Opinions and social pressure. *Scientific American*, **193**(5), 31-35.
2) Milgram, S. 1963 Behavioral study of obedience. *Journal of Abnormal and Social Psychology*, **67**, 371-378.
3) Taylor, D.W., Berry, P.C., & Block, C.H. 1958 Does group participation when using brainstorming facilitate or inhibit creative thinking? *Administrative Science Quarterly*, **2**, 23-47.
4) Janis, I. L. 1982 *Groupthink : Psychological Studies of Policy Decisions and Fiascoes.* (2nd Ed). Houghton Mifflin.
5) Wallach, M. A., Kogan, N., & Bem, D. J. 1962 Group influence on individual risk taking. *Journal of Abnormal and Social Psychology*, **65**, 75-86.
6) Zajonc, R. B. 1965 Social facilitation. *Science*, **149**, 269-274.
7) Latané, B., Williams, K. & Harkins, S. 1979 Many hands make light the wor : Cause and consequences of social loafing. *Journal of Personality and Social Psychology*, **37**, 822-832.
8) フェスティンガー, L.／末永俊郎(監訳) 1965 認知的不協和の理論 誠信書房
9) Zimbardo, P. G. 1970 The Human Choice : Individuation, Reason, and Order versus Deindividuation, Impulse, and Chaos. In W. J. Arnold & D. Levine (Eds.), *Nebraska Symposium on Motivation.* Lincoln, Nebr : University of Nebraska Press.
10) Fishbein, M., & Ajzen, I. 1975 *Belief, Attitude, Intention, and Behavior : An Introduction to Theory and Research.* Reading, MA : Addison Wesley.

◇ ◆ さらに詳しく学ぶための参考図書

安藤清志・大坊郁夫・池田謙一(著) 1995 現代心理学入門4——社会心理学 岩波書店
アロンソン, E.／古畑和孝(監訳) 岡 隆・亀田達也(訳) 1994 ザ・ソーシャル・アニマル——人間行動の社会心理学的研究 サイエンス社
藤原武弘(編) 1997 現代心理学シリーズ9——社会心理学 培風館
末永俊郎・安藤清志(編) 1998 現代社会心理学 東京大学出版会
ジンバルドー, P. G.／古畑和孝・平井 久(監訳) 1983 現代心理学 I・II・III サイエンス社

人名索引

【A】
エイゼン (Ajzen, I.)　*233*
オルポート (Allport, G. W.)　*101*
アーノルド (Arnold, M. B.)　*82*
アッシュ (Asch, S. E.)　*220*
アセリンスキー (Aserinsky, E.)　*75*
アトキンソン (Atkinson, J.)　*200*

【B】
ブレイクモア (Blakemore, C.)　*57*
ボウルビィ (Bowlby, J.)　*109*
ブラウン (Brown, D.)　*136*

【C】
キャノン (Cannon, W. B.)　*82*
キャッテル (Cattell, J. M.)　*101*
クック (Cook, M.)　*215*
コスタ (Costa, P. T. Jr.)　*105*

【D】
ダーウィン (Darwin, C.)　*82*

【E】
エクマン (Ekman, P.)　*82, 89, 210*
エリクソン (Erikson, E. H.)　*143*
アイゼンク (Eysenck, H. J.)　*101*

【F】
ファーブル (Fabre, J. H.)　*130*
ファンツ (Fantz, R. L.)　*201*
フェヒナー (Fechner, G. T.)　*41*
フェスティンガー (Festinger, L.)　*230*
フィッシュバイン (Fishbein, M.)　*233*
フロイト (Freud, S.)　*109, 125*
フリードマン (Friedman, M.)　*71*
ファーナム (Furnham, A. F.)　*1*

【G】
グレゴリー (Gregory, R. L.)　*45*

グロッサース＝マティクス (Grossarth-Maticek, R.)　*111*

【H】
ホール (Hall, E. T.)　*214*
ハーロウ (Harlow, H. F.)　*204*
ヘルムホルツ (Helmholtz, H. von)　*46*
ヘーリング (Hering, K. E. K.)　*53*
ホルムス (Holmes, T. H.)　*67*
ハウス (House, J. S.)　*73*
ヒューベル (Hubel, D. H.)　*54*
ヒューズ (Hughes, R. N.)　*109*

【I】
イネルデ (Inhelder, B.)　*142*
イザード (Izard, C. E.)　*82*

【J】
ジェームズ (James, W.)　*80, 82, 136*

【K】
ケーガン (Kagan, J.)　*81*
クレッチマー (Kretschmer, E.)　*101*

【L】
ラタネ (Latané, B.)　*229*
ラザルス (Lazarus, R. S.)　*84*
レポーア (Lepore, S. J.)　*72*
レヴェンソン (Levenson, R. W.)　*86*
ローレンツ (Lorenz, K. Z.)　*131, 132*

【M】
マッハ (Mach, E.)　*52*
マクリーン (MacLean, P. D.)　*82*
松井 豊　*106*
松見法男　*149*
マックラーエ (McCrae, R. R.)　*105*
マクドゥガル (McDougall, W.)　*126*
ミード (Mead, M.)　*177*
ミルグラム (Milgram, S.)　*224*
ミッシェル (Mischel, W.)　*102*

宮城音弥　*98*
ミュラーリヤー（Müller-Lyer, F.C.）　*45*

【N】

野島久雄　*212*

【O】

オーウェンズ（Owens, J.）　*147, 148*

【P】

パーカー（Parker, G.）　*206*
ピアース（Pearce, C. M.）　*208*
ペネベーカー（Pennebaker, J. W.）　*92*
ピアジェ（Piaget, J.）　*142, 174*
ピンカー（Pinker, S.）　*135*
プルチック（Plutchik, R.）　*82*
ポンゾ（Ponzo, M.）　*45*
プロチャスカ（Prochaska, J. O.）　*62*

【R】

リーマン（Riemann, R.）　*108*
ローゼンマン（Rosenman, R. H.）　*71*
ローゼンストック（Rosenstock, I. M.）　*62*

【S】

サミュエル（Samuel, A. G.）　*38*
シャクター（Schachter, S.）　*82*
シュロスバーグ（Schlosberg, H.）　*82, 210*
セルマン（Selman, R. L.）　*174, 175*
セリエ（Selye, H.）　*63, 67*
シンガー（Singer, J.）　*82*
スミス（Smith, T. W.）　*72*

ソマー（Sommer, R.）　*214*
サルス（Suls, J.）　*72*
サイモンズ（Symonds, P. M.）　*109*

【T】

平　真木夫　*152, 154*
竹内美香　*208*
テイラー（Taylor, S. E.）　*62*
テナント（Tennant, C.）　*207*
ティンバーゲン（Tinbergen, N.）　*128*
トムキンス（Tomkins, S. S.）　*82*
トレヴァーセン（Trevarthen, C.）　*202*

【V】

ヴィゴツキー（Vygotsuky, L. S.）　*176*

【W】

ウォルド（Wald, G.）　*53*
ウォラック（Wallach, M. A.）　*226*
ワン（Wan, C. K.）　*72*
ウェイソン（Wason, P.）　*145*
ウエーバー（Weber, E. H.）　*42*
ウィリアムズ（Williams, R. B.）　*72*
ウッドワース（Woodworth, R. S.）　*209*

【Y】

依田　明　*110*
養老孟司　*60*

【Z】

ザイアンス（Zajonc, R. B.）　*228*
ジンバルドー（Zimbardo, P. G.）　*231*

事項索引

【あ行】

愛情欠損的統制　207
アイ・スポット　212
愛着関係　204
赤ちゃんの視力　200
アタッチメント　109
アルコールの過剰摂取　71

維持リハーサル　146
一般適応症候群　67
意味ネットワークモデル　159

ウエーバー定数　42

FACS　210
fMRI　116
絵を描く　136

親の養育態度　109
音素修復　38

【か行】

外集団　190
解発刺激　128
科学技術　11
科学原則　11
科学的思考方法　18
学修時間　20
加算モデル　3
感覚の偏り　28
眼窩野　118

記憶のネットワーク理論　85
機械的な暗記　152
気質　81
基礎比率の無視　168
喫煙　71
技能　34
機能的固着　170

気分　80
強化刺激　203

空間能力　32

計画的行動の理論　233
血液型性格判断　106
健康　60
健康増進法　59
言語中枢　31
言語の習得　135
幻相関　194

好意の返報性　183
行動　127
合理的行為の理論　233
個人的思考の好み　18
孤立効果　193

【さ行】

サーカディアンリズム　75
最大瞬間学力　153
錯覚　38
差別　184

ジェンダー　179
自己効力　62
視差　40
姿勢　213
自然科学　8
自伝的記憶　90
社会的促進　228
社会的手抜き　229
社会的認知　116
社会的抑制　228
集団極性化　226
集団サイズ　194
集団での決定　226
周辺知識　153
上側頭溝　116

状態依存学習　85
情緒　80
情動　80
情動カテゴリ　209
情動反応への対処行動　91
情動モデル　89
情念　81
情報への選択的接触　190
調べ学習　154
自律的な学習　151
しろうと理論　1
人格障害　112
心身相関　68
心的反芻　90

図式　34
ステレオグラム　39
ステレオタイプ　177, 179, 184
ストレス　63
刷込み　131

性格　98
性格検査　102
性格5因子　105
精緻化リハーサル　149
性役割観　177
セクシュアリティ　180
絶対閾　41
潜在意識　28
潜在的な発達段階　176
専門用語　9

相拮抗　69
相互同調性　202
双生児間の関連性　108
ソーシャル・サポート　73
俗信　3
側性化　31

【た行】

体性感覚　24
タイプA行動パターン　71
他者の情動的反応　203
他者理解の発達段階　174
タッチ　208

長子的性格　110
貯蔵庫モデル　146
直感　24
直観的な確率判断　163

月の錯視　46

定量モデル　2

洞察　25
同調　220
道徳性判断　120
特性論　101
賭博者の錯誤　165

【な行】

内集団　189
内側前頭前野　119
認知行動療法　114
認知的制約　174
認知的節約　187
認知的バイアス　188
認知的不協和理論　230
ノスタルジー　81
ノンレム睡眠　74

【は行】

パーソナル・スペース　214
発達段階　142
パラダイム　15
PERT法　19
PET　116
人見知り　206
表情認知　210
費用対効果　61
ひらめき　25
敏感期　132

フィーリング　80
複雑な動作　130
服従　224

普遍特性　　136
フラッシュ・バルブ記憶　　85
プロクセミックス　　214

偏見　　184
扁桃体　　117
弁別閾　　41

没個性化　　231
ポンゾの錯視　　45
本能　　124
本能的な学習　　133

【ま行】

ミュラーリヤーの錯視　　45

メタ認知　　171

文字顔　　211
モジュール　　138

【や行】

役割取得　　174

有意味学習　　148

予言の自己成就　　183

【ら行】

リスキー・シフト　　226
リスク　　195
利用可能性ヒューリスティック　　193
利用しやすさヒューリスティック　　164
臨界期　　132

類型論　　101

レム睡眠　　75
連言錯誤　　166

素朴な心のサイエンス
Introduction to Naive Psychology

2003年10月30日　初版第1刷発行	定価はカバーに表示
2024年 3月20日　初版第8刷発行	してあります。

編　　者　　教養の心理学を考える会
発　行　所　㈱ 北 大 路 書 房

〒603-8303　京都市北区紫野十二坊町12-8
電　話　(075)431-0361㈹
FAX　(075)431-9393
振　替　01050-4-2083

©2003　　　　　　　　　　　印刷・製本／亜細亜印刷㈱
検印省略　落丁・乱丁本はお取り替えいたします。
　　　　　　ISBN 978-4-7628-2344-2　　Printed in Japan

・ JCOPY 〈㈳出版者著作権管理機構 委託出版物〉
本書の無断複写は著作権法上での例外を除き禁じられています。
複写される場合は，そのつど事前に，㈳出版者著作権管理機構
（電話 03-5244-5088,FAX 03-5244-5089,e-mail: info@jcopy.or.jp）
の許諾を得てください。